1747/1748 贸易年度瑞典游记中两艘中国船舶的绘画

斯德哥尔摩皇家图书馆惠允使用

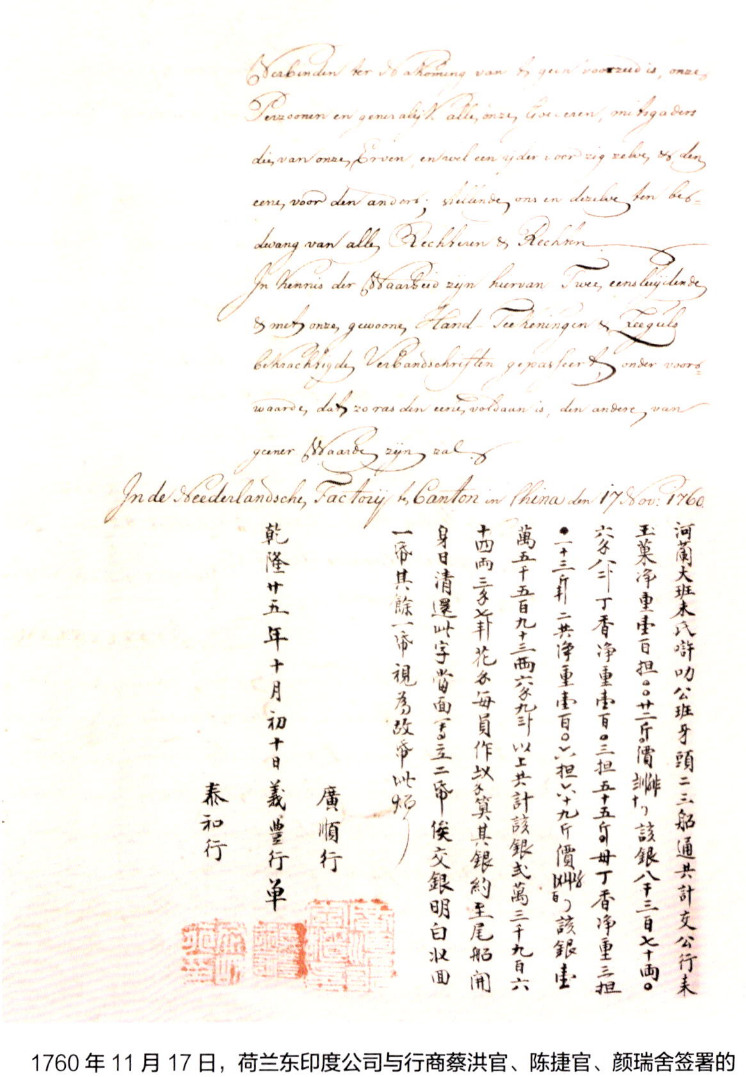

Verbinden ter voldoening van 't geen voorzeid is, onze
Perzoonen en generaliyk alle onze Goederen, mitsgaders
die van onze Erven, en wel een ieder voor zig zelve, & den
eene, voor den andere, stellende ons en dezelve ten be-
dwang van alle Rechteren & Rechten
In kennis der Waarheid zijn hiervan Twee, eensluijdende
& met onze gewoone Hand-Teekeningen & Zegels
bekrachtigde Verbandschriften gepasseert & onder voors.
waarde, dat zo ras den eene voldaan is, den andere van
geener Waarde zijn zal.
In de Neederlandsche Factorij te Canton in China den 17 Nov. 1760

河蘭大班末氏啲叻公班牙頭二三船通共計交公行未
玉菓淨重壹百担〇〇廿二斤價[illegible]該銀八千三百七十两〇
六分斤 丁香淨重壹百〇三担五十五斤〇毋丁香淨重三担
〇一十三斤 二共淨重壹百〇六担六十九斤價[illegible]該銀壹
萬五千五百九十三两六分九斤 以上共計該銀貳萬三千九百六
十四两三分[illegible]花各每員作[illegible]其銀約至尾船開
身日清還此字當面[illegible]立二帋 俟交銀明白收回
一帋其餘一帋視為故帋 此炤

廣順行

乾隆廿五年十月初十日義豐行單

泰和行

1760 年 11 月 17 日，荷兰东印度公司与行商蔡洪官、陈捷官、颜瑞舍签署的进口肉豆蔻和丁香的合同

海牙国家档案馆惠允使用

1742年1月17日，粤海关发放给瑞典东印度公司船只
"哥德堡号"（Götheborg）准许其离开中国的船牌

1792 年发给瑞典东印度公司大班及其助手的许可证

葡萄牙里斯本国家档案馆（东坡塔档案馆）惠允使用

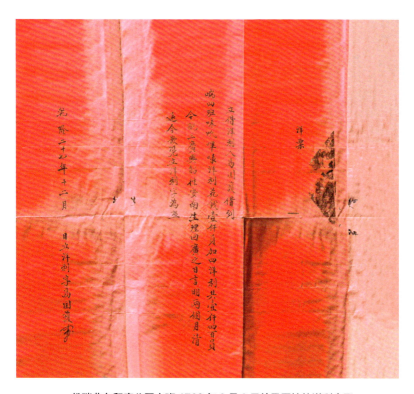

一份瑞典东印度公司大班 1763 年 2 月 3 日给马国护的洋利合同

帆船"万顺鹢"为荷兰人从广州将瓷器运往巴达维亚的提货单

海牙国家档案惠允使用

1765 年 1 月或 2 月的一份陈九观开往爪哇的"瑞兴鹈号"帆船向
瑞典东印度公司大班借款 2000 银元的洋利合同

斯德哥尔摩北欧博物馆惠允使用

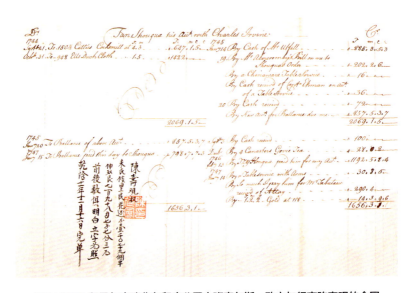

1744/1745 贸易年度瑞典东印度公司大班查尔斯·欧文与行商陈寿观的合同

美国明尼苏达大学詹姆斯·福特·贝尔图书馆惠允使用

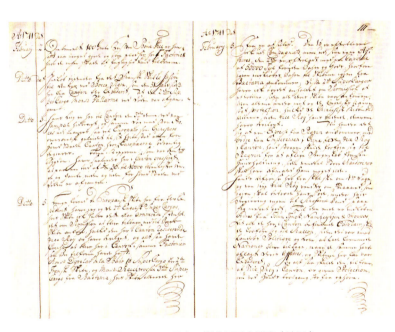

1741 年 2 月 5 日丹麦亚洲公司日志档案（摘录）

哥本哈根国家档案馆惠允使用

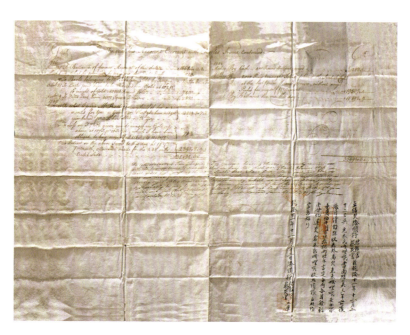

1747 贸易年度瑞典东印度公司大班查尔斯·欧文与行商陈镇官和蔡炎官签署的
主要以白银支付的丝绸和黄金交易合同

斯德哥尔摩北欧博物馆惠允使用

快蟹船

伦敦康希尔史密斯公司惠允使用

Life and Enterprise on the China Coast，1700–1845

〔美〕**范岱克**　Paul A. Van Dyke　著　　江滢河 黄超　译

广 州
贸 易

中国科学技术出版社

·北 京·

The Canton Trade: Life and Enterprise on the China Coast, 1700-1845 by Paul A. Van Dyke, ISBN: 9789622098282

©2005 香港大学出版社
本书简体中文版由香港大学出版社授权中国科学技术出版社有限公司出版发行。
Simplified Chinese rights arranged with Hong Kong University Press through CA-LINK International LLC (www.ca-link.cn)
北京市版权局著作权合同登记 图字：01-2024-3474

图书在版编目（CIP）数据

广州贸易：近代中国沿海贸易与对外交流：1700–1845 / (美) 范岱克 (Paul A. Van Dyke) 著；江滢河，黄超译 . -- 北京：中国科学技术出版社，2025. 2.
ISBN 978-7-5236-1009-1

Ⅰ . F752.949

中国国家版本馆 CIP 数据核字第 20246C4L80 号

策划编辑	刘颖洁	**责任编辑**	刘颖洁
封面设计	今亮新声	**版式设计**	蚂蚁设计
责任校对	焦　宁	**责任印制**	李晓霖

出　　版	中国科学技术出版社
发　　行	中国科学技术出版社有限公司
地　　址	北京市海淀区中关村南大街 16 号
邮　　编	100081
发行电话	010-62173865
传　　真	010-62173081
网　　址	http://www.cspbooks.com.cn

开　　本	710mm×1000mm　1/16
字　　数	360 千字
印　　张	21.5
版　　次	2025 年 2 月第 1 版
印　　次	2025 年 2 月第 1 次印刷
印　　刷	北京盛通印刷股份有限公司
书　　号	ISBN 978-7-5236-1009-1/F・1304
定　　价	89.00 元

（凡购买本社图书，如有缺页、倒页、脱页者，本社销售中心负责调换）

序

范岱克

　　"中国贸易"的研究者们津津乐道于能够利用数量庞大的文献资料。1690—1845年，有成百上千的外国船舶航行抵达中国，大多数船长和商人都留下了档案、游记、航海日志等。这些资料不仅记录下了他们的航程，还记载了他们如何与中国人交往。这些文献中很大一部分留存至今，我们可以在欧美各地的档案馆里找到。

　　参与对华贸易的外国公司也留下了大批书信、报告、订货单、账本、销售目录以及其他文件，这些文件提供了当时诸多的贸易细节。研究者更感庆幸的是，很多与管治澳门和广州贸易有关的中国官方文书也已出版。这些丰富的原始文献吸引了众多学者从事中国贸易研究，反过来又促使了大量研究论著的出版。

　　过去的150年间，采用多语种撰写的广州贸易专著和论文纷纷问世。这些论著关注的领域各有不同，大致可分为4类：第一，聚焦某一公司或某一族群，比如英国人、美国人或中国人的研究；第二，聚焦某一商品或者手工艺品，比如茶叶、瓷器、漆器或外销画的研究；第三，聚焦商人对社会、文学、文化等方面贡献的研究；第四，聚焦不同地理区域，比如澳门或广州的研究。当然，有些研究涵盖了上述4类。

　　不少学者聚焦在某一族群或某一工艺品或商品的主要原因就是，可用的文献资料太多，他们不得不收窄研究范围。比如，仅仅全面查阅英国、荷兰或丹麦东印度公司中某一家公司的档案，就得花上数十载的光阴。美国对华贸易的资料同样浩如烟海，而且更麻烦的是这些资料分散在美国各地的图书馆、档案馆和博物馆里。法国、比利时和瑞典的档案尽管没有英国、荷兰、美国诸国那么丰富，却也相当重要，亦散落在不同的城市。

数量庞大的原始文献意味着，中国贸易的研究者应该对前辈学者的工作表示深深的谢意。过去的一个多世纪时间里，世界各地的图书馆、档案馆和博物馆都已经对各自保存的文献材料进行了很好的归档和整理。一大批独立学者、博物馆馆员、档案馆馆员、图书馆馆员和业余爱好者共同完成了这项工作量巨大的事业，他们也许并不知道，正是由于他们的筚路蓝缕，才会有人下决心研究中国贸易。如果这一领域没有长时间的文献整理基础，本书是不可能完成的。

现在，让我简要介绍一下完成本书必须提到的学者和著作。目前研究欧洲各大东印度公司和美国对华贸易的著作颇多，此外还有很多著作和论文讨论了中国行商、亚美尼亚商人、穆斯林商人和巴斯[1]商人。[1]所有这些著述关注的都是某个群体，只有在他们与其他群体互动时才会提到其他人。

比如在众多研究英国东印度公司的历史著作中，涉及跟英国东印度公司做生意的中国贸易对手、替其工作或为别的外国人服务的中国人，或者为其他外国人服务的中国人的内容，只有在他们以某种方式与英国人互动时才会被提到。不管这些独立的学者关注的是英国人、荷兰人、巴斯人、美国人还是中国人，他们只讨论与其研究主题直接相关的人物，贸易中的其他人物则不在讨论之列。

这就意味着我们无法把上述的任何一本著述定义为"广州史"。就像不能因为英国人在某个特殊价位上或者通过某种方式订立茶叶合同，就想当然地认为其他商人也会做同样的事情。比如，英国人、法国人和美国人使用 0.72 两白银每西元（西班牙银圆）的兑换率，

---

① 巴斯（Parsi 或 Parsee），即波斯的谐音，波斯被阿拉伯征服后，部分信奉琐罗亚斯德教的教徒移居印度，成为巴斯人的起源。——编者注

荷兰人和瑞典人所用的则是 0.74 两白银每西元的兑换率。不同的兑换率显然影响他们支付的价钱。我们对那些交易进行比较研究时，就必须考虑这一情况。

18 世纪 60 年代，荷兰商人接受的价格也受到他们与行商达成由其供应西瓜扁船（驳接）的特别协议的影响。行商提供各自的官印船，而瑞典商人和丹麦商人的茶叶合同则受益于他们曾经提供优惠贷款等因素的影响。所有贸易公司的高级职员都卷入了鸦片走私及其他违禁品买卖。这些情况都会影响最后支付的价格、所订合同的性质以及所征税费的总额。我们要了解历史的多重面相，深入探究广州体制的内部管理架构，必须展开全面的考察。

亨利·考狄（Henri Cordier）是最早研究行商的学者之一。他试图把行商行号和他们的中文名字（汉字）对应起来，为我们在中文和外文资料中找到这些名字提供了便利。梁嘉彬深化了行商的研究，其 1932 年出版的著作是研究行商及其贸易的经典之作。安·博尔巴赫·怀特（Ann Bolbach White）和陈国栋的著作同样推进了这一领域的研究。

陈国栋的研究尤其重要，因为其研究是建立在广泛使用中、英文两种文献资料的基础上。他还把研究重新聚焦到家族上，而不是商行上，此前梁嘉彬关注的是商行。家族是经济和决策的核心，通过聚焦家族，陈国栋为我们展示了这些家族的复杂性和家族之间的联系。

张荣洋继续将这项研究向前推进，他的研究是以广泛深入的档案研究为基础的。尽管他主要搜集和使用的是英文文献，但其著作挖掘了很多家族以前鲜为人知的内容，比如行商通过婚姻关系所建立的联系等，大大扩展了陈国栋的研究。不过张荣洋没有参考陈国栋的著作，在很多内容上炒了冷饭。

黄启臣和潘刚儿拓展了对家族的研究，他们的研究时段超越了广州体制的时间范围，更深入地利用中文材料，呈现了贸易之外行商生活方面的历史内容。这种对时间和空间范围的扩展是新近出版的很多论文集的发展趋势，新研究开始关注广州行商在社会和文化方面的内容。[2]

上述这些研究都有助于加深我们对商人家族的理解，深化我们对行商的认识。就广州体制时期的贸易而言，很多方面都存在有待进一步深入研究的空间。通常，相同时段的某一商行往往会与诸多不同的外国公司和商人有关联，同时还牵涉与东南亚各地的中国帆船贸易。这些信息有相当大一部分都保存在汉语之外其他语言的文献中。

其他学者关注诸如茶叶、瓷器、丝绸、绘画等外销商品的历史，这些内容不仅向我们揭示了现藏于世界各大博物馆的数以千计的中国手工艺品的历史，还向我们展示了每一种工艺品的贸易状况及其贸易结构。[3] 这方面的著作是基于深入而细致的档案研究进行的，还有一些著作则只是在概述中国贸易的基础上对展览的不同物品进行描述，另有一些著作则是结合了这两种情况。

有关茶叶贸易的详细研究，罗伯特·加德纳（Robert Gardella）于 1994 年出版的著作已经将其推进到了相当高的程度，但是此课题仍然存在很多有待深入的领域。在比利时、荷兰、丹麦、瑞典和美国的档案文献中仍有大量具体的材料没有使用过。这些档案包含超过 100 份用中、西（西班牙）文字书写的茶叶贸易合同，大量关于茶叶贸易和具体某个商人贸易量的报告，以及某个商人茶叶买卖的具体细节。我们可以通过这些材料精确地追溯茶叶订货的时间、包装、运输、支付的具体数额等细节。

研究鸦片贸易的学者大多聚焦于 1842 年广州体制崩溃的原因、不平等条约的签订及通商口岸的兴起。[4] 这些历史内容的记载，英文和汉文文献应该是最好的资料。然而关于早期鸦片贸易，即从

1750 年至 1820 年的部分，大量荷兰、丹麦、葡萄牙、瑞典等地的档案文献还没被利用，亟待深入研究。

路易斯·德米尼（Louis Dermigny）是最早力图从更普遍的广州地理角度研究广州贸易史的学者，其巨著《18 世纪的广州商务》（*La Commerce á Canton*）是在对英文和法文档案进行了数十年研究之后的成果，但是他主要依靠的是马士（Hosea Ballou Morse）的著作《英国东印度公司对华贸易编年史》（*Chronicles of the East India Company*）。带着对广州口岸的关注，德米尼论述了从 1700 年到 19 世纪 30 年代广州贸易巨大发展的大致情形。德米尼著作中的很多数据都只是简单估计或自己随意编排，并非直接从原始材料中获得。尽管如此，书中的数据仍给我们提供了大量有关船舶和与之相关的商品贸易情况。在德米尼对数据广泛整理的基础上，历史学家已经能够解释广州在早期世界近代史上的巨大影响力了。

迪力普·巴素（Dilip Basu）在他对 1800—1840 年广州和加尔各答的比较研究中也保持着同样的关注。除了利用马士和德米尼已深入研究的英国文献，巴素还利用美国和中国的文献以深化他的研究成果。乔治·布莱恩·苏萨（George Bryan Souza）的研究主要关注澳门，不过他广泛利用了史料，出版了里程碑式的著作，在其著作中讨论了葡萄牙在亚洲的贸易。从苏萨的研究中我们开始看到，澳门是广州贸易错综复杂的组成部分，明白了在讨论广州贸易时必须把澳门包括进来。瓦尔（Do Vale）和奎马拉斯（Ângela Guimarães）继续研究了广州体制时期澳门的贸易内容。

陈伯坚和黄启臣出版了三卷本的广州贸易史，时间从古代一直到 20 世纪 90 年代。尽管该著作主要依靠中文史料和第二手英文研究成果，包括马士的著作等，但此书对这些材料进行了彻底的分析。由于中文史料缺乏具体必要的细节来重建广州历史上的日常活动，该著作只能大致勾勒这些历史的轮廓。

总之，上述著作清楚地说明了对多种档案进行综合研究的必要性，只有这样才能够重现广州口岸日常贸易活动的历史全景。研究者需要同时分析大量与贸易相关的人物以及贸易各方面的情况，才能够全面观察和分析广州口岸复杂的内部运作机制和结构。很多档案馆和学术机构经过长期努力经营，使档案文献越来越容易为学者所用，他们的工作与该领域相关历史内容的研究是同时进行的，这些共同的努力最终会促使该领域的研究逐渐成熟起来。不过从根本上来说，传统的资料收集方法仍然显得太慢也太笨拙，影响了全面而深入的著作的撰写。

随着 20 世纪 90 年代中期研究者开始使用笔记本电脑，并可以将之带入档案馆，研究者也能够利用相关软件处理、组织并获取相关数据，他们终于可以从事这项工程巨大的研究了。至于对我的研究起到指导性作用，启发我研究应该从哪里开始，应该如何收集资料等问题的著作，我必须深深感谢亚瑟·皮尔斯·米德尔顿（Arthur Pierce Middleton）的著作《烟草海岸》（*Tobacco Coast*），其实，这本书与中国没有任何关系。

附：2005 年以来研究的进展

自 2005 年《广州贸易》英文版首次出版以来，相关领域的研究有了长足发展。2006—2009 年，在澳门特别行政区文化局的资助下，我把 1762 年、1763 年和 1764 年荷兰东印度公司的《广州–澳门日志》（*The Canton-Macco Dagregisters*）从荷兰语翻译成英语并出版。该系列包含了大量的历史信息，书中所附的大量注释中广泛记录了各种名称、术语和事件。[5]

2009 年，广东省社会科学院成立了海洋史研究中心。该中心成立后致力于海洋史研究，2010 年至今已出版了超过 20 辑《海洋史研究》。该中心的研究范围很广，因此《海洋史研究》收录的论文涉及海洋史研究的各领域，远远超出广州口岸研究范围，不过该集刊刊登了很多与中国贸易相关的最新研究成果。[6]

2009 年，广州大学成立广州十三行研究中心。该中心自成立以来，已成功举办了多次国际学术研讨会并出版了会议论文集。这些论文集并不局限在广州贸易，发表了大量与广州贸易史和广州对外交往相关的研究文章。[7]

2009 年，中山大学成立了广州口岸史研究基地，该基地的主要研究方向包括汉唐时期广州口岸与南海贸易、唐宋时期外来宗教与广州口岸、清代广东十三行与中西贸易、清代广州与中西文化交流、亚洲海洋史等诸多领域。该中心成立以后，举办过多次国际学术研讨会，[8] 在广州口岸史研究领域出版了多种研究专著、译著和论文，[9] 涉及中英关系史、中美关系史等领域。

2009 年，孔佩特（Patrick Conner）出版了对广州外销商馆画的深入研究著作，此书后也被译成中文出版。2011 年和 2016 年，我的两卷本广州行商研究著作，题为《广州和澳门的商人》（第一卷）、（第二卷）（*Merchants of Canton and Macao, Vol* Ⅰ，Ⅱ）分别出版。该研究主要关注中国商人的贸易活动，是在对若干欧洲档案进行彻底研究的基础上完成的，内容还包括了广州的瓷器和丝绸商人及其与外国商人贸易的新内容。[10]

格兰特（Frederic D. Grant，Jr.）和王迪安也出版了与行商相关的新著。格兰特的研究聚焦于中国商人的"商欠"问题，以及让其他行商为破产行商偿还债务的集体保障系统。王迪安的著作是首部深入系统研究著名行商伍浩官的著作，伍浩官是当时最富裕和成功的行商之一。[11]

莫家咏和我以广州外销画为研究对象，出版了一部著作和论文。这些著作主要以广州商馆图及其历史价值为研究对象。莫家咏从商人身份的角度研究中国外销画家，而我则主要关注广州外国商馆的发展变迁、管理运作以及商馆所有者的有关历史内容。[12]游博清和史楚普（Susan Schopp）最近分别从英国和法国的视角，发表了有关广州商馆及其运作的研究。[13]所有这些研究都与贸易直接相关，都是本书 2005 年出版之后的新成果。

除上述出版物之外，最近五年出现了不少与清代广州贸易相关的博士学位论文。杰西卡·韩瑟（Jessica Hanser）的研究涉及中印之间的英国散商；史楚普系统地探索了围绕广州的中法贸易史；莉莎·赫尔曼（Lisa Hellman）则从社会史角度研究中瑞贸易；王硕探讨了伍浩官的社会关系网络；莫家咏从崭新视野探讨广州外销画家与西方顾客之间的生意；叶霭云重新审视了广州贸易中的通事；本杰明·阿斯姆森（Benjamin Asmussen）则探讨了参与对华贸易的丹麦商人及其网络。[14]

2005 年以来还有不少其他关于中国贸易的研究成果，有些应该在不久的将来就会出版问世。这些研究包括斯堪的纳维亚半岛的中国茶叶和丝绸贸易研究、英国和荷兰的茶叶和丝绸贸易研究、粤海关的新研究、18 世纪 30 年代广州通事研究、东南亚广州帆船贸易研究、西方船舶上的中国水手研究、珠江三角洲的性交易研究、丝绸和西米等贸易商品研究、广州贸易中的散商的研究等。[15]

2005 年之后还有大量与广州贸易相关的其他学术成果出版，无法在此一一列举，这些研究出自卫思韩（John E. Wills, Jr.）、乔纳森·高德斯坦（Jonathan Goldstein）、约翰·卡罗（John Carroll）、托马斯·考克斯（Thomas Cox）、加里·斯德基斯（Gary Sturgess）、史蒂芬·戴维斯（Stephen Davies）、弗里德·桑德曼（Frieder Sondermann）、约翰·韩达德（John Haddad）、卡罗琳·弗兰克（Caroline Frank）、帕特丽莎·约翰斯通（Patricia Johnston）、麦克·布洛克（Michael Block）、理查德·格蕾丝（Richard Grace）等

学者之手。他们新的研究成果包含了大量的数据整理研究，也提出了许多有关广州贸易及其运作的新观点，我撰写此书时还无法参考这些研究成果。

这些新研究成果极大地深化了我们对广州贸易的理解，推动相关研究向纵深发展，不过并没有改变本书所阐释的广州贸易的基本结构和运作。尽管 2005 年本书首次出版以来新研究成果不断涌现，但情形依旧如此，因此我没有对本书的文字做出调整，仅添加了几个 2005 年之前还不知道的中国人名。

此次出版的中译本是根据 2007 年再版本翻译而成，该版只是增加了少量的 2005 年初版时没有的信息。

注释

[1]　研究广州贸易历史的论著有：美国对华贸易：Morison（1921），Dulles（1930），Dermigny（1964），Goldstein（1978），Christman（1984），Lee（1984），Grant（1988），Dudden（1992），Downs（1997）；中国行商：Cordier（1902），Liang（1932），White（1967），Ch'en（1990），Cheong（1997），Huang and Pang（2001），Van Dyke（2004）；葡萄牙对华贸易：Boxer（1948，1959，1969），Manguin（1984），Souza（1986），Guimarães（1996），Vale（1997），Ptak（2004）；西班牙对华贸易：Chaunu（1960），Souza（1986），Lourido（2002），Legarda（1999）；丹麦对华贸易：Larsen（1932），Rasch and Sveistrup（1948），Bro-Jørgensen and Rasch（1969），Gøbel（1978），Diller（1999）；荷兰对华贸易：Van der Kemp（1919），Mansvelt（1922），Du Hullu（1923），Glamann（1958），Jörg（1982），Bruijn and Gaastra（1987，1993）；英国对华贸易：Eames（1909），Morse（1926），Pritchard（1936），Costin（1937），Greenberg（1951），Dermigny（1964），Chaudhuri（1978），Ch'en（1990），Cheong（1997），Le Pichon（1998）；法国对华贸易：Madrolle（1901），Sottas（1905），Cordier（1908），Conan（1942），Dermigny（1964），Manning（1996），Cheong（1997）；比利时对华贸易：Degryse（1974），Parmentier（1996）；普鲁士对华贸易：Cordier（1920）；瑞典对华贸易：Hellstenius（1860），Nyström（1883），Olán（1920），Lind（1923），Kjellberg（1974），Koninckx（1980），Johansson，ed.（1992）；亚美尼亚对华贸易：Smith and Van Dyke（2003，2004）；穆斯林对华贸易：Smith and Van Dyke（2004）；巴斯对华贸易：Guo（2001，2003），Smith（2004），Thampi（2004），Saksena（2004）。

[2]　美国哈佛大学费正清中心2003年10月曾主办过以"行商"为主题的工作坊，学者在工作坊发表的论文揭示了行商生活的许多新方面。以下是最近能够拓展本书认识的新研究和新论文：Steven Miles, Local Matters: Lineage, Scholarship and the Xuehaitang Academy in the Construction of Regional Identities in South China, 1810–1880（Ph. D. diss., University of Washington, 2000）；黄启臣、庞新平：《明清广东商人》，广东经济出版社，2001；黄启臣编《广东海上丝绸之路史》，广东经济出版社，2003；《广州十三行沧桑》，广东省地图出版社，2001。

[3]　相关研究参见瓷器：Jörg（1982），Howard（1994）；丝绸：Li（1981），So（1986）；茶叶：Fortune（1857），Witham（1947），Hatano（1952），Whitbeck（1965），Chaudhuri（1978），Lin F.（1982），Lin Z.（1982），Mui and Mui（1984），Chen C.（1984），Hao（1986），Ch'en（1989），Gardella（1994）；包括外销漆器、外销画等在内的各类外销商品研究：Bro-Jørgensen and Rasch（1969），

Lee（1984），Wirgin（1998）。

[4] 关于鸦片和鸦片战争的研究：Collis（1946），Waley（1958），Dermigny（1964），Fay（1975），Beeching（1975），Wakeman（1978），Downs（1997），Trocki（1999）。

[5] Paul A. Van Dyke and Cynthia Viallé, *The Canton-Macao Dagregisters, 1762*（Macao：Macao Cultural Institute，2006）；Paul A. Van Dyke and Cynthia Viallé, *The Canton-Macao Dagregisters, 1763*（Macao：Macao Cultural Institute，2008）；Cynthia Viallé and Paul A. Van Dyke, *The Canton-Macao Dagregisters, 1764*（Macao：Macao Cultural Institute，2009）。

[6] 李庆新主编《海洋史研究》，社会科学文献出版社，2010—2017；李庆新、胡波主编《东亚海域交流与南中国海洋开发》，科学出版社，2017。

[7] 章文钦：《广东十三行与早期中西关系》，广东经济出版社，2009；赵春晨、冷东主编《广州十三行研究回顾与展望》，世界图书出版公司，2010；赵春晨、冷东主编《十三行与广州城市发展》，世界图书出版公司北京公司，2011；赵春晨、冷东主编《广州十三行与清代中外关系》，世界图书出版公司广东有限公司，2012；冷东等：《广州十三行历史人文资源调研报告》，广州出版社，2012；胡巧利主编《广东方志与十三行——十三行资料辑要》，广东人民出版社，2014。

[8] 国际学术研讨会包括："全球与区域之间——近代早期广州口岸史研究"（2009年）；"海陆交通与世界文明"（2011年）；"1700—1842年间中国贸易的私商"（2013年）；"跨文化视野下的物质及文本研究：中国史及其超越"（2014年）；"文献与阐释——广州口岸史研究的拓展与深化"（2017年）。

[9] 吴义雄：《条约口岸体制的酝酿——19世纪30年代中英关系研究》，中华书局，2009；吴义雄：《在华英文报刊与近代早期的中西关系》，社会科学文献出版社，2012；陈春声主编《海陆交通与世界文明》，商务印书馆，2012；雅克·当斯：《黄金圈住地——广州的美国商人群体与美国对华政策的形成，1784—1844》，周湘、江滢河译，广东人民出版社，2015。

[10] Patrick Conner, *The Hongs of Canton. Western Merchants in South China* 1700–1900, *as seen in Chinese Export Paintings*（London：English Art Book，2009）；孔佩特：《广州十三行：中国外销画中的外商（1700—1900）》，于毅颖译，商务印书馆，2014；Paul Van Dyke, *Merchants of Canton and Macao: Politics and Strategies in Eighteenth-Century Chinese Trade*, Vol.1（Hong Kong：Hong Kong University Press，2011）；Paul Van Dyke, *Merchants of Canton and Macao：Success and Failure in Eighteenth-Century Chinese Trade*, Vol. Ⅱ（Hong Kong：Hong Kong University Press，2016）。

[11] Frederic D. Grant，Jr.，*The Chinese Cornerstone of Modern Banking：The Canton Guaranty System and the Origins of Bank Deposit Insurance 1780–1933*（Leiden：

Brill，2014）；John Wong，*Global Trade in the Nineteenth Century*：*The House of Houqua and the Canton System*（Cambridge：Cambridge University Press，2016）.

[12] Paul A. Van Dyke and Maria Kar–wing Mok，*Images of the Canton Factories 1760–1822*：*Reading History in Art*（Hong Kong：Hong Kong University Press，2015）；Maria Kar–wing Mok，"Trading with Traders. The Wonders of Cantonese Shopkeepers，" *Review of Culture*，International Edition，No.54（2017）：103–115；Maria Kar–wing Mok，"Mistakes or Marketing? Western Responses to the Hybrid Style of Chinese Export Painting，" in Michelle Ying–ling Huang，ed.，*The Reception of Chinese Art Across Cultures*（Newcastle，UK：Cambridge Scholars Publishing，2014）：23–43；Paul A. Van Dyke，"The Hume Scroll of 1772 and the Faces behind the Canton Factories，" *Review of Culture*，International Edition，No.54（2017）：64–102.

[13] Susan E. Schopp，"The French as Architectural Trendsetters in Canton，1767–1820，" *Review of Culture*，International Edition，No.45（2014）：79–87；游博清：《经营管理与商业竞争力：1786—1816 年间英国东印度公司对华贸易》，元华文创股份有限公司，2017。

[14] Jessica Hanser，*Mr. Smith Goes to China*：*British Private Traders and the Interlinking of the British Empire with China，1757–1792*（Ph. D. diss.，Yale University，2012）；Susan E. Schopp，*The French in the Pearl River Delta*：*A Topical Case Study of Sino–European Exchanges in the Canton Trade，1698–1840*（Ph. D. diss.，University of Macau，2015）；Lisa Hellman，*Everyday life in Canton*：*the case of the Swedish East India Company 1730–1830*（Ph. D. diss.，Stockholm University，2015）；Wang Shuo（王硕），*Wu Bingjian and his Friends*：*The relations network of a Chinese merchant in the early 19th century*（Ph. D. diss.，University of Freiburg，forthcoming）；Ye Aiyun（叶蔼云），*Canton Linguists*：*Interpreters and Beyond in the Canton Thirteen Hongs History（1757–1842）*（Ph. D. diss.，Guangdong University of Foreign Studies，2016）；莫家咏（Maria Kar–wing Mok）：《写实与想象之间：广州商馆暨黄埔泊地外销画的史料意义》（博士学位论文，中山大学，2017）；Benjamin Asmussen，*Between Copenhagen and Canton*：*Business，Networks and Cultural Encounters Between Merchants of China and the Oldenburg Monarchy*（Ph. D. diss.，Copenhagen Business School，forthcoming）。

[15] Chris Nierstrasz，*Rivalry for Trade in Tea and Textiles*：*The English and Dutch East India companies（1700–1800）*（London：Palgrave Macmillan，2015）；Hanna Hodacs，*Silk and Tea in the North. Scandinavian Trade and the Market for Asian Gods in Eighteenth-Century Europe*（London：Palgrave Macmillan，2016）；Huang Chao and Paul A. Van Dyke，"Hoppo Tang Ying 唐英 1750–1751 and the Development of the Guangdong Maritime Customs，" *Journal of Asian History*，51

（2017）: 2; Paul A. Van Dyke, "The Canton Linguists in the 1730s: Managers of the Margins of Trade," *The Journal of the Royal Asiatic Society Hong Kong*, forthcoming; Paul A. Van Dyke, "Operational Efficiencies and the Decline of the Chinese Junk Trade in the Eighteenth and Nineteenth Centuries: The Connection," in Richard Unger, ed., *Shipping Efficiency and Economic Growth, 1350–1800* (Leiden: Brill, 2011): 223–246; Paul A. Van Dyke, "A Ship Full of Chinese Passengers: *Princess Amelia's* Voyage from London to China in 1816–1817," forthcoming; Paul A. Van Dyke, "Floating Brothels and the Canton Flower Boats, 1750–1930," *Review of Culture*, International Edition, No.37（January 2011）: 112–142; Christiaan J. A. Jörg, "Chinese Export Silks for the Dutch in the 18th Century," *Transactions of the Oriental Ceramic* Society 43（2008–9）: 1–24; Paul A. Van Dyke, "Packing for Success: Sago in Eighteenth Century Chinese Trade," 《跨越海洋的交换》，中国台湾"中央研究院"，2013; Paul A. Van Dyke and Susan E. Schopp, eds., *The Private Side of the Canton Trade, 1700–1840: Beyond the Companies.*（Hong Kong: Hong Kong University Press, 2018）。

缩略词

AHU	Arquivo Histórico Ultramarino, Portugal
BC	Bancroft Library, University of California, Berkeley
BL	Baker Library, Harvard University
BML	British Map Library, in the British Library, London
BW	G.W. Blunt White Library, Mystic Seaport, Connecticut
CFI	French East India Company
CMD 1762	Van Dyke, Paul A. and Cynthia Viallé, *The Canton-Macao Dagregisters*, 1762 Macao: Cultural Institute, 2006.
CMD 1763	Van Dyke, Paul A. and Cynthia Viallé, *The Canton-Macao Dagregisters*, 1763 Macao: Cultural Institute, forthcoming.
DAC	Danish Asiatic Company
DOOZA	Department of Western Manuscripts, Leiden University Library
EIC	English East India Company
GIC	Ostend General India Company, Belgium
GUB	Gothenburg Universitetsbibliotek (University Library)
HL	Houghton Library, Harvard University
JCB	John Carter Brown Library, Brown University, Providence
JFB	James Ford Bell Library, University of Minnesota
KBC	Kungelige Bibliotek (Royal Library), Copenhagen
KBS	Kungliga Biblioteket (Royal Library), Stockholm
KITLV	Royal Institute for Linguistics and Anthropology, Leiden University
KSB	Stadsbibliotek (City Library), Kalmar

KVB	Kungliga Vetenskaps-akedemiens Bibliotek (Library of the Royal Academy of Sciences), Stockholm
LAG	Landsarkivet (Provincial Archive), Gothenburg
MHS	Massachusetts Historical Society, Boston
MMR	Maritime Museum, Rotterdam
NAH	National Archives, The Hague
NM	Nordic Museum Archive, Stockholm (Godegårdsarkivet F17)
OIO	Oriental and India Office Library, London (now in the British Library)
PEM	Peabody Essex Museum, Salem
PL	Phillips Library, Peabody Essex Museum, Salem
PMA	Plantin-Maretus Museum, Antwerp
RAC	Rigsarkivet (National Archives), Copenhagen
RAS	Riksarkivet (National Archives), Stockholm
RIHS	Rhode Island Historical Society, Providence
SAA	Stadsarchief (City Archive), Antwerp
SFG	Sjöfartsmuseet (Maritime Museum), Gothenburg
SHM	Sjöhistoriska Museet (Sea History Museum), Gothenburg
SMG	Stadsmuseet (City Museum), Gothenburg
SOIC	Swedish East India Company
UBG	Universiteits Bibliotheek (University Library), Ghent, Belgium
UBL	Universiteitsbibliotek (University Library), Lund
UPL	University of Pennsylvania Library, Philadelphia
UUB	Uppsala Universitetsbibliotek (University Library), Sweden
VOC	Dutch East India Company

目录

中国向世界打开大门

伟大的广州贸易时代是让历史学家和历史爱好者着迷了一个半世纪之久的历史现象。广州体制开始于 17 世纪末，之后广州贸易逐渐稳步增长，直到 1842 年被迫宣布结束。广州体制最终崩溃的原因颇多，诸如过于倚重白银、鸦片走私日益泛滥、清朝夷务管理架构内部腐败，以及中国人对发展国际贸易不感兴趣，等等。所有这些原因都分别指向某个核心内容，但无一能够解释为什么会存在这么多不利因素的情况下，广州贸易还是发展到了如此辉煌的程度。

前来广州开展贸易的外国人逐年增多，广州口岸的进出口贸易量不断扩大，都证明那些诸如过于倚重白银、官府腐败等问题并不会如同想象中那样阻碍了贸易的发展。如果广州地方官员真的只对阻碍和限制贸易感兴趣，那些与现在很多历史推想恰好相反的事实又是如何出现的呢？由于贸易不断增长的问题从来没有被完整地讨论过，该项研究的目标就是要辨认出贸易架构的优劣之处，唯有如此才能解释这种贸易不断增长的历史现象。在更深入地了解广州体制的运作机制后，我们才可以更深刻地认识它是如何崩溃的。

广州体制的优势在于它在处理朝廷所关心的事务上的灵活性。该体制既能够控制外国人和贸易，又能够同时满足他们的需要。很多构成口岸管理架构的机制，使粤海关监督（外文中一般称为"Hoppo"，该词中文直译则为"户部"）和两广总督能同时控制和促进贸易。这些控制和平衡机制使广州的贸易价格保有竞争力，对大船舶和大宗商品给予优惠，并允许整个贸易体制在信贷基础上运作。

广州体制最主要的弱点在于它无法改变政策及其实际运作，以适应和保证长期的商业活力。为了适应地方管理架构，资金和权力从中央政府手中抽走了。这种权力调配导致管理效率低下、腐败严重以及走私猖獗。

在这些贸易控制机制被逐渐削弱的同时，官府没有重新审视和分析沿海海防管理体系，也没有在此方面做出相应调整，以回应欧洲、北美和亚洲各地发生的社会经济变化。随着来华外国人日益增多，走私日益猖獗，贸易控制机制和沿海防务体系越来越不堪重负而且效率低下。在日益严重的官府内部腐败和外部武力的交互影响下，广州体制逐渐无法维持下去了。

长期以来，广州体制的优势让时人忽视了它的缺陷。贸易量的增加使得送缴朝廷的关税收入日益增多。朝廷收入的增长掩盖了与此相关的日益发展的体制缺陷在下级阶层逐渐扩大的现实。走私是合法茶叶贸易不断增长的补充，因此粤海关监督总是倾向于默许走私而不是去阻止它。他们更愿意在自己三年任期结束时，在广州留下一个运转良好的贸易体制，把钱放进国库和自己腰包。消灭违禁品与拒绝纵容则会导致国库收入减少，因此地方官并没有采取有效措施来消灭走私或者防止腐败。

贸易管理架构所需的变革力量必须自上而下，但是由于朝廷意识不到问题发展到了何种程度，可能也并不愿意国库收入受损，这些因素都阻止了变革的发生。两个重要的新事物被带到广州，成为广州体制产生变革的最后推动力，它们是报刊和汽船。前者教育了在华外国人群体，并将其意图统一起来；后者则有效地把权力从粤海关监督手里转移到了外国人手里。清朝海防系统无法有效控制外部世界事态发展，他们缺乏有效手段应对新技术。

与此同时，欧洲东印度公司也失去了它们对广州贸易的控制。1834年所有垄断贸易公司都停止派遣船舶来华，散商利益成为占统治地位的声音。随着各种报刊将他们团结起来，汽船激发了他们的意愿，散商终于获得了权力，他们竭尽所能推动那些很久以来他们就希望发生的改变。一旦外国人用汽船克服了珠江的天然限制，削弱了广州贸易管理体制的基础，广州贸易体制也就土崩瓦解了。广州贸易体制本身并没有一个拥有必要举措、意愿、力量和资讯的管理机构来检讨自身弱点，检讨广州贸易政策和程序的有效性，并做出相应必要的变化以求生存，因此，体制本身不会相应发生有效变化。只有在对贸易及其在相关环境中的变化，尤其是对所有特别事务的细节进行详细论述后，才能准确全面地理解这些问题。清朝管理机构中缺乏一种操控手段来纠正和对抗行政网络、政策和程序中的弱点，于是相关重要信息是否被收集，对于管理者来说，也就无关紧要了，因为没人会为此做出任何改变。

由于贸易行政控制上出现的缺陷，清朝贸易监管机构的做法永远都是治标不治本。遗憾的是，他们并不清楚自己所面临的问题有多么积重难返，因此，在1835年之前，他们几乎没有采取任何正确的措施，即便采取了一些措施，也往往为时太晚，且经常不符合实际情况。这种危机处理方式使得违禁品贸易和腐败的根源深深扎入官僚机构内部，反过来继续削弱官府行政的有效性。官府缺乏充足的禁止措施，使得鸦片贸易和消费持续增长，最终发展成中国社会实实在在的威胁。这种内部的分裂持续了百年之久，在这个过程中外国人逐渐拥有了克服广州体制的能力。

本书第一章回顾了18世纪早期广州贸易的确立，论述整个贸易赖以发展的架构基础；第二章进一步探讨广州贸易的运作。随着广州贸易的日常运作机制逐渐清晰，我们可以更清楚地了解外国人信任广州体制的原因，这促使了来华外国船舶急剧增多。

第三章到第五章，具体探讨三种为贸易服务的特殊职业人群：引水人、买办和通事。第三章分析把大型船只引至珠江狭窄水道航行的全过程，我们可以更好地了解清朝官员如何控制这些船只的来往；第四章通过补给品贸易以及外国人获得物资和劳力以满足需要的方式，探讨外国人如何在中国维持生活；第五章分析由通事所执行的官方程序，这些程序使海关能够控制贸易，登记在册以便征收关税。

探讨完广州贸易发展的基础，本书接下来将分析贸易架构中的变化和衍生出的弊端。第六章，回顾贸易管理中引入的一些重要措施，这些措施旨在掩盖贸易体制的短处而使整个体制运转更加有效；第七章，通过观察白银、鸦片和大米之间的联系，专注讨论贸易的内部机制。我们将回顾珠江三角洲一带形成的广泛的鸦片走私网络，展示鸦片贸易发展到了广州体制无法控制的程度。

第八章转而探讨其他若干促进和影响贸易发展的因素，比如澳门贸易、中国帆船贸易、资本市场和代理商等内容，不过这些内容并不是贸易内部机制的一部分。在确定、描述和解释了控制、支配和影响贸易的主要内容和要素后，第九章将讨论这些要素如何互相作用以推动贸易向前发展，同时阐述这些要素相互作用的过程。结语分析广州体制无法继续维持而土崩瓦解的原因。

第一章

广州体制的形成

荷兰人和英国人自 17 世纪初到达亚洲之时，他们就希望能与中国建立贸易联系。两国都希望像葡萄牙人居留澳门那样，能够在中国南海沿岸建立贸易基地，不过他们都没有成功。[1] 1624 年之后，荷兰人开始通过台湾与中国展开贸易，但他们最终在郑成功舰队驱逐下被迫离开，郑成功于 1662 年控制台湾，荷兰人也就失去了台湾这个据点。在以后的 20 年里，荷兰人一直企图与中国建立直接贸易关系，但他们最终还是决定让中国商人的帆船装载中国商品前往巴达维亚出售给他们。[2] 17 世纪七八十年代，英国人通过台湾和厦门开始了一段非常短暂的对华贸易，但并没有常规化，也没能持久。

1683 年清朝收复台湾之后，朝廷与外国人打交道的态度开始往好的方向变化。随着沿海岛屿纳入清朝统治，清朝对直接与外国人做生意产生了兴趣。17 世纪 80 年代末至 90 年代初，外国商船开始抵达中国沿海港口，试图与中国建立贸易关系。

中外双方逐渐达成都能够接受或至少能够忍受的贸易安排，此举吸引了更多外国人来华做生意。这时对外交往持续增长，同时，中国帆船对东南亚的贸易也在扩张。[3] 外国人最初需要在每一艘船只到达中国港口时，分别商议贸易的有关条款，到 17 世纪 90 年代，根据贸易运作的方式，中国港口开始出现一些贸易规则。18 世纪初，广州迅速发展成为做生意最具灵活性的地点之一。尽管人们并不能就此称赞广州"自由"或者"开放"，良好贸易的连续性也经常无法得到保证，但中外商人往往能够在广州达成更加有利于贸易的协定，这在中国其他港口无法做到。

清朝官府在以招引外商来华贸易时必须考虑几个问题。监管机构首要考虑的问题是朝廷关心如何维持这一地区的和平、安全与和谐。朝廷需要明确对外国人进行有效控制，一旦朝廷顾虑消除，才有重开贸易的可能。然而，商业也必须建立在平等有序的基础之上，这样才可以征收恰当的税收和费用，并分配或上缴给相应的行政管理机构，尤其是那些应归朝廷掌管的收入。在朝廷对所有事务的安排都满意之后，才会允许开展对外贸易。事实很快就证明，广州是能够满足所有要求的最佳地点之一。

只要朝廷满意了，粤海关监督就得关注中国商人的利益和顾虑了。诸如允许外国人在何种程度上进入中国市场，价格是否应该得到控制并且（或者）规范化等问题。粤海关监督还应该确定每一艘船只必须缴纳的港口费，以及所有进出口商品必须缴纳的关税。所有这些问题都必须事先确定下来，朝廷才能够明确控制所有贸易。上述因素都可能影响中国商人的利润，因此在开始贸易之前双方必须达成妥协。当然，这些规定必须符合朝廷的商业政策。

清朝官府最后才会考虑外国人的利益。如果无法保持有竞争力的价格，如果费用和税收太高，如果贸易控制机制太严格的话，外国人就不会再来中国，贸易也就走到了尽头。造就一个各方都满意，至少照顾到各方利益的状态的确花了很多年的时间。相比其他中国沿海港口的海关监督，粤海关监督在满足各方要求和确保各方都满意的事务安排上做得都更好，也更有条件做到这点。

广州有着 150 年控制澳门贸易的特殊经验。广州地方官在处理与葡萄牙人的相关事务中积累了相当多的经验。两广总督和粤海关监督非常清楚，如果把外国人限制在特定区域内，不准其自由走动，贸易就能够更有效地持续进行，也会达到朝廷的要求。如果粤海关监督同时能够严格控制和支配所有与外国商人做生意的中国商人，那么他们就能够控制整个贸易了。停止向外国人提供日常生活必需品，禁止外国人自由走动等，都是发生争端时清朝官员可以使用的强有力解决手段。需要日常生活用品，担心缺乏足够的装货时间，担心在季风改变前无法离开而被迫多停留一个贸易年度，这些状况都给外国商人造成了巨大压力，迫使他们必须迅速解决争端。这些因素和控制机制已经非常有效地规范着葡萄牙人在澳门的贸易，到18世纪初的几年里，这些措施在广州也运用得非常有效。[4]

17世纪末外国商人抵达中国时，他们把船只停靠在澳门，企图在澳门与中国人交易。澳门受广州府管辖，外国商人必须获得广州官府批准。所有出口商品都来自广州市场，因此被称为"商馆"的商人货仓也建立在广州。

清朝官员曾不止一次考虑要把澳门打造成对外贸易中心，但是用舢板在珠江上来回运输货物并不现实。此外，澳门议事会也并不乐意大量外国人（大部分非天主教徒）来往于澳门，种种因素使得这个想法没有实现。尽管一直到1733年仍有人提出这个话题，但一直无法落实。[5]

针对外国商船停留在澳门水域的情况，广东地方官府需要更广泛的珠江检控系统，费用也更高。粤海关必须设立一些海关关口来收税，此外还得控制那些为对外贸易服务而大量集中在珠江三角洲一带的舢板。广州和澳门之间大量出现的各类船只，使粤海关更加难以控制各种走私行为。与后来香港的情形不一样，当时还没有出现建立新的贸易基地的可能。官府并不希望任何外国人永久在华居留，他们认为最好建立某种体制，外国商人可以来华贸易，一旦获其所需货物就必须离开。

清朝官员对澳门附近水域的外国商人控制较弱，很难在这些地方阻止他们离开。大型外国船只装载沉重货物无法进入澳门西边的浅水道，只能停泊在澳门东南被称为"澳门水道"的泊地。[6]这个地方位于凼仔岛（Taipa Island）鸡颈（Cabrite Point）的东边，外国船只很容易经由这里进入外洋。即使还没有缴清关税，它们也能够随时从这里离开澳门水道，因此这个地点并不符合朝廷的要求。

唯一能把外国船只控制在澳门的军事措施就是派遣一支水师驻守澳门，不过这项措施耗资巨大。清朝官员能够通过控制外国商人的财产、航行、人员等方式来迫使他们缴纳赎金，直至外国人获允离开。如果这样做的话，中外之间进行的贸易显然就不能说是友好的。此外，这个地点安全性欠缺，如果发生雷雨大风，如何寻找庇护所都是个问题。在此区域内能够给大型船只提供安全停泊地的港口，离澳门还有相当的距离，这个地方要么在珠江上游，要么得穿过三角洲。因此，即使葡萄牙人早已开始在澳门半岛开展贸易，澳门的地理条件也限制了它成为贸易中心的可能。所有因素都促使贸易最终集中到了广州。

广州贸易开始之初，外国商人和中国商人就已经在澳门水道进行贸易谈判了。双方就所有贸易事务反复商议，往往需要花几个星期的时间才能最后达成协议，所达成的协议也只适用于特定船只。当新的船只抵达时，船上的大班和船长还得像前辈一样再来一次艰辛的讨价还价。

外国人能够随时离开澳门，这为他们在与清朝官员谈判贸易协定时提供了某种筹码。在中国港口，外国商人需要雇请中国引水人引导船只再次进入外洋，当地官员能够以此迫使外国人进行某些贸易，即便这些外国人并不愿意接受所有条款。实际上即使没有贸易活动在进行，地方官员也会迫使外国人缴纳相关费用和管理费。

在澳门，外国船只在所有事务与中国方面达成协议后才缴纳各项费用，它们也可以在缴纳费用之后获准进入珠江水道。按照规定，外国船只不能一直航行到广州，只能停泊在距离广州20千米的黄埔岛南边水域，这个停泊地被称为黄埔锚地。

有时外国船只已经溯珠江而上了，粤海关监督还在想办法索取额外费用，或者采取措施对之进行其他限制，甚至到了下一个贸易季节，外国商人会发现这些费用或者限制措施已经成了贸易协议的一部分。每年当外国人返回广州时，他们都坚持保有之前曾获得的各项权利。双方都逐渐清楚对方能够接受，或至少能够容忍的条款，随着时间推移，这些条款逐渐成为先例，先例再逐渐成为常规。

随着贸易一年年发展，逐年收取的关税渐渐固定下来，呈交给朝廷的财政收入也逐渐稳定，于是形成定例。粤海关监督为了维护自己在朝廷的名声，都坚持做到下一年上缴的财政收入要与上一年持平，能有所增长就更好了。就个人利益而言，粤海关监督和两广总督其实并不愿意看到贸易每年都发生急剧变化，即使贸易发生了变化，也不会改变上缴给国库的关税额度。在这个意义上，朝廷才是唯一能够使贸易发生改变的权威。

在广州体制整个时期内，定例占有重要支配地位。港口程序很快被确定为定例，这使贸易逐渐稳定下来并培育起中外商人对贸易的信任。外国商人继续在中国沿海其他港口，如厦门、宁波等地尝试寻找贸易机会，以验证广州的贸易环境，他们最终还是回到了广州，因为他们发现广州的贸易条件更好且更具延续性。

与中国沿海其他港口不同，广州是重要的内河港口，便于顺利获得内地补给品、船只必备用品和包装所需物料的供应。珠江上游地区能够提供很好的制造包装箱具的物资，广州腹地也能够提供大量船只修理以及建造货仓所需的原材料。广州还有数量巨大的手工匠人群体能为贸易提供包括修缮商馆、修理外国船只等工作在内的服务。所有这些物料供应和服务对维持贸易顺利进行、常规化和长时间运作都十分重要。其他中国沿海港口也许有某些便利条件，但广州幸运地拥有全部的便利条件。

与其他沿海港口相比，广州作为一个内河港口也便于粤海关监督控制贸易，以减轻朝廷的忧虑。在外国商船进入内河之后，外国人就依赖中国人提供所有的日常供应，需要引水人引导其船只在珠江航行，需要通事来处理日常事务。贸易早期，这些来自社会底层的中国人大量来到澳门，他们在澳门学会了足够跟外国人打交道的葡萄牙语。其他中国沿海港口的官员会向澳门提出请求，要澳门向他们派遣掌握语言技能的人，但程序上来说这必须通过广东地方官府。然而当粤海关监督需要这些人手时，只需简单地向澳门提出要求，这些人就可以从澳门来到广州，这一点就是贸易发展中的巨大优势。[7]

各地海关监督也能在厦门、泉州等地找到一些在东南亚学习过某种外语的中国人，但他们掌握的外语是否与抵达此地的外国人说的语言一致呢？估计每一艘船的情形都不一样。这些船只来自诸如马来亚、暹罗（今泰国）、荷兰、英国、葡萄牙、法国等不同的地方。另外，澳门的中国人通常是终生在澳门生活、工作，他们学习的外语通常是葡萄牙语。这样，当外国人去广州做生意时，他们只需要雇用一位会说葡萄牙语的随船人员就可以了，对于早期来华贸易的那些英国、荷兰、法国商人来说这并不难。

粤海关监督通过控制所有与外国人打交道的中国人，绝对地支配着贸易发展，这使朝廷可以放心。没有粤海关监督的批准，所有外国人都得不到日常饮食供应，甚至无法离开中国。如果这些措施达不到预期效果，粤海关监督还可以命令澳门的葡萄牙人介入，以调解争端。所有这些谈判和控制机制，加上与澳门的特殊关系，以及地理上与澳门毗邻等特点，造就了广州独特的贸易环境。

因此，把1700—1842年的历史时期称为"广州体制"是十分恰当的。本书大量使用这个术语，与之前其他学者的使用方式有所不同，这个术语对于本书的研究目的来说更具说服力。[8]广州体制十分依赖珠江三角洲特殊的地形、地貌和水势，也有赖于广州与澳门的特殊关系，这是在其他港口无法复制的体制。所有这些因素都将在以后的章节里详细讨论。

广州贸易量最初并不大，后来逐渐稳步增长。1699—1714年，法国东印度公司和英国东印度公司每年都派遣一两艘船来广州。亚美尼亚商人和穆斯林商人至迟在1700年就已经来广州开展贸易了，其他港脚商人（散商），诸如印度的英国商人也会每年都派遣船只来广州开展贸易。[9]据1703—1704年的文献记载，当时广州地方官会给每一艘抵达此地贸易的外国船只赠送礼物，他们会急切地赶到澳门与外国商人商谈贸易条款，他们会公平一致地对待每一艘外国船只，无论其来源和国籍，通过这些手段招徕外国船只来广州开展贸易。

具体而言，经过数十年时间，港口费及其他费用的具体数额逐渐标准化，不过计算方式早在1704年就已经确立了。海关官员控制外国人的常用手段，控制广州和黄埔之间货物运输的机制，以及计算所有货物关税的公式都已于1704年就在广州确立起来了。[10]

整个广州体制期间，港口费通常依据两个丈量指标来收取，即船只的长度和宽度。[11]到18世纪20年代又增加了另外一些费用，这些费用被称为"规礼"（emperor's present）。在此之前某些船只早已被收取了某种类似的费用。增加规礼只不过是对之前做法的重新确立和规范化，对外国船只来说并不是新支出。[12]18世纪20年代，规礼成为每一艘船必须固定交纳的费用。1830年规礼数额减少了，但是索取和计算方式仍然继续存在。1830—1842年规礼总数没有变化，1843年规礼被取缔了。规礼和港口费征收的方式与船只货物价值没有直接联系，数额不会随着通货膨胀而波动。这表明规礼和港口费的基本结构在广州体制期间大致没有变化。[13]

粤海关根据对每一丈量单位，如一两、一件或者货物的单位或长度来确定进出口货物征收固定数额的关税。跟港口费一样，关税也跟商品没有直接关系。进出口关税中粤海关所占的比重，以及所有海关人员和胥吏的费用，都是根据关税的固定比重来计算的。根据皇帝收缴数额的某种比例来计算关税和费用，就能确保所有参与贸易管理的人员都获得一份酬劳，不多不少，总是按照相同比例来计算。这种做法使各级官吏非常希望通过某种鼓励贸易而不是阻碍贸易的方式，参与到相关事务中来。[14]

所有费用计算出来后，皇帝、粤海关监督和所有胥吏所收费用数额加在一起就是每一艘船应支付的港口费。广州的做法通常是中国商人负责缴纳所有关税。贸易早期，外国商人有时直接向粤海关缴纳港口费，后来这些费用都通过中国商人来缴纳。

在最初几十年的贸易中，出现过外国商人通过他们在朝廷的关系来处理珠江三角洲贸易事务的情况。整体而言，中国商人必须得到粤海关监督或者两广总督的批准才能获得与外国商人做生意的许可，[15] 获得许可需要向当权者交纳可观的费用。中国商人必须对跟他们做生意的外国商人负责。随着贸易的发展，这种做法逐渐成了一种制度，规定每艘外国商船都被指定给某个特定的中国商人或者商行处理业务。

作为对该船及其船员负责的回报，这个特定的中国商人或者商行通常享有这艘船的贸易优先权，包括处理进出口买卖的优先权。粤海关当局一般不允许商人独占其承保的某艘船的全部贸易，但这些商人通常会承担该船相当比重的贸易。这些指定的"监护人"后来被称为"保商"。至迟到 18 世纪 20 年代，保商制度就已经确立了。

早在 1703 年，英国东印度公司就与某一个最重要的商行做了大部分生意，即连官（Linqua）、晏官（Anqua）和兴少（Hemshaw）。[16]到 18 世纪最初十年，英国东印度公司继续与连官和晏官做生意，但到了 18 世纪 20 年代，陈寿官（Suqua）成了英国东印度公司最重要的商品供应者。[17] 至少在 1720—1726 年，陈寿官和叶家的吉荐（Cudgen）是奥斯坦德公司（Ostend General India Company）最重要的商品供应者。[18]

1726 年，奥斯坦德公司的大班罗伯特·豪威（Robert Hewer）写了下面的报告，这个报告清楚地显示了西方商人对这些保商的期望：

> 我们请吉荐和陈寿官做我们的保商和保护者，这在广州非常必要，一旦船只在贸易、水手或其他方面产生任何争端或者纠纷，有这样一位商人会对船只所有行为负责，而且他也会随时做好准备为处理这些事情而接受清朝官员的传唤。[19]

作为外贸商品的主要供应商，中国行商负责为其所服务的每一艘船只缴纳港口费。比如 1722 年，英国人提到陈寿官为他们缴纳了当年的港口费；[20] 1724 年，陈寿官再次被指定为英国东印度公司船只的保商；1727 年，英国东印度公司船只的保商是陈芳官（Ton Hunqua）。[21]

18 世纪 30 年代初，荷兰东印度公司船只大多依靠一位商人：要么是陈腾官，要么是黎开官。[22] 1732 年，第一艘来华贸易的瑞典东印度公司船只也被指定一位特别的商人为其负责，并负责提供其所需的大部分货物。[23] 1734 年，丹麦亚洲公司（DAC）船只主要与一位商人或者一个商行打交道。[24] 到 18 世纪 30 年代初，为每艘船选择一位行商已经成了广州贸易的主要方式，西方贸易公司通过这种方式在广州开展贸易。

这项政策看起来更像是由个人喜好逐渐发展而来的，而不是商人在粤海关监督逼迫下逐渐确定的。如果中国行商被给予某一艘船只进出口货物的较大份额，外国商人可能会诱导他们提供更好的贸易条件，但是绝大多数时候，中国人并不需要外国人带来的所有进口货。如果情况真是如此，外国商人会坚持让中国行商接受所有进口货以换取提供大部分出口货物份额的特权。另外中国行商有时候会坚持对进口货有优先权，由此可知每年的情形以及每一艘船的情况都各有不同。

外国大班和中国行商都会在商业谈判中把船上货物的特权作为筹码，以获得最佳贸易条款。迟至 18 世纪 30 年代末，粤海关监督已经把这种做法当成了政策，明确每一艘船都必须要有一位保商。这项要求在 1842 年广州体制取消之前一直被强制执行。

这项政策与贸易管理中的其他做法相一致。官府要求行商、通事、买办和引水人在外国人逗留期间对他们进行控制和管理，并随时报告所出现的任何争端。这些人群各自的任务将在后续章节里详细论述，但这里必须强调的是，这种管理机制的个人负责制从一开始就是控制贸易的基础。

18 世纪 30 年代海关网络有很多重建工作。1731 年香山县丞办公地点被移到前山军民府。这个新地点使粤海关能更好地监控澳门的贸易和外国人，一旦有事发生，他们就能够迅速派人进入澳门采取行动。同一年，粤海关规定通事和买办必须获得官方执照，他们各自承担的管理工作也更加明确。[25]

18 世纪 40 年代，粤海关加强了对各项交易费的征收，与贸易相关的所有费用都已经规范化了。1741 年 2 月粤海关要求所有外国人在贸易季节结束后前往澳门，以便进一步减少冲突（图 1–1）。[26] 由于 18 世纪四五十年代的文献保存得并不完整，我们还无法明确地知道每年外国人具体在何时必须离开广州。有关葡萄牙商人前往广州和广州行商前往澳门这种有规律的行动记录，仍有待进一步在历史文献中挖掘。

目前存留的这几十年的澳门文献没有记录外国居留者的情况，其原因可能是 1757 年之前澳葡当局规定澳门市民不能把房屋出租给外来人口。[27] 澳门议事会也没有收到任何请求批准的申请，因此也就不会留下任何文字记录了。很多澳门早期的文献都已散佚，即使

图 1-1　1741 年 2 月 5 日丹麦亚洲公司日志档案（摘录）

说明：丹麦文撰写，提到所有外国人必须遵照皇帝命令离开广州去澳门。

资料来源：哥本哈根国家档案馆藏，档案号：Ask 1120。

有这方面的记录也可能没有保存下来。[28] 由于这些不确定性和混乱，我们将在下面提到一些有助于澄清这些及另外一些问题的参考资料。

　　1726 年，法国官员居留在澳门；1737 年几位荷兰东印度公司的职员全年待在广州；翌年 5~7 月的非贸易季节，法国东印度公司大班在澳门居住；同年，两艘马尼拉船抵达澳门，船长和大班去了广州，2~5 月一直待在广州（表明这段时间船员都停留在澳门）；[29] 1741 年 2 月官府要求丹麦、荷兰、英国和法国等国大班离开广州，他们在澳门度过了非贸易季节；[30] 1744 年贸易季节后，法国、丹麦、瑞典等国大班前往澳门，等他们的船只抵达时才能再回到广州；[31] 1748 年，澳门居民米盖尔·佩德罗·海托（Miguel Pedro Heytor）把自己的一间房子出租给了亚美尼亚人格力高里奥（Gregorio），后者当时应该在中国做生意。[32]

1755 年 4~7 月，法国和英国东印度公司大班都待在澳门，而瑞典东印度公司的官员则全年都住在广州；来自果阿的葡萄牙船只大班当年 7 月 12 日抵达澳门，7 月 22 日到 11 月 9 日，前往广州采购所需货物。[33] 同一年两广总督李侍尧重申贸易季节过后外国人必须离开广州的规定，这说明当时有不少外国人（比如瑞典人）并没有遵守此项规定。[34] 1757 年亚美尼亚人安东尼奥·巴布提斯塔（Antonio Baptista）在澳门租赁了一间房，有资料显示直到 18 世纪末每年都有亚美尼亚人待在澳门。[35] 尽管很多年的文献散佚了，但保留下来的文献仍然显示外国人可能相当有规律地在澳门居住，他们可能每年都在澳门居住。1757 年之前，只要时间不长，即便租赁房屋仍是非法的，外国人一般都会得到在澳门居留的非官方的许可。但是澳门葡商也会考虑这些外来者给贸易带来的损害，这些人大多不是天主教徒，他们居住在澳门当然会招致很多反对的声音。[36] 洪任辉①事件之后，1759 年年初，乾隆帝再次重申外国商人必须严格遵守贸易季节过后离开广州的规定，但仍有一些外国商人企图拖延。[37] 直到 1765 年贸易季节之后，外国商人迁往澳门的情况才常态化。[38]

澳门葡萄牙商人每年都会到广州购买货物。从马尼拉来的西班牙商人（其中有一些是西班牙华人的委托商）获得许可可以把船只开到澳门，他们也会到广州做生意。这些葡萄牙大班居住在与其做生意的行商提供的房屋里，他们不像其他外国商人那样去租赁单独的商馆。在 18 世纪的大部分时间里，西班牙商人似乎也有类似协议，但 1788 年他们开始在广州租赁商馆。[39]

行商到澳门检查外国商船运来的进口货时，他们可能会住在葡萄牙商人或西班牙商人提供的房子里，也可能住在他们自己在澳门

---

① 18 世纪的一名英国商人和外交家，曾在广州学习中文，是英国第一个中文翻译。1759 年洪任辉事件，是清政府实行广州一口通商的直接原因。——编者注

代理商或者亲戚家里，一般会在澳门住上一两个星期商谈贸易事宜。这些都是私人安排，在澳门的文献中无法找到相关记录。[40]

众所周知，除了外国船只和亚洲帆船，每年在珠江上来回航行的船只还有官船、商船，以及大量运送货物的舢舨。粤海关监督必须控制广州和澳门两个城市之间所有外国人的行动，因此他必须掌握每位外国人的所作所为。即使按照规定，葡萄牙商人和西班牙商人是在澳门缴纳港口费和关税，广州仍然会留下其船只抵达澳门的记录，因为粤海关会同意澳门葡萄牙商人来到广州，同意行商在广州和澳门间运送商品。其他外国商人则都是在广州缴纳港口费和关税。

由于进出口关税与货物价值没有关系，调整关税以适应价格上涨的唯一办法是改变税率。然而粤海关监督并不愿意引进新的价格机制，如果关税变动导致贸易商品减少，他们会遭到朝廷责怪。朝廷也出于同样的理由不愿意干涉价格机制。结果外国商人必须缴纳的各项费用的数额在很长时间内都没有变化，即使有时某些费用提高了，但这种事情并不经常发生。这种规范化有助于创造一致性，从而培育出信任。

通事、买办和引水人的通行税和收费在广州体制初期的数十年里都相当一致。广州和黄埔之间的通行税是根据船只经过关卡的多少来征收的；通事的收费是船只商品价值的1%，再加上每一项其他服务的额外费用；买办提供的补给品价格通常是根据当地市场的价格来决定的，按重量计算，但也会按照件数或者度量单位制成价目表；澳门引水人的收费则根据船只大小以及他们要将船只引上珠江的距离来计算（通常是2~3天）。

如果引水人租用了额外的小艇或帮手来协助他们，或者如果外国商人需要雇用引水人来把乘客从船只运送到岸上或者帮忙传递信息，这些费用都会单独列出来。在广州贸易之初，欧洲商人的这些费用就已经很明确了，因为"亚洲大帆船"早已接受这些服务了。[41]

关卡守卫、通事和买办长期以来在广州、澳门和马尼拉为葡萄牙和西班牙贸易服务，因此，存在这些一致的收费标准不足为奇。

外国人每年都得重新谈判在广州逗留期间能够享有的特定自由，但基本范围早在 1704 年就已经确定了。外国商人坚持他们有权选择行商、通事、买办、引水人、贸易季节租用商馆等。他们要求根据供求关系浮动价格，要求所携带的白银运上岸后免税。尽管诸如此类的要求从来没有全部得到官府的批准，但是当局确实也部分满足了他们的愿望。

与澳门的葡萄牙人一样，在广州的其他外国商人从来没有时间能与他们希望交往的人打交道，但是他们可以在一群特定的人中进行选择。通常有几位通事、买办和引水人可供选择。广州也通常有几间商馆可供他们租赁，这些商馆全部坐落在广州城墙外的特别区域。外国商人进入中国市场的渠道通常局限在一些被官府选定的商人身上，但是大部分能够得到粤海关监督和两广总督的保证，他们选定的商人是通过互相竞争而获得贸易特权的。

行商、通事、买办、引水人和屋主之间的竞争有助于降低商品、服务和租金的价格。这样，即使广州不是完全"开放"或者"自由"的市场，在整个运作架构中仍然会有一些措施能够满足外国人的需要。整体来说价格随着供求关系浮动。行商曾多次企图独占某个公司的贸易，或者形成某种联盟来垄断价格，但这些做法往往没有成功。

如果广州的负责官员允许形成商业垄断或者价格固定，外国人就不会愿意再来广州开展贸易了。如果外国人不再来了，粤海关监督和两广总督就必须向朝廷奏报，因此官员并不愿意出现某种价格联盟来控制市场准入或者垄断价格。这里的费用机制是各级清朝官吏都有鼓励贸易发展的意愿，因为多种原因使他们不愿意使价格固定下来。

外国人能够感受到广州的贸易优势。1700—1842 年，很少有外国人因为无法协商好"可接受"的贸易条款而拒绝再回广州贸易。很多商人认为有些条款仅仅是"能忍受",但是他们很少对什么条款"无法忍受"达成共识。这种与人方便的精神是广州贸易最突出的特点,这一特点远远超过其他中国港口。有时贸易谈判持续好几个星期,甚至数月之久才能最终解决问题,但是广州地方官员都非常具有灵活性,他们十分清楚如何才能达成一些使外国商人和朝廷都能够接受的贸易条款。

直到 1757 年,英国人企图在浙江舟山建立贸易关系,出现了其他沿海港口对广州贸易统治地位造成潜在威胁的局面。然而乾隆帝察觉到这苗头后,就立刻宣布所有外国贸易仅限于广州一口(俄罗斯和日本除外),从而终止了事态发展。由于朝廷的命令制止了舟山的发展,我们永远无法知道在平衡朝廷的关注,同时又满足和促进贸易发展上,舟山到底是否能与广州媲美。乾隆帝对英国人这次闯入浙江严厉而迅速的反应,表明舟山永远也不能像广州一样满足朝廷的需要。

从 1757 年到 1842 年,广州是清朝官方认定的中国外贸中心。[42]事实上,官方法令只是把既成事实以法令的形式确定下来。广州商人和官员在谈判和管理贸易方面的专业程度,再加上其他方面的优势,使广州成为中国沿海其他城市无法比拟的地方,这标志着 18 世纪初的广州已经成为中国的外贸中心。

对于控制和管理外国人而言,朝廷倾向于把贸易集中到广州一口还有其他原因。珠江漫长而低浅的河道对船只出入是很大的限制,吃水深的外国船只能随着潮水涨落来控制航行,这确保了贸易管理者能有效控制这些外来客商。粤海关监督决定着何人可以得到许可沿江而上,他们何时可以离开。即使是一艘吃水很浅的小型外国船只,如果想在没有获得许可的情况下非法进出广州口岸,自由地在珠江上航行的话,它也只有随潮汐涨落而航行这一种方式。这使粤海关监督完全有时间掌握这些非法航行的情况，并派遣巡逻水师前去阻止。

黄埔锚地是个优质又安全的停泊处，这里能够提供抵御中国南海猛烈台风侵袭的停泊地。黄埔锚地附近没有任何重要设施可以让外国人破坏或者制造威胁，而且此地远在广州视野和火炮射程之外。只要外国船只被限定在黄埔，它们就离地方行政中心和中央政治中心有着非常安全的距离。所有这些因素结合起来使广州自然而然地成了中国外贸的中心。

1717—1732 年，奥斯坦德公司派遣船只到广州来；1727 年荷兰东印度公司派遣了一艘小型单桅帆船来尝试开展贸易；[43] 1729 年第一艘荷兰东印度公司船只抵达广州；1731 年第一艘丹麦亚洲公司船只抵达黄埔；1732 年第一艘瑞典东印度公司船只停靠在黄埔。到此时，英国、法国、印度、亚美尼亚、穆斯林散商和其他商人就常年季节性地来广州进行贸易。[44] 葡萄牙和西班牙船只仍旧通过澳门与广州贸易。这样，在广州体制的最初 30 年，整体贸易额极大地增长了。

到 18 世纪 30 年代中期，广州贸易程序已经相当规范化，外国大班和船长不用再在澳门等待着与中国行商谈判贸易条款，只需获得清朝官府批准，他们就可以派遣船只直接沿江而上到广州。他们对整个广州体制充满信心，觉得没有必要每次都事先就贸易细节进行谈判。当然，他们仍然不停地抱怨一些严格的限制措施，也抱怨清朝官府征收的高额费用，但我们在世界任何地方和任何时间的贸易活动中都能见到类似的抱怨与偏见。

当我们根据外国大班留下的记载研究广州贸易时，我们需要通览所有关于贸易费用昂贵和贸易受限制的抱怨，再来考察更广泛的历史事实。商人和妇女通常在与那些控制贸易的人进行斗争，希望消除限制使贸易扩张。他们的抱怨是否公正或者贸易是否以公平的方式进行，以及是否双赢，其实并不重要。重要的是在某种程度上，消除或者改变已有限制的压力已经转移到了管理者的身上。

保持服务费用和商品价格不上涨也需要持续向下的压力。同样的，费用或价格是否已在合理的水平也并不重要。所有参加广州贸易的外国大班的首要责任是必须通过谈判使自己的利益最大化。因此，我们需要关注更广泛的历史证据。

通过广州体制的发展，我们可以看到清朝当局在不断变化各种政策和措施，直至找到一种有效的方式。到 18 世纪 30 年代中期，外国人已经充分相信这个贸易体制，而且这种信任不断增强。实际上外国商人年复一年地回到广州，抵达广州的船只也越来越多，这种发展趋势就是他们对中国贸易方式表示满意的体现，尽管抱怨从来没有停过。[45]

第二章将更具体地讨论贸易日常运作的特性，以便更清楚地理解外国人为什么会信任广州体制。

注释

[1]　有关英国人和荷兰人试图打开对华贸易的研究，参见 Paul A. Van Dyke，"The Anglo-Dutch Fleet of Defense（1620-1622）：Prelude to the Dutch Occupation of Taiwan," in Leonard Blussé, ed., *Around and about Formosa：Essays in honor of professor Ts'ao Yung-ho*（Taipei：Ts'ao Yung-ho Foundation for Culture and Education，2003），pp.61-81。

[2]　Leonard Blussé, *Strange Company*（Providence：Foris Publications，1988）；John E. Wills, Jr., *Pepper, Guns, and Parleys：The Dutch East India Company and China, 1622-1681*（Cambridge：Harvard University Press，1974）；Jonathan D. Spence and John E. Wills, Jr., *From Ming to Ch'ing*（New Haven：Yale University Press，1979）；John E. Wills, Jr., *Embassies and Illusions, Dutch and Portuguese Envoys to K'ang-hsi, 1666-1687*（Cambridge：Harvard University Press，1984）；John E. Wills, Jr., "China's Farther Shores：Continuities and Changes in the Destination Ports of China's Foreign Trade，1680-1690," in Roderick Ptak and Dietmar Rothermund, eds., *Emporia, Commodities and Entrepreneurs in Asian Maritime Trade, c.1400-1750*（Stuttgart：Franz Steiner，1991），pp.53-77.

[3]　John E. Wills, Jr., *Pepper, Guns, and Parleys：The Dutch East India Company and China, 1622-1681*, p.196.

[4]　K. C. Fok，The Macao Formula：A Study of Chinese Management of Westerners from the Mid-Sixteenth Century to the Opium War Period（Ph. D. diss., University of Hawaii，1978）.

[5]　费成康：《澳门400年》，上海社会科学院出版社，1996，第 133—134 页；Hosea Ballou Morse, *The Chronicles of the East India Company Trading to China, 1635-1834*, vol.1（Cambridge：Harvard University Press，1926；reprint，Taipei：Ch'eng-wen Publishing Co., 1966），p.198；Tereza Sena, "The Question of 'Foreigners' Entering Macao in the 18th Century：Macao, a Metropolis of Equilibrium?" in *Culture of Metropolis in Macao*（Macao：Cultural Institute，2001），pp.159-176.

[6]　澳门的内港和凼仔岛的内河锚地由于淤积不断变浅，18 世纪吃水 18 英尺（1 英尺 ≈ 0.3048 米）的船只已经不能够进入这些锚地了。到 1835 年，吃水 16 英尺的美国船只被警告说澳门附近水域对他们的船来说太浅了。参见 *Canton Register*（24 November 1835）.

[7]　18 世纪初期的资料显示通事讲的是葡萄牙语，到 18 世纪 30 年代初，他们变成说广州英语了。Paul A. Van Dyke, Port Canton and the Pearl River Delta,

1690–1845（Ph. D. diss.，University of Southern California，2002），pp.304–305；Kingsley Bolton，*Chinese Englishes*（Cambridge：Cambridge University Press，2003），pp.146–149.

[8] 大部分关于中国贸易史的研究都集中关注政策而不是贸易实践，结果这些研究倾向于把广州体制时期仅看成贸易被官方限制在广州的那一段时期（即从1757 年洪任辉事件到1842 年制度结束），然而中西贸易在18 世纪初就已经集中在广州进行了。就日常交易及其基本结构而言，1757 年前后是没有多少重要变化的。本书认为，政策发生变化的1757 年，并不能作为两个不同时期的分界线，1700—1842 年的这一时期都应该被称为"广州体制时期"。

[9] Carl T. Smith and Paul A. Van Dyke，'Armenian Footprints in Macau，' *Review of Culture*，International Edition，No.8（October 2003）：20–39；Carl T. Smith and Paul A. Van Dyke，'Muslims in the Pearl River Delta，1700 to 1930，' *Review of Culture*，International Edition，No.10（April 2004）：6–15.

[10] 这么早期的具体记载非常少。1704 年最好和最详细的记录是在罗克耶档案中发现的，但是汉密尔顿档案中也留下了1703 年的一些细节，巴洛档案中留下了1702 年的一些细节。罗克耶称一位印度马德拉斯的散商愿意来广州开展贸易，而不是去厦门，因为厦门有"索取、收费和官员滥用权力的恶习"。Charles Lockyer，*An Account of the Trade in India*（London：S. Crouch，1711），pp.98–99；Alexander Hamilton，*A New Account of the East-Indies ... from the year 1688–1723*，vol.2（London：1739；reprint，New Delhi：Asian Educational Services，1995），pp.216–235；Alfred Basil Lubbock，ed.，*Barlow's Journal of his Life at Sea in King's Ships*，*East & West Indiamen & other Merchantmen from 1659 to 1703*，2vols.（London：Hurst & Blackett，1934）. 早期法国人来华的情况 参见 C. Madrolle，*Les Premiers Voyages Français a la Chine：La Compagnie de la Chine 1698–1719*（Paris：Augustin Challamel，1901）；E. A. Voretzsch，ed.，*François Froger：Relation du Premier Voyage des François à la Chine fait en 1698，1699 et 1700 sur le Vaisseau "L'Amphitrite"*（Leipzig：Asia Major，1926）.

[11] 1699 年法国船"昂菲特利特号"的港口费仅根据其长度和宽度来计算。之后更多的记录表明直到1842 年，这一做法都没有变化。参见 E. A. Voretzsch，ed.，*François Froger：Relation du Premier Voyage des François à la Chine fait en 1698，1699 et 1700 sur le Vaisseau "L'Amphitrite"*，p.103。

[12] 比如，1702 年粤海关监督强迫每一艘外国船，除了上缴一些船上所载货物作为礼物外，还要上缴2000 西元的礼物，这样他才会同意搬运或者出售货物。这可能是后来称为"规礼"的早期证据。Alfred Basil Lubbock，ed.，*Barlow's Journal of his Life at Sea in King's Ships*，*East & West Indiamen & other Merchantmen from 1659 to 1703*，vol.2，p.538.

[13]　有关港口费计算方式的更深入分析，参见 Paul A. Van Dyke，Port Canton and the Pearl River Delta，1690–1845，Chapter 1.

[14]　关于进出口税的清单及其计算方式都有一些资料被保存了下来。早期和后来的一些例子参见 Hosea Ballou Morse，*The Chronicles of the East India Company Trading to China，1635–1834 vol.* 1，pp.93–94；Oriental and India Office Library，London（Oriental and India Office Library，British Library）：Mss Eur D 0963 "Trade–Currency Book"（1757），pp.84–86；Robert Morrison，*Notices Concerning China，and the Port of Canton*（Malacca：Mission Press，1823），pp.39–49.

[15]　那些凭借与皇室的关系参与广州贸易的商人被称为"官商"或"皇商"。参见 Hosea Ballou Morse，*The Chronicles of the East India Company Trading to China，1635–1834*，vol.1。

[16]　Alexander Hamilton，*A New Account of the East-Indies... from the year 1688–1723*，vol.2，pp.228–229.

[17]　Hosea Ballou Morse，*The Chronicles of the East India Company Trading to China，1635–1834*，vol.1.

[18]　Paul A. Van Dyke，"The Ye Merchants of Canton，1720–1804，" *Review of Culture*，International Edition，No.13（January 2005）：6–47；Jan Parmentier，*Tea Time in Flanders*（Ghent：Lundion Press，1996），p.101. 该书参考书目列出了本书参考过的奥斯坦德公司档案。

[19]　Stadsarchief（City Archive），Antwerp（Stadsarchief（City Archives），Antwerp）：IC 5757.

[20]　Hosea Ballou Morse，*The Chronicles of the East India Company Trading to China，1635–1834*，vol.1，p.173.

[21]　India Office Records（IOR）G/12/25–26，British Library. 马士提到保商制度到1736 年才开始，不过有资料表明保商制度开始的时间要早一些。参见 Hosea Ballou Morse，*The Chronicles of the East India Company Trading to China，1635–1834*，vol.1，p.247；National Archives，The Hague（National Archives，The Hague）：VOC 4374，4375，4376，4377.

[22]　National Archives，The Hague：VOC 4374–4378.

[23]　Paul Hallberg and Christian Koninckx，eds.，*A Passage to China*，by Colin Campbell（Gothenburg：Royal Society of Arts and Sciences，1996），pp.90 n.170，156.

[24]　1734 年之前没有丹麦人的贸易数据。State Archives，Copenhagen［Rigsarkivet（National Archives），Copenhagen］：Ask 2190–2203.

[25]　印光任、赵汝霖：《澳门记略》，赵春晨校注，澳门文化司署，1992，第2—3 页。

[26]　图 1–1 是丹麦人关于这个事件的记述。1741 年 2 月 5 日，两广总督、南海

县令和粤海关监督命令命令通事通知所有仍在广州的外国人，如果没有该国船停靠在中国，他们必须离开。从此，所有外国人在贸易季节之后都必须离开广州。我们还不清楚到底什么事情促使广东地方官府发布 1741 年 2 月的命令。不过可以肯定这应该与安逊及其旗舰"百夫长号"（Centurion）的航行没有关系，因为安逊及其船只直到 1742 年 11 月才抵达中国。这项命令也许与 1740 年 10 月荷兰人在巴达维亚屠杀中国人的事件有关联。广州人士听说惨案后十分关注，关于此次惨案的消息大约在当年 11 月、12 月传到中国。1741 年 7 月，荷兰人由此被限制在澳门，但后来他们再次得到批准前往广州。Rigsarkivet（National Archives），Copenhagen：Ask 1120；费成康：《澳门 400 年》，第 134—135 页；Leonard Blussé，*Strange Company*，pp.94–95；Hosea Ballou Morse，*The Chronicles of the East India Company Trading to China，1635–1834*，vol.1，pp.274–281；William Remmeling，*The Chinese War and the Collapse of the Javanese State，1725–1743*（Leiden：Royal Institute for linguistics and Anthropology，Leiden University Press，1994），pp.126–129；National Archives，The Hague：Canton 191；Rigsarkivet（National Archives），Copenhagen：Ask 1120；Roderich Ptak，"Macau：Trade and Society，circa 1740–1760，" in Wang Gungwu and Ng Chin–keong，eds.，*Maritime China in Transition 1750–1850*（Wiesbaden：Harrassowitz Verlag，2004），p.193.

[27] Roderich Ptak，"Macau：Trade and Society，circa 1740–1760，" in Wang Gungwu and Ng Chin–keong，eds.，*Maritime China in Transition 1750–1850*，pp.204–205.

[28] 这些推断由作者个人得出，不过是作者多次在与史密斯先生进行关于为什么葡萄牙人的记录中没有外国人信息的讨论的基础上得出的。许多 1750 年之前的葡萄牙人记录都没有保存下来。

[29] National Archives，The Hague：VOC 2410；Stadsarchief（City Archives），Antwerp：IC 5757.

[30] Rigsarkivet（National Archives），Copenhagen：Ask 1120.

[31] James Ford Bell Library，University of Minnesota（James Ford Bell Library，University of Minnesota）：1732 flr. Charles Irvine（d.1771）. Archive of papers relating to the Swedish East India Company：1732–1774.

[32] Carl T. Smith and Paul A. Van Dyke，"Armenian Footprints in Macau，" *Review of Culture*，International Edition，No.8（October 2003）：27.

[33] Gothenburg Universitetsbibliotek（University Library）（GUB）：H22.4a：1199 "Dagbok på Resan med Skieppet *Printz Carl*Ahr 1753–1756".

[34] Roderich Ptak，"Macau：Trade and Society，circa 1740–1760，" in Wang Gungwu and Ng Chin–keong，eds.，*Maritime China in Transition 1750–1850*，pp.204–205.

[35] Carl T. Smith and Paul A. Van Dyke，"Armenian Footprints in Macau，" *Review of Culture*，International Edition，No.8（October 2003）：27–36.

[36]　Roderich Ptak, "Macau: Trade and Society, circa 1740–1760," in Wang Gungwu and Ng Chin–keong, eds., *Maritime China in Transition 1750–1850*, pp.204–205.

[37]　1759 年，英国东印度公司翻译洪任辉由于违反乾隆帝命令前往宁波而被捕，他被圈禁澳门三年以示惩罚。James Ford Bell Library, University of Minnesota: B 1758 fNe.

[38]　有证据显示中国官员曾经提出这种要求以便从外国人手里榨取钱财。比如 1763 年，通事为安排荷兰人整个贸易季节都待在广州而缴纳了 1500 西元，但是 1759 年洪任辉事件后，这种贿赂已经不起作用了。荷兰人没有缴纳这笔钱。英国大班 1759 年称他们对"外国人离开广州的古老命令"毫不知情的这种说法是一种误导，这也许是他们希望拖延自己待在广州的时间的策略。Hosea Ballou Morse, *The Chronicles of the East India Company Trading to China*, *1635–1834*, vol.5, pp.76–90; Paul A. Van Dyke and Cynthia Viallé, *The Canton-Macao Dagregisters*, *1762*; Paul A. Van Dyke and Cynthia Viallé, *The Canton-Macao Dagregisters*, *1763*; Cynthia Viallé and Paul A. Van Dyke, *The Canton-Macao Dagregisters*, *1764*; National Archives, The Hague: Canton 74.

[39]　西班牙馆位于以丹麦馆和法国馆为东西两头的一长排夷馆的最西头。Hosea Ballou Morse, *The International Relations of the Chinese Empire: The Period of Subjection 1834–1911*（London: Longmans, Green & Co., 1910; reprint, Taipei: Yung Mei Mei Publishing, 1966）, vol.3, pp.70–73; vol.2, pp.119, 122–123; National Archives, The Hague: Canton 91; Kuo–tung Anthony Ch'en, *The Insolvency of the Chinese Hong Merchants*, *1760–1843*（Taipei: Academia Sinica, 1990）, pp.7, 268, 273 n.7.

[40]　瑞典和荷兰的文献提供了一些关于葡萄牙人和西班牙官员和商品在广州与澳门之间定期往返的详细细节。这些记载同样显示，行商在西班牙、葡萄牙船只一抵澳门就前往澳门检查并购买他们的进口货。规模大一些的商行在澳门都设有分支机构处理广州与澳门之间所有货物的运送。参看书后参考书目。

[41]　Charles Lockyer, *An Account of the Trade in India*, pp.98–177; Alexander Hamilton, *A New Account of the East-Indies... from the year 1688–1723*, vol.2, pp.216–235; Journal du Voyage du Perou en Chine, by Commander De Frondat in 1708–1710, Royal Library, Stockholm［Kungliga Biblioteket（Royal Library）, Stockholm］: M295.

[42]　有关 1757 年乾隆帝谕令的情况，参见陈柏坚、黄启臣编著《广州外贸史》（上），广州出版社，1995，第 238—239 页。

[43]　"昨天抵达黄埔的一艘 70 吨的荷兰单桅纵帆船名为'新·风尚号'，船长是雅各布斯·范·登·比克。这艘船由居住在巴达维亚的中国人装备货物，但据说这艘船之所以来中国，是为了试探一下广州的中国人是否会同意荷兰人再次来华贸易。"雅各布斯·范·登·比克和大副都是来自巴达维亚的荷兰官

员。British Library: IOR G/12/26; Stadsarchief (City Archives), Antwerp: IC 5704–5705; Universiteits Bibliotheek, Ghent [Universiteits Bibliotheek (University Library), Ghent, Belgium]: Ms 1849, 1925.

[44]　Carl T. Smith and Paul A. Van Dyke, "Armenian Footprints in Macau," *Review of Culture*, International Edition, No.8 (October 2003): 20–39; Carl T. Smith and Paul A. Van Dyke, "Four Armenian Families," *Review of Culture*, International Edition, No.8 (October 2003): 40–50; Carl T. Smith and Paul A. Van Dyke, "Muslims in the Pearl River Delta, 1700 to 1930," *Review of Culture*, International Edition, No.10 (April 2004): 6–15.

[45]　西文记载中时时可见诸如 "贸易根本无法承受这么重的税收" 之类的说法，然而说这些话的外国商人年复一年地来华贸易，而他们口中 "无法承受" 的费用却从来没有任何变化。Hosea Ballou Morse, *The Chronicles of the East India Company Trading to China, 1635–1834*, vol.5, p.78.

第二章

粤海关管理程序

设立在广州的粤海关管理着所有珠江三角洲的船舶。只有外国商船才能获得粤海关的许可沿江而上到广州，这些商船必须遵循一系列程序才能通过沿途各关口。当它们第一次停泊在澳门航道时，每一艘船都必须申请一位引水人，引导船只前往位于珠江口一处被外国人称为虎门（Bocca Tigris）的税馆。一小群被称为"澳门引水人"的人获得粤海关颁发的执照，他们从这里引导外国船只溯江而上。

澳门引水人必须向位于澳门南湾的引水馆报告，并向负责澳门事务的香山县丞申请许可。军民府位于澳门北边前山的一所白色炮台里。这栋建筑是白色的，因此被葡萄牙人称为"白屋"（Casa Branca）。

粤海关系统中对外贸易最重要的管理分支机构是澳门的葡萄牙总督。他是澳门葡萄牙的官方代表，在外国人抵达澳门的时候由他进行接待。澳门还有执行澳门议事会各项法律的理事官（委黎多，ouvidor），负责整个城市的行政管理。此外还有负责与清朝官方联系的检察官，由他来处理中外人士间发生的任何事务。澳门也设有粤海关的分支机构，即澳门大关。1744 年，澳门大关在澳门城墙外的望厦村设立了一个副关。[1]

在前山营军民府、香山县丞和虎门税馆协助下，清朝官员和澳葡官员负责监控珠江三角洲下游一带的外国人及其贸易。澳门与广州之间的珠江三角洲水系是由炮台、关口、关卡（分口）组成的巨大网络。所有这些机构都直接或间接受粤海关控制，它们或多或少组成了一个单一整体，控制着来往于珠江三角洲的商船并监视外国人的行动。[2]

18世纪上半叶，外国商人请求粤海关监督在广州城内的官衙里亲自接见他们。他们在粤海关监督衙门会晤并正式确立贸易规则，其实这些规则在会见之前就已经制定了。大多数情况下，在船只溯珠江而上之前，他们就会得到粤海关监督的接见，因为外国人希望确保"自由而开明的贸易"。会见之前，粤海关监督一般会要求通事把外国商人的各种要求呈报上来，以便有时间斟酌。外商会反复提出一个请求，即他们能够自由选择贸易伙伴。这对他们来说非常重要，因为中国人之间的竞争会使价格根据供求关系而波动。粤海关监督和两广总督总是希望中国商人之间存在竞争，他们只给若干商人颁发了行商执照，外国商人可以从这些获得执照的行商中挑选贸易伙伴。甚至到中国行商成功地于18世纪60年代组织了"公行"时，粤海关监督和两广总督仍旧控制着局势，价格也没有吓退外国人。[3]

1763年，公行想要迫使诸行商同意拟订进出口货物价格，导致粤海关监督和两广总督斥责公行"绝对垄断与违法"。为确保贸易竞争继续存在，1764年贸易季节开始时，粤海关就采取了新的政策。广州行商被迫把30%的贸易转让给内地茶商，这些茶商得到直接跟外国人接触的许可，公开与公行竞争。[4]

粤海关监督和两广总督都很清楚，只要价格具有竞争性，那么每年送到朝廷的收入就会持续增长，这样对他们的声誉和仕途至关重要。当然，某个贸易季节增长幅度太大也不是好事，这样一来，朝廷会要求粤海关监督来年继续保持这个增长势头，最重要的是能够让朝廷看到长时间里贸易都保持稳定并有较大增长。于是，粤海关监督接见外国人时会许诺不出现价格垄断。[5]

18世纪30年代，外国商人对广州体制已经越来越信任，粤海关监督便越来越少接见他们了。粤海关监督和两广总督也在犹豫要不要接见这些外国人，因为对商人来说这种接见往往成为各种诉苦、发牢骚的机会。到 18 世纪 50 年代，只有在商讨如何解决行商"商欠"等问题时，粤海关监督才会接见外国商人。[6]

自从外国商人得到粤海关监督接见的机会越来越少之后，他们的投诉或牢骚就只能在粤海关监督或其属下到黄埔丈量船只时提出来，他们有时也通过保商或者通事向粤海关监督递交请愿书。[7] 如果事态紧急，外国人甚至可以自己把请愿信送到油栏城门。这个城门靠近商馆区，位于新城墙西南角。守卫的士兵会将请愿信送到粤海关监督驻地。不过这种方式也令人难以忍受，请愿者不得不在城门处苦等数小时，粤海关监督接受请愿信并阅览和询问之后，他才会答复是否考虑他们的请求。[8]

一旦所有贸易条款确定下来，外国商人就会把消息发给商船，让它们溯珠江而上。外国船只必须找一位澳门引水人引导才能在珠江上航行，引水人必须报告雇用他的外国船长姓名及其所代表的国家（不需要报告船长国籍）、船只装备、水手人数以及船上所载货物，这些信息被送至广州的粤海关税馆。外国人船上不能只装载白银，必须装载一些货物，哪怕只有几盆咸肉或者几桶洋酒。船舶若只是为了躲避风暴或者修船而来，是不能被接受的。没有携带货物的外国人，不管他们是什么状况，通常会被认为是走私者或者是闹事者。[9]

澳门引水人登上外国船只后，就指引着这艘船沿江航行到位于虎门的税馆，由税馆胥吏检查船上的各种文件。虎门胥吏通过核对船长姓名等信息，确定引水的文件是否与他所引导船只的实际情况相符，相关信息是否与在澳门上报的相符。他们会通过清点船只每边炮门的数目来确定船上大炮数量，并在船只登记簿上记录船上人员数目及其他装备的具体情况。澳门引水人已经事先收集了船只的一部分信息，但是虎门税馆胥吏必须确认每一项信息，保证一一对应。之后再把这些信息报告给粤海关监督。

两位海关胥吏或者被称为"官府"（tidewater）的人在虎门登船随行，确保船只在珠江航行过程中不装载或者卸载任何货物。[10] 其中一位来自虎门军事炮台，另一位来自税馆。[11] 如果所有文件齐备，引水人拿着所有被检查过的文件回到船上后，外国船只就可以溯江而上了。有文献记载引水人经常上岸去完成这些事务，这表明他手中的这些文件可能与来自澳门和广州的文件一同被核查。

18 世纪其他很多商业河道的收费是根据每次航行的里程来确定的。与这些河道不同的是，外国商船从澳门航行到黄埔锚地一共 65 英里（大约 100 千米）的航程是不用交过路费的。[12] 船只到达并停靠在黄埔锚地后，黄埔税官就会把两艘守卫船系在外国船只的船尾。[13] 至此，从虎门来的两位"官府"就可以将其监察任务移交给这里的"官府"了。

这些被称为"官府"或者"护卫"的人有很多不同的称呼，有时很难确定其身份。他们或者他们的舢板在西文文献中被称为"Jack Hoppo""Hoppomen""guards（vagters）""guard boats（vagt baaden）""Mandarins""Longside Mandarins"。由于他们在外国船只上称量商品，也会被称为船只称重者（skibs vejers 或 schips）。他们生活工作的舢板被称为"押船艇"，但是有时也会被冠以更具体的名称，如"左舱口"或"右舱口"。[14] "官府"随身跟有一名书记随时记录重量，还有几位仆役做一些诸如煮饭、洗衣之类的杂事。当然"官府"的工作是日夜监察船只，确保外国船只没有走私任何商品进出广州。

外国人用被称为"官印船"（chop boats）的快船运输所有进出口货物。根据规定，这种特别建造的舢板必须在广州到黄埔之间的所有关卡停留。由于所有外国船只最终只能停泊在黄埔锚地不能再向上游航行，于是其他的河流通行税就是向这些官印船征收的。这些船为中国商人所有，如果外国人拒绝缴纳河流通行税的话，中国行商就必须承担。黄埔锚地与广州商馆之间一共设有三个税馆。黄埔属番禺县管辖，贸易进行地广州则为南海县管辖。常规的信息传递网络、巡逻和检查网点使三角洲所有站点能一直保持畅通的信息联络。[15]

前往广州的第一个关卡是黄埔税馆，位于黄埔锚地和黄埔塔（琶洲塔）之间。黄埔锚地位于黄埔岛的下游方向水域，所有前往广州的外国船只都必须经过这个关卡。第二个关卡设在广州城南靠近被称为"东炮台"的军事基地附近。这个关卡有时就是指东炮台，不过收费站则是炮台旁边另外兴建的有"税馆"旗帜标示的建筑物。第三个关卡在广州城外商馆区码头，被称为"海关税馆"。这个税馆主要负责征收进出口税和其他海关税，比如个人行李税、特别快速舢板费用或者卸载公司补给品和家具等费用。[16]

还有一些海关站点设立在监视员驻扎的码头，但是这些站点并不是关卡。商馆区所有舢板停泊码头上的站点被称为行后馆口，不过外国人称之为"牡驴尖"。[17]在码头西端靠近丹麦商馆的地方，是被荷兰人称为"丹麦收费"的另一个站点。码头东端靠近荷兰馆和一条河涌的地方设有一个站点，被称为"小溪关卡"。外国人在贸易季节过后准备经由西江水道前往澳门时，才在这两个站点停留。

舢板会在三个主要的海关税馆前申请通过并接受检查。每个站点都会在通行证上盖章，通行证在最后一站被收回（这一站可能在广州，也可能在黄埔，这取决于舢板的航行方向）。黄埔税馆收回的通行证最后会被送回位于广州的粤海关衙门。[18]

海关会对经过每一个关卡的舢板数量记录在案，记录内容包括拥有这些船只的中国商人姓名、其服务的外国船长的姓名等。这些信息使粤海关监督能够清楚每一艘船应上缴费用的总数，以及担保上缴费用的中国商人的情况。只有所有关税和费用都缴清之后，粤海关才会给船只颁发被称为"船牌"的离开许可证（图2-1）。

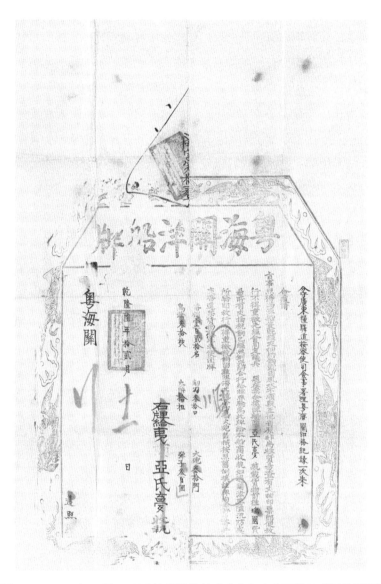

图2-1　1742年1月17日粤海关发放给瑞典东印度公司船只"哥德堡号"（Götheborg）准许其离开中国的船牌

资料来源：斯德哥尔摩皇家图书馆藏，档案号：Kine，Ms 14。

外国人坚持拥有一项权利，即他们可以自由乘坐悬挂国旗的押船艇前往广州，粤海关监督也同意了这项要求，而且这些船不用在关卡停下来接受检查。这个要求并非没有道理，船长和大班必须有规律地在锚地和贸易地之间来回奔波，监察货物装卸，如果他们乘坐的船总是必须在关卡停留检查，则极为不便。船只每次接受检查都要缴费，代价也十分昂贵。粤海关监督非常清楚赋予外国人这项权力背后的逻辑，但是他只是赋予外国公司主管这种权力，并且规定这些船只不准装载货物。

当一艘船到达黄埔锚地时，船上的商人必须雇用一位通事处理他们所有必需的正式手续。在广州体制的最初几十年里，通事的首要任务是与外国人商谈贸易细节，与广东的当权者确立贸易内容，安排外国商人与粤海关监督见面等事宜。通事的第二个任务是安排船只接受丈量，以确定其需上缴的港口费数额。这些丈量是在中国商人获准前去察看进口货以及船只卸货之前进行的。

贸易初期，粤海关监督前往黄埔泊地举行丈量船只仪式，所动用的帆船和舢板达 40~50 艘。[19] 在这个仪式上，粤海关官员和行商必将受到礼遇，仪式也非常热闹。[20] 仪式进行时，附近那些即便不是粤海关监督要丈量的外国船只也会鸣放礼炮。对尊贵的人鸣礼炮，对在河流上航行的大型船只鸣炮致礼都是外交礼节。粤海关监督的官船则会鸣锣回礼，该船的甲板上安放着一架巨型锣鼓，有时也会鸣放礼炮。

18 世纪 80 年代中期，粤海关禁止了外国船鸣炮敬礼的举动，因为这会威胁到附近水上居民的安全。外国水手会爬到船只捆绑风帆的索具上，在粤海关监督上船和离开时向他欢呼致意。[21] 丈量过程中粤海关监督和外商也会让人奏乐助兴。广州体制初期，这些乐队的助兴表演已经成了仪式的组成部分。比如，1724 年粤海关监督的乐队在丈量奥斯坦德公司的船只"圣伊丽莎白号"（St. Elisabeth）时进行了表演；1737 年丹麦乐队在丈量他们的船只"斯韦格号"

（Sleswig）时也演奏了音乐，粤海关监督本人还饶有兴致地亲自敲了丹麦大鼓。[22]

有时，水手还会表演滑稽短剧或者合唱（当然是在公司官员指挥下）。这些仪式还有赠送传统干果、蜜饯等环节，粤海关监督或其下属会以红酒举杯祝贺致辞。[23]致辞之后，外国商人也会致辞并回赠小礼物。所有这些活动逐渐发展成了正式的外交礼节。程序安排很有讲究，仪式上所有官员和中外商人都着正式服装，使贸易增添了许多严肃的气氛。

在所有这些排场结束时，随从必须完成船只丈量。丈量船只的工具要么是上面标有广州木匠尺（covids）刻度的绳子，要么是刻着准确量度的竹棍。[24]负责丈量的仆役在甲板上以自己的身高为刻度用绳子或竹棍测量，并向负责记录的书记员大声喊出测量的度数，书记员把数据登记在粤海关登记册上。[25]通事则将这些数据翻译给外国船长和大班。

举行完丈量仪式几天后，通事就会将写有丈量结果以及相应港口费的正式文书送给外国商人，文书上的数据用阿拉伯数字写成，以便外国商人看得懂（图2-2、图2-3）。[26]丈量之后，保商必须立刻与粤海关监督签订具结，承诺为该船负责，包括外国人的行为、港口费以及进出口商品关税的缴纳。[27]行商和粤海关之间签署正式具结，大概是在18世纪30年代开始出现。

具结之后，粤海关监督会要求检视外商带来的"八音盒"（sing-songs），以及镜子之类的其他奢侈品。这些物品往往会成为粤海关监督为保官衔而每年按例呈贡的礼物。选择最佳物品后，粤海关监督会要求行商购买这些东西。行商不得不以超低折扣再把这些物品转卖给粤海关监督以获得承保船只的特权。[28]

由于礼节烦琐，船只丈量仪式通常把人弄得筋疲力尽。如果在经历了互赠蜜饯、互敬红酒、正式行礼、乏味的套话、锣鼓的喧器，

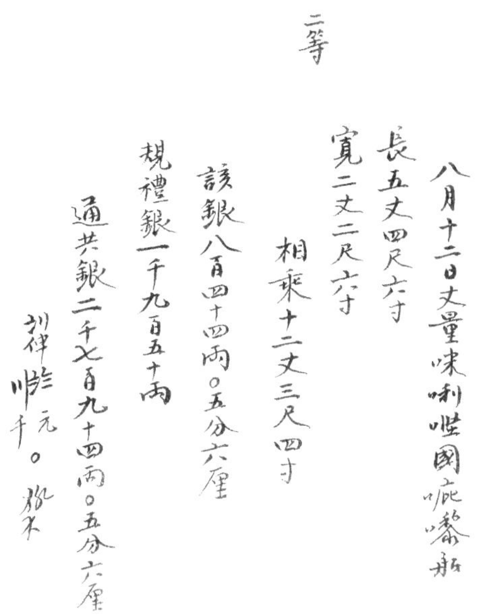

二等

八月十二日丈量咪唎唑国呲嚓斯

长五丈四尺六寸

宽二丈二尺六寸

相乘十二丈三尺四寸

該銀八百四十四兩。五分六厘

規禮銀一千九百五十兩

通共銀二千七百九十四兩。五分六厘

祥熙元。樊

图2-2　记录1816年美国双桅帆船"广州号"（Canton）
丈量数据和港口费计算结果的中文档案

资料来源：美国迪美博物馆菲利普斯图书馆藏，档案号：Shreve Papers。

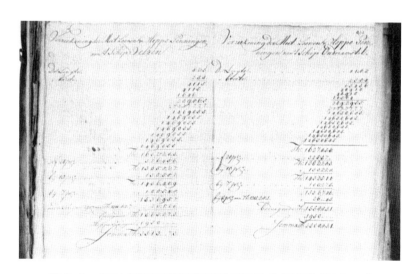

图2-3　1761年记录荷兰东印度公司船只"威森号"（Velsen）
和"奥德拉姆斯特号"（Ouderamstel）港口费计算结果的档案

资料来源：海牙国家档案馆藏，档案号：Canton 378。

再加上仪式上演奏者的刺耳尖叫、船舱里水手的欢呼、丈量仆役大声唱读的喧哗，以及随之而来连续不断的鸣炮和致敬的枪声之后，粤海关监督还没有筋疲力尽的话，那么接下来漫天的烟雾和难闻的火药气味一定会让他忍无可忍，催促着赶紧结束整个活动。贸易早期，粤海关监督（有时是两广总督）会亲临大部分丈量仪式现场。但随着来华外国船只越来越多，丈量工作成了贸易管理事务中让人不胜其烦的事情，粤海关监督就把它交由手下去办理了。[29]

粤海关监督会在同一天安排好几艘船的丈量，这样很多工作会一次完成，以便可以尽早回到常规工作中，这就使丈量工作十分辛苦（可能喝完红酒醉醒，第二天都无法工作）。即使在广州体制早期，粤海关监督通常也会等多几艘船到达之后才去一起丈量。18世纪60年代，粤海关监督一天丈量六七艘船是很普通的事情，但有时他也会由于某种原因，仍然会不得不前往黄埔丈量少数几艘船。[30]

随着到达广州的外国船只日益增多，粤海关监督就越来越倾向于挑选某些船只亲自去丈量（当然是挑那些载有最稀少而有价值货物的）。[31]英国东印度公司和散商是携带新奇之物来广州的最重要商人。当他们的船只抵达时，粤海关高级官员就会迫不及待地冲到黄埔锚地，看船只携带了哪些珍宝。不过，英国东印度公司尽量避免从事奢侈品贸易，因为出售这些商品会带来麻烦。[32]英国散商和法国商人、亚美尼亚商人、穆斯林商人、巴斯商人却热衷于奢侈品买卖，英国东印度公司官员也会私下携带这类物品来广州出售。[33]如果有人携带了奢侈品，粤海关监督并不需要催促他们上缴。荷兰人、丹麦人、比利时人、美国人和瑞典人看起来并不经常参与这项贸易，即使有，参与的也有限。

丈量仪式后，粤海关监督就代表皇帝给每艘船赠送一份礼物，祝福外国客人身体健康。初期，官府赠送的礼物各有不同，到了18世纪40年代才固定下来，大致包括两头牛、八袋面粉、八坛中国酒等。[34] 在广州体制的最初几十年里，西方船只抵达广州时航行状况大多不好，海上航行中经历的风暴、事故都给船只造成了各种损害，船只也可能因此而收到清朝皇帝额外的赏赐，以示对其遭遇的同情。[35]

到 18 世纪末，这些赠礼仪式大多草草走个过场，并且不再有双方表示尊敬和谢意的物品。比如 19 世纪初期，彼得·多贝尔（Peter Dobell）提到粤海关监督送给每艘船的只不过是几坛劣质酒，根本不能喝；另外还有两头可怜的小阉牛，也不能食用。船长通常用这些东西跟买办换取几磅① 优质牛肉。[36]

早些时候，西方人会在几天之内屠宰掉获赠的两头小阉牛，也有的船只会一直喂养它们直到启程返航。获赠的几袋面粉则成为船上的物资储备，水手也会定量分配到一些中国酒。不过 18 世纪末到 19 世纪初，很多船只会把这些"礼物"卖给买办或者海关水上稽查员，如果能够卖得出去的话。[37]

粤海关监督的馈赠送达之后几天，通事会把丈量文书的官方译本交给外国商人。如果外国商人对此有异议可向通事提出来，再由通事报告给粤海关监督。[38] 船只丈量方式和程序常常决定了大船享受特别的优待。

长度是丈量船只前桅和后桅（也可能是最后端的桅杆）之间的距离。然而，外国船只的船舱通常是从桅杆前面一直延伸到船只尾部，因此用这种丈量方式来确定距离并不能准确体现出船上货物储存的范围。宽度则是丈量船只主桅（中央桅杆）两端的距离，在主甲板上进行丈量（即最高的甲板），丈量从码头到右舷船尾栏杆之间的距离。船只吃水深度不用丈量。把丈量所得的长度和宽度相乘再除以 10，就得出了船只的测量结果，即船只港口费税额。从 1700 年到 1842 年广州体制开始瓦解之时，这样丈量所得到的数据就是计算港口费的依据。[39]

---

① 1 磅 ≈ 0.45 千克。——编者注

图 2-2 显示了美国双桅帆船"广州号"丈量数据的中文记录。这些记录是通事从粤海关监督处获得的原始数据。通事会将这些中文数字写成阿拉伯数字，并交给外国人。图 2-4 是从丹麦亚洲公司一份航海日记中摘录的材料，提供的是通事秋官（Chauqua）关于丹

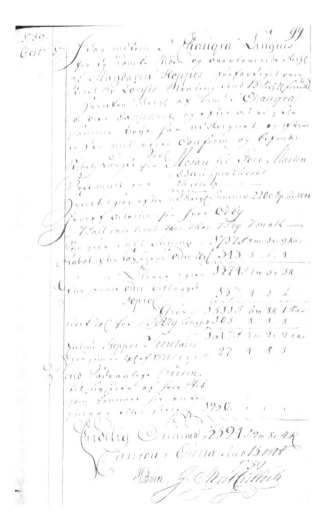

图 2-4　丹麦人日志摘录

说明：记载了 1759 年通事秋官为丹麦亚洲公司船只"鲁威思公主号"（Princesse Lowise）出具的丈量值和港口费计算结果的报告。

资料来源：哥本哈根国家档案馆藏，档案号：Ask 1144。

麦亚洲公司船只"鲁威思公主号"（Princesse Lowise）的丈量值和港口费计算报告。图 2-3 是荷兰东印度公司的船只"威森号"（Velzen）和"奥德拉姆斯特尔号"（Ouderamstel）的丈量值和港口费计算报告，以及荷兰大班的手写计算。港口费是粤海关胥吏用算盘算出，因此中文档案（图 2-2）并没有记载港口费的计算。[40]

表 2-1 数据显示荷兰东印度公司第二艘来华的船只"敦野号"（Duifje）港口费计算的细目。船只丈量数值分成三个部分，有三个不同的税率。数值乘上税率，所得就是具体收费数额。然后再经过几个计算步骤，才能得出最后的费用。

表 2-1　1730 年荷兰东印度公司船只"敦野号"缴纳的港口费计算

单位: 两

船只丈量费	1102.431
皇帝赐予的减免为 20%	220.486
粤海关监督的减免为 10%	88.194
纹银（以弥补银含量的差异）为 7%	67.909
粤海关胥吏规费为 2%	17.638
规礼费	1950.000
最终的港口费	3005.686

注：该船长度 67.99 广州木匠尺 × 22.70 广州木匠尺 =1543.373/10=154.3373。"敦野号"被归为二等船，每广州木匠尺需要收费 7.143 两（通常二等每广州木匠尺收费 7.142 两），一共需要收费 1102.431 两。计算得出的结果必须跟最后丈量费和整个港口费相一致。1729 年第一艘抵达中国的荷兰船"牛角号"（Coxhorn）的丈量记录也被保留了下来。该船数据有些小错误，在这里没有引用。不过其税费计算的方法与"敦野号"的计算方法是一样的。

资料来源：NAH: VOC 4374, 4375。

第一个条目是皇帝特赐的 20% 的折扣。如同粤海关监督赠予礼物一样，皇帝特赐 20% 减免作为补偿，是贸易体制中另一种形式的怀柔措施，意在向外国人宣示皇帝本人对贸易的兴趣是真诚的。余下的收费是在减免之后的数据上计算的，而不是根据总数（1102.431

两）计算的。每艘船都能够得到这 20% 的减免，这比减免下面一些必须支付的费用还要多。这样，船只最后的总费用是 1055.686 两。

最后丈量费再加上规礼，得出港口费的总数。法国人为了获得登上深井岛（French Island）的专属权必须额外缴纳 100 两。从印度来的港脚船，诸如亚美尼亚商人、穆斯林商人和巴斯商人就可以少缴纳 100 两。[41] 18 世纪 20 年代和 30 年代初，一些奥斯坦德公司船只的规礼费是 1800 两，而其他船只则缴纳 1950 两或者 2050 两。不过整体来说，港口费征收方式相当稳定。[42]

计算最终港口费有两种方法。所有个人的减免和收费都要详细列明，与"敦野号"的情况类似，或者在这些减免调整计算完之后，再使用一种简化税率。比如，在"敦野号"的税费计算中没有用 7.142 两作为乘数，这更容易调整税率，以弥补表 2-1 中列出的所有减免和征收的费用。如果用 6.84 做乘数，而不是以 7.142 做乘数，那么最后可能只需一个步骤就可以算出港口费，而不需要 4 个步骤。154.3373 广州木匠尺乘以 6.84 两，最后得出的丈量数额是 1055.667 132（舍入为 1055.667）。这个数字与上面的数字（1055.686）的差别非常小（只有 0.019 两），因此，经常采用的计算方法是调整乘数，而不是采用哪个普遍的算法。实际上很多像美国商人一样的散商并不知道这些计算步骤是如何完成的，他们认为经过简化的税率是用于计算丈量费的唯一数值。

整个 18 世纪，粤海关监督使用两种税率。然而到了 19 世纪，简化版的税率看起来已经成为标准了。尽管"敦野号"应该按照第一等的税率交税，但它是作为二等船只进入港口的。在广州体制早期，粤海关监督经常减免部分关税，或者按较低税率收税以鼓励贸易，但是到 18 世纪 40 年代就很难在记录中找到这种例子了。[43]

1830 年，英国东印度公司经过商谈成功地把规礼降到了 1600.683 两（合 2223 西元）。大约就在此时，也许是为了弥补那些减免的损失，粤海关监督提高了计算港口费的三种税率。[44] 然而丈量船只的方式从 1699 年到 1842 年一直没变。[45] 外洋船只的三层税率系统早在 1699 年就已经存在，直到 1842 年仍然有效。所征收的三种税率早年看起来略有不同，但到 18 世纪 20 年代就被稳定下来，一直到 1830 年都保持不变。[46]

粤海关监督收取丈量费的 10% 和纹银折价 7%，这些在 1699 年就已经存在了。由于缺乏 18 世纪最初 20 年以来的详细记录，很难弄清楚这种不变的港口费是如何征收的。我们确实知道，在 18 世纪 20 年代，一些奥斯坦德公司的船只是按 8% 的税率征收，而不是 7%，但 1729 年当第一艘荷兰船抵达时标准税率是 7%。18 世纪 20 年代，粤海关监督 10% 的部分以及纹银的折价也执行得很严格，表明这些收费从 1699 年以来就很少变化，或者基本没变。[47] 我们目前能够推断的就是这些数据被用来计算从 18 世纪 20 年代到 1842 年每一艘船的港口费。

实际上，整个港口费架构可能从 1722 年就确立起来了，或者可能还要更早一些。这个架构是由朝廷确立后颁布给粤海关监督的，如果没有皇帝的命令，粤海关无法征收港口费。[48] 即使在 1830 年税收减少之后，港口费的分配仍是按照相同方式计算，一直到 1843 年初被废除为止。这种持续性有助于建立信用，也使外国商人在计算收益的时候简易得多。[49]

不过，一些小船会想方设法缴纳更低的港口费。其中之一就是把固定桅杆的船沿敲掉，松掉一些撑杆螺栓，再把桅杆上端全部捆在一起。这样做能够缩短整个主甲板上突出的两个桅杆之间的距离，不过这个数据减少的仅仅是用来把桅杆固定的边沿的厚度。对那些有着厚边沿的船只来说也许值得一试。荷兰东印度公司的船长显然常常做这样的改装，以期把港口费减至最低，美国商人后来也这样做。[50]

可以通过把原来位于船中央的格子舷樯的猪圈（pigsties）移到靠近主桅杆的舷梯来调整宽度。把它们放置到绞盘杆（capstan's bars）上，就可以使其看起来像主甲板的组成部分。根据清朝海关规定，宽度的丈量必须从主桅杆开始，海关官员倾向于丈量格子舷樯之间较窄的地方，而不是丈量船尾栏杆之间的宽度。这样丈量使宽度减少较多，可以节省相当数额的港口费。[51] 这种做法也许就是导致 1736 年粤海关官员开始采取从船的上面丈量，而不是在甲板层丈量的原因。[52]

在两个桅杆之间进行长度丈量，适合那些至少有两个桅杆的船只。一些美国商人和其他跨太平洋而来的商人，他们的船只是单桅帆船。[53] 对于这些单桅帆船，丈量长度就是丈量桅杆和船舵之间的距离。[54]

在主甲板上丈量船尾栏杆之间的距离作为宽度的做法，对丈量外国船只来说并不精确。与中国帆船不同，很多欧洲和美国船只的下层甲板要更宽一些，这里才是储存货物的地方，货物并不是储存在主甲板上。这种船只构造上的特点被称为"摇晃的家"，是一种船身的形式，下甲板内能够为更大型的火炮提供更多空间。这种设计构造还有助于降低船只重心。

负责丈量事宜的粤海关官员大多是丈量最上层的完整甲板（这里接近于最宽），以替代丈量船只那些不规则的地方，并不是去丈量狭窄一些的中层甲板。[55] 他们有时会把丈量杆伸出船尾栏杆（如格子舷樯不在这里的时候）。外国公司官员必须时刻提防这种举动，以防止船只的港口费被人为抬高。[56]

港口费计算出来之后，粤海关就要开始征收。贸易早期，这些费用的征收和缴纳都并不是十分规范，有的外国船只装满货物准备离开时才去缴纳。通常情况下，粤海关监督发现自己需要资金时才向这些船只征收。[57] 18 世纪 30 年代荷兰、丹麦、瑞典等公司的船只到达广州后，粤海关监督就开始催促他们早点以更规范的方式缴纳这些费用。由通事或者保商向外国商船征缴这笔资金，再上缴到粤海关监督衙门。

18 世纪 40 年代中期，外国船只通常在粤海关监督颁发船票装载出口货物之前就必须全额缴清港口费。我们能够找到一些 1800 年之后的文献，显示船只在缴清港口费之前已经把回程货物都装载好了，不过这些都是特例。也许粤海关监督并没有完全掌握所有进入广州的外国船只数量的信息，但这并不是与政策相矛盾。从 18 世纪 40 年代到 1842 年，惯常做法是在外国船只缴纳港口费之后才能装载回程货。另外，船只丈量之后就可以从船上把进口货物卸下来了。[58]

卸下船上所有的货物通常需要数周到数月不等的时间。这些货物往往在卸载之前就已经卖掉或者已经签署了买卖协议，卸载之后被直接运到中国行商设在码头的货仓。这样就避免了重复处理货物。图 2-5 展示的是一份典型的 1760 年荷兰东印度公司和中国行商之间为处理进口货物的合同。合同签署之后，货物就可以从船上卸载，并送到外国商馆称重和检查，接着迅速地搬运到商人的货仓。[59] 唯一储存在外国商馆的进口货物是那些不用出售的产品。有时，如果货物没有市场无法销售的话，会被闲置在货仓长达几年时间，但是外国商人通常会绞尽脑汁在中国卖掉这些货物，如果把这些货物装载回国的话，会被当作出口货征税。

有时，那些难以出售的货物会在黄埔卖给其他外国人，再由他们把货物运到印度或其他地方。这种情况下，外国人得向粤海关监督申请许可，才能把货物从这艘船搬运到另一艘船。粤海关监督也许会根据货物的情况征收一些象征性的税收，但是这种特殊税收只针对储存在黄埔的货物。广州在已经卸下来的进口货要再运出去的话，就必须再次经过珠江上的三个税馆，并按照出口货物缴纳出口税。[60]

外国船只卸载完所有进口货物之后，外商开始购买并装载回程货物。每一艘船首先得赶紧把船上的货物都处理掉，才有空间装下像诸如白铅（锌）和几艘舢版装来的石头或者沙砾等压舱货。这些

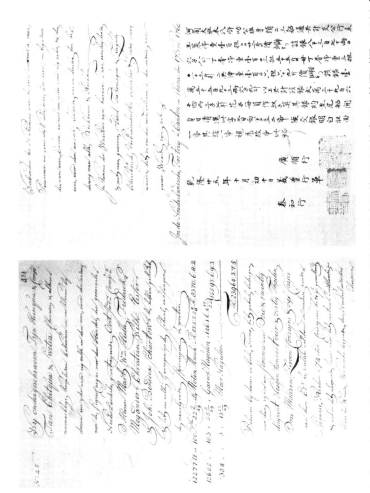

图 2-5　荷兰东印度公司与行商蔡煌官、陈捷官、颜瑞舍签署的进口肉豆蔻和丁香的合同，签署时间：1760 年 11 月 17 日

资料来源：海牙国家档案馆藏，档案号：VOC 4384。

沙砾是从澳门水道河床上挖来的，那里的沙砾比其他地方的好。这些细小的石头被河水冲刷得很光滑，表面坚固而平整，很适合在上面摆放装瓷器的箱子。如果运到黄埔的时候沙砾还是湿的，就会被铺在岸边晾干之后再搬上船。

外国人使用多种物品作为压舱物，但大量使用的还是澳门沙砾。比如，一艘典型的载重 800~900 吨的荷兰东印度公司船，需要大约 40 万荷兰磅[1] 的压舱物。就我们所知，来华荷兰东印度公司船只大约一半的压舱物是锌、锡、明矾之类的东西，而另一半就是澳门沙砾。每艘从澳门来的舢板都会装运 4 万荷兰磅的沙砾，因此每艘荷兰船需要五六艘舢板的沙砾。通常需要半个多月的时间才能够把船上的货物卸运，并把压舱物摆放好。[61]

外国船上的货物被卸完后，舢板就开始将瓷器运到黄埔。内地的茶叶于 11 月底或 12 月陆续运抵，南京来的丝绸于 12 月中旬也陆续到达。珠江各关卡的海关胥吏在检查通行船票方面十分有经验，他们能够准确辨认出驳船上的货物与文书上所写内容是否一致。如果一张船票写明允许装运 20 满箱武夷茶（Bohea），船上装运的就不能是 40 个半箱武夷茶或 20 满箱其他茶叶。一些外国商人想方设法携带一些代替品通关，却很少能够逃过他们的火眼金睛。每种商品进出口税都不一样，为了计算这些关税，确定船上所载货物与船票所写一致就显得非常重要。

粤海关监督希望通过严格将外国人限制在黄埔的几个锚地附近的小岛上，最大限度消除走私及其他非法行为。外国人在广州也被限制在城外的商馆区。广东地方官府严肃执行对外国人的控制、报告和管理，希望把纷争与争吵出现的概率降至最小。中外人士之间的争端或吵闹通常一触即发，也会很严肃地得到解决。有时使用严

---

① 1 荷兰磅 =1 千克。——编者注

厉制裁，以达到杀鸡儆猴的效果。整体而言，粤海关监督和两广总督力图行事公平、公正，但是对什么是"公平"和"公正"，大家的概念并不一致。

粤海关监督曾多次停止某船、某贸易方或者某公司，甚至广州所有外国人的贸易，力图通过这种极端的方式迅速处理争端。不过，外国人通常认为这种做法是粤海关监督只对限制贸易感兴趣的表现，并不是鼓励贸易的做法。即使说粤海关监督的政策越来越严厉是符合历史事实的，他们关心的首要问题仍然是维持和谐稳定。中止贸易往往被当成是最有效和最迅速地达到目的的方式，而且就大多数情况来说，或许果真如此，其中时间压力是个重要因素。随着来广州开展贸易的外国人越来越多，官员面对的问题和责任也就越来越多，与此相关的广州贸易管理系统自然变得越来越严格。官员首先考虑的问题是维持秩序，而不是任何适时或者自由贸易的观念。

外国人必须与通事、买办和商人处理所有账目，中国行商在获得船牌之前必须缴纳所有应交的费用和关税。船牌（图2-1）是一个大的长方形的文书，尺寸大约26英寸×18英寸（约相当于66厘米×46厘米），由大型木刻印刷制作。其在18世纪初被称为"洋船牌"，几十年后也被称为"外洋船牌"，更为人所知的名称是"大船牌"。[62]

船牌顶端留空白的地方是盖核实印章的地方。文书印刷部分的正上方覆盖着一张小小纸片，粤海关官员在上面盖粤海关印章，这样一半印在船牌上，另一半印章在小纸片上。然后他按照同样的方式在上面填写一些文字和数字。这张小纸片随后被送到下游的虎门，船牌则留给外国船长。船只到达虎门时，这张小小的证明书（被称为"考证"）被用来检验船牌的真实性。这种做法能够有效地防止伪造，在中国也用此方法来验证文件的真实性，包括许可证、文书、证书等。[63]外国船只在船牌被验证之后，才会获得出海准许。

粤海关胥吏能够一眼就看出哪个商人和哪艘船只还拖欠着应缴

的款项。偶尔由于一些行商商欠严重，外国商人不得不紧急给这些挣扎中的中国行商延期贷款；有时中国行商被迫在广州或者澳门资本市场寻求救助，急需用钱时，希望暂时贷到一笔款解决财政危机。缴清所有账目之前，粤海关一直扣押着船牌，这样能很大程度上确保贸易进行，每个人都必须确保在船只离开之前缴清所有费用，这使贸易系统能够在整个贸易季节内都完全在信用基础上运作。

上述种种因素构成了 17 世纪 90 年代到 1842 年广州体制的基本架构。我们只需观察广州体制瓦解之后港口费发生的变化，就可以看到当时广州贸易和税收对大清王朝有多么重要。1843 年港口费确立下来，载重 150 吨及以上的船只每吨港口费 0.5 两，载重少于 150 吨的船只每吨 0.1 两。[64]

1842 年之后征收的港口费总额只是过去的一小部分。约翰·罗伯特·马儒翰（John Robert Morrison）估算 150 艘船（其中 120 艘普通船和 30 艘米粮船）在旧广州体制下应交纳港口费 270 000 两，在新体制下只需缴纳 37 500 两。[65] 旧广州体制时期，每艘货船应缴纳的规礼是 1600 两（1830 年之后），这样 150 艘船总共的港口费收入大约可达 462 000 两。马儒翰估算的 37 500 两，只有此数值的 8%，这样一来，清朝国库损失了 92% 的收入。

即使到 1845 年，当年共有 327 艘外国船来到广州，总载重量是 148 273 吨（其中 322 艘的载重量大于或等于 150 吨），港口费大约只有 73 000 两（145 000 吨是按每吨 0.5 两标准征收，其余按每吨 0.1 两标准征收）。因此，船只数量和载重量的增加也未能弥补新旧税率不同造成的损失。[66]

小结

正如上文提到的例子，粤海关控制网络组织得很好。信息和命令在澳门和广州之间的庞大站点网络传递。粤海关监督和皇帝会赠给每艘来广州的商船礼物并给予折扣优待，贸易早期，官府还提供其他优待以鼓励外国人前来贸易。获准贸易、检查和丈量船只、装货和卸货、复杂的通关结构和控制手段，所有这些措施都有助于使整个贸易标准化，同时促使贸易顺利进行。外国公司官员被允许乘坐悬挂其公司旗帜的船只自由前往广州，节省了很多时间。虎门和黄埔锚地之间没有关卡征收费用，贸易早期粤海关监督会慷慨地给予那些遭难的人优待和好处。所有这些措施都是鼓励海外贸易的。

下一章，我们将考察船只如何克服吃水深度在狭窄的珠江水道上航行，以及粤海关监督如何控制这些船只在珠江水道来回航行的问题。

注释

[1] 印光任、赵汝霖:《澳门记略》;费成康:《澳门 400 年》,第 133~140 页。

[2] 该管理体制的等级性比本章所呈现出来的要复杂得多。澳门由一个军事机构管治,该机构直接受香山县管辖;虎门也处于等级森严的管理制度之下;广州官府控制着整个珠江三角洲,他们对这一带所有事务都有最后决定权。

[3] National Archives, The Hague: Canton 73–78; Hosea Ballou Morse, *The Chronicles of the East India Company Trading to China, 1635–1834*, vol.5, pp.92–93; Paul A. Van Dyke and Cynthia Viallé, *The Canton-Macao Dagregisters, 1762*; Paul A. Van Dyke and Cynthia Viallé, *The Canton-Macao Dagregisters, 1763.*

[4] Paul A. Van Dyke and Cynthia Viallé, *The Canton-Macao Dagregisters, 1764.*

[5] Paul A. Van Dyke and Cynthia Viallé, *The Canton-Macao Dagregisters, 1762/1763/1764*; National Archives, The Hague: Canton 74–78; Hosea Ballou Morse, *The Chronicles of the East India Company Trading to China, 1635–1834*, vol.2, pp.15, 18, 22, 33; vol.5, pp.92–93.

[6] Hosea Ballou Morse, *The Chronicles of the East India Company Trading to China, 1635–1834*, vol.5, pp.77–79; vol.2, p.19.

[7] Hosea Ballou Morse, *The Chronicles of the East India Company Trading to China, 1635–1834*, vol.2, pp.21–22; vol.5, p.105.

[8] 粤海关衙门离卖麻街很近,在油栏门东边。此章中使用的许多中文名称、海关程序等都来自 Robert Morrison, *Notices Concerning China, and the Port of Canton.*

[9] 所有进入中国的外国船只规定的记录,参见 "Logbook of Frigate Congress 1819–1820", Peabody Essex Museum, Phillips Library (Phillips Library, Peabody Essex Museum, Salem); Robert Morrison, *Notices Concerning China, and the the Port of Canton*, p.29; John Robert Morrison, *A Chinese Commercial Guide. Consisting of a Collection of Details Respecting Foreign Trade in China* (Canton: Albion Press, 1834), p.14; Hosea Ballou Morse, *The Chronicles of the East India Company Trading to China, 1635–1834*, vol.2, p.288。

[10] 很多西方港口的海关监察员在船只抵达时,上船随行的情形非常普遍,旨在确保船只缴纳完所有关税之前,没有装货或卸货。Jean Gordon Lee, *Philadelphians and the China Trade 1784–1844* (Philadelphia: University of Philadelphia Press, 1984), p.34; George Dixon, *A Voyage Round the World* (London: Geo. Goulding, 1789; reprint, New York: Da Capo Press, 1968), p.291.

[11]　John Robert Morrison, *Chinese Commercial Guide*（Canton：Albion，1834），pp.11–12；Hosea Ballou Morse, *The Chronicles of the East India Company Trading to China, 1635–1834*, vol.1, p.91.

[12]　瑞典人佩尔·奥斯贝克（Pehr Osbeck）的著作中留下 5 个从虎门到黄埔之间的收费站瑞典语名称，从黄埔沿着珠江往下，标号分别是：④ Øtjy-funn；⑤ Ø-tjång；⑥ Bactsja-funn；⑦ Tånn-tao；⑧ Pho-munn。该书的英译本将之翻译为：④ Oty；⑤ O-tyoang；⑥ Baxia-tunn；⑦ Toann-tao；⑧ Pho-munn。Pehr Osbeck, *Dagbok öfver en Ostindisk Resa åren 1750, 1751, 1752*（Stockholm：1757；reprint，Redviva Publishing House，1969），p.132；John Reinhold Forster, trans., *A Voyage to China and the East Indies*, by Peter Osbeck（London：Benjamin White，1771），p.203.

[13]　"此时买办在船上，粤海关胥吏用一根细绳将其船只绑在船尾，小船也就按照潮汐的节奏随着大船而动。"C. Toogood Downing, *The Fan-Qui in China*, vol.1（London：1838；reprint，Shannon：Irish University Press，1972），pp.85–86.

[14]　Robert Morrison, *Notices Concerning China, and the the Port of Canton*, p.14.

[15]　很多目前保留下来的粤海关档案已经影印出版了。刘芳、章文钦主编《清代澳门中文档案汇编》，澳门基金会，1999。

[16]　这些人名出自 Robert Morrison, *Notices Concerning China, and the the Port of Canton*, passim；梁廷枏：《粤海关志》，广东人民出版社，2002。

[17]　"行后关口"是指商馆后面的海关关口。从广州人的角度看这里位于后面，但对外国人而言，他们从珠江抵达此处，海关关口在商馆前面。

[18]　Pehr Osbeck, *Dagbok öfver en Ostindisk Resa åren 1750, 1751, 1752*, p.129.

[19]　1724 年粤海关监督去黄埔参加丈量仪式，动用的船只大约 50 艘，1726 年大约 40 艘。Stadsarchief（City Archives），Antwerp：IC 5689bis；Universiteits Bibliotheek（University Library），Ghent，Belgium：Ms 1837.

[20]　粤海关监督通常会受到礼炮 7~13 响的礼遇；大班、船长和中国商人的礼遇是 5~9 响礼炮；其他官员和重要来访者的礼遇是 3~5 响。兵船、海军旗舰或者从北京及其他省份来的重要官员则是 9~15 响礼炮，礼炮鸣放次数根据其官衔而定。粤海关监督、中国官员和商人以敲锣或放火炮的方式回敬。Paul A. Van Dyke, Port Canton and the Pearl River Delta, 1690–1845, Chapter 4.

[21]　1838 年唐宁记载："通常，粤海关监督会受到围成一圈的一队炮兵敬礼，但是有一次火炮爆炸了，致使一名中国人丧生，从此这个仪式就被取消了。"C. Toogood Downing, *The Fan-Qui in China*, vol.3, pp.236–237.

[22]　Rigsarkivet（National Archives），Copenhagen：Ask 998；Jan Parmentier, *Tea Time in Flanders*, pp.94–95. 一个关于粤海关监督乐队的有趣描绘，称其是"一群低声的喇叭和嘎嘎叫的鹅"。约翰·尼科尔（John Nicol）把中国乐器比喻

成"风笛"。詹姆士·华生（James Wathen）十分不喜欢中国乐手，他说中国人"听觉器官的神经一定与欧洲人的构造不一样"。George Dixon, *A Voyage Round the World*, p.313; Tim Flannery, ed., *The Life and Adventures of John Nicol, Mariner* (New York: Atlantic Monthly Press, 1997), pp.160–161; James Wathen, *Journal of a Voyage in 1811 and 1812 to Madras and China* (London: 1814), p.208; Stadsarchief (City Archives), Antwerp: IC 5689[bis].

[23] Jan Parmentier, *Tea Time in Flanders*, p.95; Rigsarkivet (National Archives), Copenhagen: Ask 1117.

[24] covid 是一个长度单位，为广州木匠尺。18 世纪广州使用的木匠尺换算时有不同，但差异通常在一定幅度内，即 1 木匠尺在 14.1~14.6 英寸之间。木匠尺在中国并不是标准化的长度单位。Samuel Wells Williams, *The Chinese Commercial Guide* (Canton: Chinese Repository, 1856; 5th ed. Hong Kong: A. Shortrede & Co.; reprint, Taipei: Ch'eng-wen Publishing Co., 1966), pp.283–285. 以下材料显示船只如何在黄埔接受丈量：National Archives, The Hague: VOC 2410; Stadsarchief (City Archives), Antwerp: IC 5704; James Ford Bell Library, University of Minnesota: Irvine Papers; "Journal of Benjamin C. Carter, Surgeon of the Ship *Ann and Hope*on her First Voyage from Providence to Canton", John Carter Brown Library, Brown University, Providence (John Carter Brown Library, Brown University); Robert Peabody, *The Log of the Grand Turks*(Boston: Houghton Mifflin Company, 1926), p.84; Philip Chadwick Foster Smith, *The Empress of China* (Philadelphia: Philadelphia Maritime Museum, 1984), p.153。

[25] National Archives, The Hague: VOC 2410; Philip Chadwick Foster Smith, *The Empress of China*, p.153.

[26] 有关中国人丈量的详情，参见 Paul A. Van Dyke, Port Canton and the Pearl River Delta, 1690–1845, p.82.

[27] "等港口费计算出来，保商乘官（Pinqua）就立刻签署一份文件送给粤海关监督，以保证缴纳港口费。"Robert Peabody, *The Log of the Grand Turk*, p.85.

[28] Josiah Quincy, ed., *The Journals of Major Samuel Shaw, the First American Consul at Canton. With a Life of the Author*, by Josiah Quincy (Boston: Wm. Crosby and H. P. Nichols, 1847; reprint, Documentary Publications, 1970), pp.176–177.

[29] 英国和荷兰的文献也显示早期粤海关监督本人也会登上这些外国船。Jan Parmentier, *Tea Time in Flanders*, p.95; Rigsarkivet (National Archives), Copenhagen: Ask 1117.

[30] 1724 年 7 月，署理粤海关监督告诉英国人他们必须等待另一艘船到达黄埔，然后他本人才会前往黄埔。British Library: IOR G/12/25; Josiah Quincy, ed., *The Journals of Major Samuel Shaw, the First American Consul at Canton. With a*

Life of the Author，by Josiah Quincy，p.176.1770年瑞典船长埃克伯格（Ekeberg）报告称粤海关监督一天丈量六七艘船（"På detta såttet måter han ibland 6 til 7 skepp om dagen"）。Carl Gustav Ekeberg，*Capitaine Carl Gustav Ekebergs Ostindiska Resa，åren 1770 och 1771*（Stockholm：Rediviva，1970），p.107.

[31] Massachusetts Historical Society，Boston（Massachusetts Historical Society，Boston）："William Elting Notebook 1799–1803"；Tim Flannery，ed.，*The Life and Adventures of John Nicol，Mariner*，p.161；Hosea Ballou Morse，*The Chronicles of the East India Company Trading to China，1635–1834*，vol.2，pp.14，17；Robert Morrison，*Notices Concerning China，and the the Port of Canton*，p.34.

[32] 好几份外文资料记载了不同种类的奢侈品，既有给外国人的，也有给中国商人的。Hosea Ballou Morse，*The Chronicles of the East India Company Trading to China，1635–1834*，vol.5，pp.71，79，129，154；vol.2，p.15。

[33] Carl T. Smith and Paul A. Van Dyke，"Armenian Footprints in Macau，"*Review of Culture*，International Edition，No.8（October 2003）：20–39.

[34] 体制初期外国人给粤海关监督送礼的有关情况，参见 Paul A. Van Dyke，Port Canton and the Pearl River Delta，1690–1845，Chapter 1；Journal du Voyage de la Chine fait dans les Années 1701，1702，& 1703，in C. Madrolle，ed.，*Les Premiers Voyages Français a la Chine：La Compagnie de la Chine 1698–1719*，p.109。

[35] 粤海关赠送给外国人的礼物及有关优惠待遇等情况，参见 Paul A. Van Dyke，Port Canton and the Pearl River Delta，1690–1845，Chapter 1。

[36] Peter Dobell，*Travels in Kamtchatka and Siberia；with a Narrative of a Residence in China*，vol.2（London：Henry Colburn and Richard Bentley，1830. Reprint，New York：Arno Press，1970），p.171.

[37] 其他礼物质量低劣的一些例子，参见 Paul A. Van Dyke，Port Canton and the Pearl River Delta，1690–1845，Chapter 1。

[38] 粤海关监督丈量同一艘船几次，每次都会有细微差别。有些船在黄埔要丈量三四次，得出三四个不同的丈量数据。船长和大班经常为此争吵，但差别通常小到都不值得费力去修正。

[39] 1699 年，法国船"昂菲特利特号"的港口税根据长度和宽度来丈量。E. A. Voretzsch，ed.，*François Froger：Relation du Premier Voyage des François à la Chine fait en 1698，1699 et 1700 sur le Vaisseau "L'Amphitrite"*，p.103. 后来的记载证实了这种做法到 1842 年都一直没有变化。

[40] 特例是有可能的，但是我们发现外国人一直未接受算盘，尽管算盘优势明显。中国商人能够用算盘轻松计算复杂的兑换率、价格和其他相关复杂数据，他们不用笔和纸。另外，整个广州体制期间，外国人继续使用他们的长手算法（如图 2-3 所示）。

[41] 目前所知"规礼"有好几个名称，诸如"粤海关监督的礼物""粤海关监督的应缴款""粤海关监督的钱""官员的礼物"和通用的中国名称"金沙"（cumshaw，意思是"礼物"或者"报酬"）。法国人缴纳了 2 050 两，摩尔人缴纳了 1 850 两。William Milburn, *Oriental Commerce*, vol.2（London：Black, Parry, & Co., 1813；reprint, New Delhi：Munshiram Manoharlal Publishers, 1999）, p.492；Stadsarchief（City Archives）, Antwerp：IC 5696；Rigsarkivet（National Archives）, Copenhagen：Ask 1141.

[42] Stadsarchief（City Archives）, Antwerp：IC 5684, 5690, 5692, 5695, 5710.

[43] 更详细的港口费的两种计算方式以及税率清单，参见 Paul A. Van Dyke, Port Canton and the Pearl River Delta, 1690–1845, Chapter 1.

[44] 1830 年 3 月 29 日和 2 月 15 日《广州纪事报》提到税费减少的事情。1833 年 5 月 31 日发行的一份官方布告的英文版声明嘉庆帝已经同意施恩减免 1830 年的港口费，这种调整体现了他"怜惜远夷"。这项恩惠的结果，正如布告所言英国船数目由 1830 年的 20 艘增长到 1833 年的 26 艘。关于这次减免之后"规礼"的中断，参见 John Robert Morrison, *A Chinese Commercial Guide*（1834）, pp.22–23。1830 年之前有好几份材料记载了"规礼"的中断，但这些材料都不能互相印证。其中有两份材料以及一些分析数据，参见 Paul A. Van Dyke, Port Canton and the Pearl River Delta, 1690–1845, Chapter 1。后来，我们在奥斯坦德公司档案中发现了第三份数据［Stadsarchief（City Archives）, Antwerp：IC 5740］。有关"规礼"（称为"进港费"）的基本名目，参见 *Canton Register*（26 Dec.1833）。这些数据翻译自粤海关档案（1725），可能引自《粤海关志》，该书第 9 卷有专题记载管理丈量外国船只和其他类似的信息。从 1759 年开始，一些中文文献也记载了"规礼"的变化，参见《清宫广州十三行档案精选》（广东经济出版社，2002）第 41 份档案。不过这些数据的区别很大，有些数据并没有 1 950 两，因此无法知道哪个细目是正确的。

[45] Hosea Ballou Morse, *The Gilds of China with an Account of the Gild Merchant or Co-hong of Canton*（London：Longmans, Green and Co., 1909）, p.66；Hosea Ballou Morse, *The Chronicles of the East India Company Trading to China, 1635–1834*, vol.1, p.81.

[46] 马士清晰地记述了 1699 年三等制税率系统已经确立，但并没有提供材料说明这些税率是 100 年不变的，不过这些税率的确是固定的。Hosea Ballou Morse, *The Chronicles of the East India Company Trading to China, 1635–1834*, vol.1, p.88.

[47] 1699 年的材料，参见 Hosea Ballou Morse, *The Chronicles of the East India Company Trading to China, 1635–1834*, vol.1, p.92.

[48] Hosea Ballou Morse, *The Chronicles of the East India Company Trading to China, 1635–1834*, vol.5, pp.7–10, 105.

[49]　马士提到规礼 1950 两的最早英文档案年份是 1727 年。Hosea Ballou Morse，*The Chronicles of the East India Company Trading to China*，*1635–1834*，vol.1，p.185. 然而奥斯坦德公司的记载表明早些年规礼是港口税的一部分。三艘比利时船 1726 年都支付了 1800 两"官员税费"。Stadsarchief（City Archives），Antwerp：IC 5696. 到 1730 年，奥斯坦德公司船只缴纳了常规的 1950 两。Stadsarchief（City Archives），Antwerp：IC 5710.

[50]　Massachusetts Historical Society，Boston："William Elting Notebook 1799–1803". 我只发现一份材料表明荷兰公司的职员得到指引使用这种改进。不过，该文献显示这种做法的确很平常。1764 年 8 月 22 日，有文字记载："粤海关监督会于本月 29 日前来丈量所有四艘船只，我通知你们把甲板擦洗干净，按照惯例把前后桅杆收起来。"Paul A. Van Dyke and Cynthia Viallé，*The Canton-Macao Dagregisters*，*1764*.

[51]　James Ford Bell Library，University of Minnesota：Letter/Report dated 29 January 1733，Irvine Papers.

[52]　National Archives，The Hague：VOC 2410.

[53]　第一艘美国单桅纵帆船来的时候只有一个船桅，中国人说："Hey，yaw，what fashion? How can measure ship with more masts than one？" 他们习惯了丈量不止一个桅杆的船只。Tim Flannery，ed.，*The Life and Adventures of John Nicol*，*Mariner*，p.161. 这艘纵帆船可能是 1786 年到达广州的"大土耳其号"。"粤海关监督的下属首先从船的舵柱处到前桅进行丈量，仔细记载了所丈量的长度。"Robert Peabody，*The Log of the Grand Turk*，p.84. 不过，这并不是来中国的第一艘纵帆船。1727 年荷兰纵帆船就已经抵达中国，还有很多从印度和马尼拉来的散商通常都是使用小船。British Library：IOR G/12/26.

[54]　Philip Chadwick Foster Smith，*The Empress of China*，p.153.

[55]　Stadsarchief（City Archives），Antwerp：IC 5704.

[56]　"今天早晨，我从通事那里记录了一个关于船只丈量的说明，习惯做法是从前桅的中心丈量到后桅的中心算作长度，从甲板的两边丈量算作宽度，但是他们丈量时常常把线超过船的边缘，说是要考虑到船在摇晃。"Rhode Island Historical Society，Providence（Rhode Island Historical Society，Providence）："Logbook of Ship *Hope*1802–1803"（10 Sep.，1802），Mss 828.

[57]　1729 年 7 月 25 日，英国人报告："粤海关监督派人来，希望我们预付他一些款项作为丈量费用。"British Library：IOR G/12/28.

[58]　关于支付港口费的更详细讨论，参见 Paul A. Van Dyke，Port Canton and the Pearl River Delta，1690–1845，Chapter 1。

[59]　雅克·当斯（Jacques Downs）称："由于中国没有跟西方类似的商业法，商业合同只在澳门才有效。"他提出的大部分贸易都是口头协议的说法是正确的，尤其对那些经营贸易数额小的美国人来说真是这样。然而，各大东印度公司

向行商下订单，通常是要写在纸上，所有相关方面都要签字。本书参考的数以百计的外国档案中留存下来的中文商业合同都证实了这种做法。这些合同具有强制性和约束力。Jacques Downs，*The Golden Ghetto. The American Commercial Community at Canton and the Shaping of American China Policy*，*1784–1844*（Bethlehem：Lehigh University Press，1997），p.95. 图 2–5、4–1、7–1、7–3、8–5、8–9、8–10、8–11、8–12、8–17、10–1 等都是这一类文献。其他来自广州的中文合同可以在以下论文中看到。Paul A. Van Dyke，"A Reassessment of the China Trade：The Canton Junk Trade as Revealed in Dutch and Swedish Records of the 1750s to the 1770s，" in Wang Gungwu and Ng Chin–keong，eds.，*Maritime China in Transition 1750–1850*（Wiesbaden：Harrassowitz Verlag，2004），pp.151–167；Paul A. Van Dyke，"The Ye Merchants of Canton，1720–1804，" *Review of Culture*，International Edition，No.13（January 2005）：6–47；Paul A. Van Dyke，"Cai and Qiu Enterprises：Merchants of Canton 1730–1784"，*Review of Culture*，Internatioanl Edition，No.15（July 2005）：60–101；Paul A. Van Dyke，"The Yan Family：Merchants of Canton，1734–1780s，" *Review of Culture*，Internatioanl Edition，No.9（Janurary 2004）：30–85.

[60] 有关外国人向外国人出售货物的例子可以在 Rigsarkivet（National Archives），Copenhagen：Ask 896，1130，113 找到。

[61] National Archives，The Hague：VOC 4556；George Bryan Souza，"Country Trade and Chinese Alum：Raw Material Supply and Demand in Asia's Textile Production in the 17th and 18th Centuries，" *Review of Culture*，International Edition，No.11（July 2004）：136–153.

[62] 对 1760 年关于"外洋"变化的解释，参见 Ann Bolbach White，The Hong Merchants of Canton（Ph. D. diss.，University of Pennsylvania，1967），pp.54–55；Kuo–tung Anthony Ch'en，*The Insolvency of the Chinese Hong Merchants*，*1760–1843*，p.7。

[63] 这些真实的标志可以在北京国子监展示的进士榜中看到。

[64] *Chinese Repository*（Jan.1845），Vol.14，pp.44–45；and（Mar.1846），Vol.15，pp.150–154. 后一份材料上有 1846 年在广州的几百艘英国船吨位和港口税的清单。

[65] John Robert Morrison，*A Chinese Commercial Guide*（Canton：Chinese Repository，1848），p.185.

[66] *Chinese Repository*（Mar.1846），Vol.15，pp.14–15；and（Apr.1846），vol.15，p.165.

第三章
在珠江上引水

18 世纪初，从澳门沿珠江而上前往黄埔锚地的航行是十分危险
的。珠江主干道上最浅的滩只有 18 英尺 ① 深，大型船只的吃水深度
只要超过这个值就会搁浅。[1] 这样，船只唯一能够到达黄埔锚地的
航行方式就是随着潮汐涨落航行。

强有力的水流、经常性的风暴以及许多暗藏在珠江中的危险，
对所有吃水很深的船只来说，航行都充满了危险。水流和强有力的
潮汐会使船只在瞬间被卷进旋涡。[2] 种种潜在的危险，使得用平底
船来完成前往广州的航行似乎才合理，但事实却并非如此。

从 18 世纪最初几十年到 1842 年广州体制瓦解，西方公司船只
的载重量大多从约 400 吨增长到超过 1400 吨了，船只的吃水也从
17~18 英尺上升到 23~24 英尺。尽管随着时间的推移，珠江水道变得
狭窄，但外国船只还是越来越大。新的浅滩和沙洲在伶仃岛北部和
环澳门的三角洲西边水域里陆续形成。1790 年，伶仃洋通道水域只
有 24 英尺深，并以每十年为单位逐渐变浅。[3]

即使珠江水深有如此的变化，也没有对来华外国船只逐年增多
的情况造成负面影响。从贸易初期每年数艘船只，发展到 18 世纪 60
年代每年超过 20 艘，18 世纪 90 年代每年超过 50 艘，19 世纪前十
年每年超过 70 艘，19 世纪 30 年代每年超过 180 艘，再到 19 世纪
40 年代每年超过 300 艘。[4] 广州贸易日益激烈的竞争使两种出口货
最受欢迎，即茶叶和瓷器。它们的利润空间也越来越小。我们也许

① 1 英尺 ≈ 30.48 厘米。——编者注

会推想，由于越来越多的外国商人来广州贸易，有限的商品供给勉强能满足强大的需求，致使贸易利润减少，这样会减缓甚至减少贸易总量，但事实上我们发现贸易总量以每十年为单位持续稳定地增长。

一小群被称为"澳门引水人"的专业人士是保证贸易发展的重要因素。这些引水人通过确定航线、有组织和细致化的领航方式，引导外国船只溯江而上。随着时间的推移，他们的工作使航行越来越安全。仔细研究他们的工作就会看到，正是由于他们的努力，大型船只才能够安全航行到广州。他们通过辛勤工作，在粤海关监督的控制机制中起到了核心的作用。

西方人在19世纪30年代开始使用汽船，不再需要引水人帮助就可以在珠江上航行了。这种自由航行使粤海关监督失去了决定谁可以来中国、谁必须离开中国的权力。随着这种权力的丧失，支撑贸易的信用架构也就遭到了破坏。债权人不再能确保债务人离开之前会结清所有欠款。1843年粤海关重新确立澳门引水费时，鼓励大型船只来广州做生意的传统做法就取消了。我们只有仔细研究引水人的运作，才能够观察清楚那些与贸易发展、控制和崩溃相关的重要联系。

外国船只到达珠江三角洲之后，首先要做的就是请一位引水人把船只引进澳门水道。外国船只出现在中国水域，一看到中国船就会鸣炮一两声，发出希望寻找引水人的信号。[5] 不过在天气恶劣时，三角洲一带水面上停留的中国船很少，外国船上的这些信号也能够把附近渔村里的引水人吸引来。天气好的时候，三角洲水面会停泊数以百计的船只，寻找引水人就相对容易得多。[6] 外国船只隔一段时间会发出一次这样的信号，直到有引水人前来。规模小的船只有时也会鸣枪发出信号，但它们灵活性大，往往只需简单地在水道上拦截一艘中国船，要求他们领航就好了。到达珠江三角洲的中国帆船如果需要引水，就只需在船上点燃三个火把。[7]

外国人把那些引导他们的船只进入澳门的人称为"外部引水人"，但是中国人常常称这些人为"渔引人"。这些人并不是中国当局所控制的引水人，他们被当成渔民来管理，他们的引水活动受到前山营的军民府管制。其舢舨由澳门海关税馆颁发登记号，号码用中文写在船的两边，还有一个写有号码的地方是后桅顶的第三面飘旗上。不过，大部分外国人并不懂得如何通过这些编号辨别出他们只是外部引水人。[8]

外国人不认识中国数字，他们通常不清楚谁是外部引水人。一些记载显示，这些人物的信息相当模糊，甚少出现他们的姓名。如果外国商人要投诉其雇请的外部引水人，他必须知道其姓名及船只编号，或两者之一亦可。然而，由于身份不明确，这些外部引水人很容易欺骗那些外国顾客，然后隐匿在三角洲无数的小船之中。因此外部引水人的收费差别很大，常常要看雇请他们的外国船长的讲价水平。[9]

18 世纪，如果外部引水人中有人通晓任何外语的话，当时只可能是葡萄牙语，但文献中显示他们大部分人仅限于用手势交流。[10]最开始对引水费讨价还价的时候，引水人可能摆出"200 块铜"代表 200 西元的意思。[11]引水人和船长讲定价钱后，他就指出路线带领船只开向澳门，由船上的外国人员决定船帆的升降及其他操作。

对外部引水人来说，钱很容易赚；但对那些吃水很深的船只来说，船上有一位清楚该水域情况的人却是必要和严肃的事情。引水人如此重要，1726 年甚至发生了奥斯坦德公司"亚仁特号"（Arent）船长拼命要从附近中国帆船上抓一个中国人来，强迫他带领船只进入澳门的事情。这个举动不幸造成了惨剧，引水人在船还没有来得及靠拢过来就跳过船舷，不幸失足落水身亡。

"亚仁特号"游记中留下的信息，没有透露这个引水人决定跳过船舷的其他理由，只说他误会了这些外国绑架者的意图。假使这个引水人完成了任务，这件事最可能的结果是外国人在船只抵达澳门水道之后就释放了这位中国人。外国船只在通过虎门时不能搭载中国人，外国人也不会把这件事情报告给中国当局，这会让这位引水人为难。他身上发生的任何不幸都会危及整个航程，这也是为什么那些比利时官员害怕中国当局发现他们雇请的这位外部引水人落水身亡的事故（他们严守此秘密）。同样原因，任何虐待船上水手的行为也会使船上负责人遭到清朝官员指责，因此水手也不必害怕这些人。1762 年，一艘荷兰东印度公司船只上的官员也试图绑架一位中国人做引水人，引导船只进入澳门。不管这种野蛮行为的负面影响如何，外国人绑架引水人的极端行为表明，对于外国船只来说，船上有位熟悉水路的人是多么重要。[12]

外部引水人仅仅可以把外国船只引导到珠江三角洲入海口的澳门。之后清朝官员就要求外国船长雇用一位领取执照的澳门引水人，引导船只航行到黄埔锚地。如同第二章探讨过的，澳门引水人从前山营军民府获取引水船只的各种文件，这些文件是针对每一艘船只发出的。每一份许可针对一次航行，不管是溯江而上还是顺流而下。这样，粤海关监督就能够掌控所有获准前往广州的船只以及它们何时得到允许离开的情况。

跟外部引水人不同，澳门引水人能够说一些葡萄牙语或者英语，这是向船只发出指令的必要条件。外国档案保留了很多澳门引水人的收据，收据显示他们有的能够写中文。图 3-1 是澳门引水人亚苟从荷兰东印度公司船上获得酬劳的收据。[13]澳门引水人并不一定要精通任何外语，但他们必须清楚一些诸如航行、绳索和索具的名称，指挥航行的一些指令以及船只升起、下锚等术语的说法。我们不能确定引水人是否掌握了一些葡萄牙语或者英语，或者是否能书写中文是成为澳门引水人的先决条件，但留存下来的很多文献显示很多引水人是拥有这些技能的。

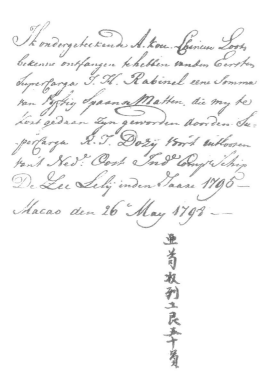

图 3-1　澳门引水人亚苟提供给荷兰人的收据

说明：澳门引水人亚苟提供的是为荷兰"海百合号"（Zee Lily）提供引水服务的酬劳收据。

资料来源：海牙国家档案馆藏，档案号：Canton 60。

　　对外部引水人和澳门引水人来说，他们常常希望服务过的船长能够给他们写推荐信，以便向新顾客展示。这些推荐信往往以船长的语气书写，上面有签名和日期。推荐信上还注明了船只名字、引水人名字，以及他成功地把船只领航到了目的地案例等内容。这种推荐信能够成功地打消新船长的顾虑。积年累月，一些引水人往往手持好多封用各种文字书写的推荐信。[14]

　　除了提供领航服务，外部引水人和澳门引水人都会在他们的舢板上储存些补给品以出售给外国人。经过漫长的海上航行之后，船长都急需新鲜的鱼、肉、水果和蔬菜满足航行途中患病水手的需要。

有时，澳门引水人会带着外国人到一些渔村购买牛肉及其他新鲜食物。即使引水人没能成功说服船长雇请他，他仍然会通过出售一些补给品来赚钱。[15] 然而，补给品贸易在中国受到严格控制，因此这种交易的规模通常很小，第四章将会具体探讨。

大、小船只通过各自不同的方式与澳门引水人进行交易。小船通常必须在澳门等待 24 小时甚至更长时间。[16] 由于很多散商并没有在中国派驻居留者或者代理人，他们无法预先派人去找引水人。因此，散商的通常做法是由船长或船上的某位官员亲自登岸去寻找引水人。

在 19 世纪初的几十年里，位于南湾的澳门客栈是散商喜欢混迹的地方。客栈经营者约翰·布德威尔（John Budwell）被认为是一位"亲切有礼，厚道待客，价格适中"的老板。[17] 当外国船长抵岸时，他会派人去找澳门引水人。等待引水人期间，布德威尔提供食物、饮料让船长享用，再陪着他们闲聊最新的新闻，尤其是与贸易有关的消息。一两天后船长就可以回到船上，引水人要么跟他一道到达，要么就驾着另一只舢舨随后即到。[18]

对吃水很浅的小船来说，如果没有引水人或者拖艇协助的话，溯江而上唯一真正的障碍是虎门炮台的大炮。比如，很多在华美国船只吃水只有 16 英尺，不用引水人引航就可以毫不费力地在珠江上航行。[19] 但是，如果这些船只想办法穿过了炮台，等它们停泊到黄埔锚地后就很容易被扣留。事实上，外国船只不雇请澳门引水人的企图是徒劳的。一些船长企图在离开中国的时候不雇请引水人，在获得船牌之前快速通过虎门，但很少有船能够有惊无险地顺利实现。[20]

大型船只需要很多舢舨拖着航行才能安全通过一些沙洲。另外，小型船只即使并不需要帮助也得被迫雇用四五只舢舨。小船船长很自然地就把这种强制性要求看成敲诈勒索；反之，大船船长则将之当成贸易运作的智慧所在。[21]

澳门引水人从军民府获得了许可后，就引领着外国船只起锚航向虎门。外部引水人和澳门引水人都只能给停泊在澳门的商船引航。如果是战船、客船和仅装载金银锭或受限货物诸如硝石等物资的船只，它们进入珠江三角洲水域必须获得特别许可。即使那些遭遇风暴灾难、水手死伤过半或者所有桅杆被毁的船只，在获得许可继续溯江而上或者停靠下来修理时，也必须得让中国当局相信他们真的是来广州做生意的。

这个要求并不意味着广州地方官员不愿意帮助遭难的外国人，尽管他们常常遭到外国人如此这般的指责。应该说，这是朝廷颁布的命令，如果广州地方当局允许一艘船来广州修理，或者其他船只以贸易之外的理由停留在广州，官府就无法从这艘船上得到什么收入以上缴国库，朝中大臣就会起疑心。许多外国人认为贸易完成之前，如果中国人拒绝帮助他们就是不可理喻和冷酷无情，但如果广州官员给予外国人这种方便，他们自己就会被惩罚甚至被免职，广州官员在此项规定上并没有多少可选择的余地。[22]

引水人执照和航行许可在虎门被检查，两名稽查员上船后，外国船长还得雇用几只舢舨协助航行。这些渔艇或者"拖艇"会把船只控制在珠江最深的水面上，使船在水中不会扭动或在潮汐、旋涡中打转。大型船只随潮汐而上，并不依靠风和帆来牵引，船只本身无法依靠自身的力量保持在航道上，因此拖艇和渔艇的协助非常必要。[23]

停泊在黄埔锚地的外国船只会派遣自己的押船艇去下游帮助刚刚抵达的船只。[24] 除了拖艇之外，他们还会雇用几只舢舨停泊在黄埔和虎门之间的沙洲充当航标。这些舢舨被称为"信号艇"或者"沙洲艇"，为船只标明航线。所有舢舨夜晚都会挂着灯笼，白天悬挂旗帜表明它们是引水行进中的组成部分。

广州体制早期，外国船长仍然自己掌控着与当地渔民讨价还价及是否请他们引水的权力，但到了 18 世纪 50 年代，局面就由引水人掌控了。随着外国船只规模越来越大，所需拖艇和做航标的舢舨更多了。早年超过 450 吨的船只通常需要 5~10 只舢舨。[25] 18 世纪 60 年代，很多大型船只通常雇用 30~40 只，甚至多至 50 只舢舨。19 世纪初，一些船只在整个珠江航行途中雇用 70~80 只舢舨。[26]

广州体制的大部分时期，大型西方船只在黄埔锚地装货上船，直到它们下行经过第二个沙洲（蚝墩浅口），到达只有 18 英尺水深的地方。这个锚地有几个不同的名称，诸如 "蚝墩浅口锚地"、"虎门水道"、"the bogue" 和 "狮子洋"（Zout Zout Ham）。[27] 有记载显示船只在向下游航行的过程中卸下一些货物的做法是 18 世纪 20 年代的贸易特征之一。[28] 但更早些时候，这种做法或许更加平常，因为载重超过 400 吨的船只从一开始就停靠在黄埔锚地。[29]

18 世纪 60 年代，引水人开始在从虎门水道前往澳门的途中雇用两只舢舨，把做航标的舢舨放在伶仃岛北部的沙洲处。他们开始根据外国船只的吃水情况来收费。1763 年，澳门引水人向一位荷兰人索要 50 西元，而不是平常荷兰人支付的 30 西元，作为把 3 艘荷兰船从黄埔锚地领航到外洋的报酬。引水人争辩说荷兰船只现在吃水更深，得支付更多费用。[30]

然而，至少从 1738 年到 18 世纪 80 年代，来华贸易的荷兰东印度公司船只的规模并没有增大，这种借口也许并不可信。[31] 引水人告诉荷兰东印度公司大班，由于丹麦船只比荷兰船吃水更深，它们在航向外洋的时候支付了 50 西元报酬。荷兰东印度公司的官员询问了丹麦人，证实在荷兰人之前只支付 40 西元的时候，每艘丹麦船果真支付了 50 西元。[32]

瑞典人也证实其船只在进入珠江的航行中支付的引水费多一些，因为船只吃水要深一些。[33] 经过讨价还价后，荷兰人最后跟引水人达成协议，每艘船每次航行支付 35 西元。从 1763 年到 18 世纪 80

年代，荷兰东印度公司的船只每艘支付引水费 35 西元，而丹麦人支付 50 西元。18 世纪 90 年代，一些丹麦船每次航行支付 60 西元，这表明随着时间推移，一些公司的引水费用增加了。[34]

到了 19 世纪 20 年代，一些大型船只在黄埔装载货物后直接航向外洋，不用在虎门停靠。澳门引水人通过雇用更多的拖艇和航标舢舨来协助其完成航行，他们雇请数名中国人，让其把六七十只舢舨保持在直线上来协助航行。这样需要额外的劳力来控制航行中的大型船只，这些额外人员的报酬经常超过引水人的费用。[35]

引水人用一根长长的竹竿来探知河水的深度，如果觉得船只航行得太靠近沙洲了，他们就会向拖艇发出信号以便其采取必要的措施。[36] 船只往返时，江水深度因时间不同而不同，雇请大量的帮手看起来越来越重要。[37]

整个广州体制期间，拖艇和航标船每天或者每次航行（不超过一天）的报酬是 1 西元，它们因此而得名"笃水船"（dollar boat）。拖艇和信号船从黄埔锚地到虎门的航行（一天的报酬）每次支付 1 西元，如果还要让它们从虎门航行到伶仃岛，得另外支付 1 西元（再增加一天的报酬）。溯江而上和顺流而下的报酬是一样的，舢舨并不会随着水流航行，而是随着潮汐航行。引水人手中的舢舨和额外协助的舢舨都是单独支付报酬，因此，他们的报酬并不包括在澳门引水人所收取的标准费用当中。[38]

引水人在为一艘外国船只引航时负有重大责任。无论他自己还是手下任何人所犯的哪怕是最小的错误，都可能导致灾难性后果。即使在最不严重的事件当中，一艘搁浅的船只都要花费好几天工夫才能脱身，这会让船主为此破费不少。更加复杂的救助会耗时数星期，船上所有货物、压舱货、航行器具、大炮，甚至船只重要部件都有可能会被要求卸下来，以使船只能重新起航。[39]

发生船只搁浅的事故可能会使引水人声名狼藉，名誉损失无法挽回，他很可能再也不会被同一个外国人雇请。他可能得不到酬劳，此外他还必须协助船只，直至船只脱离困境，航行到黄埔锚地，这意味着他可能会损失掉给其他船只引水的机会。[40]他或许还必须向粤海关监督与两广总督，或两者之一，当面对整个事故进行说明，这是一件羞耻的事情。

考虑到种种危险，澳门引水人和大型船只的船长最关心的事情是确保有足够多的舢版来协助航行。如果引水人需要 50 只拖艇和 20 只浮标船，12 只甚至更多船只保持航线，最好不要与这些船只发生争执。与发生搁浅事故的开销相比，给这些船只的报酬只是九牛一毛。

在珠江三角洲水域给船只引航的真实过程，要比外国档案中所举的一些例子复杂得多。引水人必须与所有拖艇和浮标船沟通，对其他在夜晚或者大雾中靠近的船只发出正确的警示信号。随着潮汐的涨落，白天和黑夜任何时候都可以进行引水航行，天气条件有时相当恶劣。三角洲地区随时聚集着数以百计的舢版，为了避免冲突，引水人必须采取谨慎措施，以提防那些船只靠近。

有鉴于此，广东水师制订了非常复杂的航行方案，其中一些方案应该被澳门引水人采纳了。各种不同的资料告诉我们，那些鼓、锣、灯笼、火把、海螺和不同颜色、形状的旗帜和标记都是中国工匠经常使用的工具。中国船只通过敲锣来发出指令，两声代表起锚，三声代表扬帆。[41]中国船只在江面上用锣，而不是用大炮来向其他中国船只打招呼。[42]

所有水上航行的船只使用的都是同一套相当完善的信号系统。一支中国渔船队可能由四五十只舢版组成，每艘载重大约为 25 吨。[43]它们集中起来把鱼群驱赶到网中时，船只就在一阵锣鼓喧天和叫嚷声中迅速地一致行动，并用火把传递消息。[44]渔船队准确地在三角洲地区航行，获得了"极具规范"的名声。他们也知道要与其他船只"协调一致"地航行，"只有在司令用锣发出'咚''咚'声的指令之后，船只才可以停泊或起锚"。[45] 这些渔民就是引导外国船只在珠江上航行的那些人，因此，澳门引水人必须知道这些航行信号。

白天，渔民按照不同方式使用旗帜与横幅标识，比如把它们系在桅杆顶端或者桅杆中部来表示船只属于哪种类型、来自何处，或者显示船只是停靠还是移开。他们也用旗帜发出指令。能见度不高的时候，比如大雾或暴雨时，渔民在船上会非常有规律地敲响锣鼓以提醒其他船只，也会用海螺吹出响声在黑暗中发出警报：三声长音意味着船只正在出海，三声短音意味着它们正在靠岸。[46]

夜晚出现紧急情况时，比如发生船只搁浅或遭到海盗袭击等事故，船上的渔民会向天空射出几支特定数目的火箭。引水人的船队抵达港口或者右舷，往往用几声特定数目的炮声来表示。甲板上不同地方以及桅杆上都悬挂着灯笼，表示向其他引水人的船队示意。澳门引水人在引航过程中必须与 50 艘或更多艘航行中的船只联络，以提醒其他船只他们在靠近，在这个过程中他们就得使用上述方法。[47]

并不是所有澳门引水人在外国船长当中都有好名声。实际上有些引水人的执照是花钱买来的，他们本身并不具备多少船舶知识。这些"冒牌"引水人一般都雇请一些有经验的渔民为他们工作，以弥补自己专业知识的不足。[48] 他们也雇请许多助手来协助其掌握拖艇的所有航行线路。这些额外人员并不是只有那些没有能力的人才需要，即便是有经验的引水人也需要这些人来提防船只搁浅。在向外洋航行时，中国助手在黄埔锚地就登上外国船；在向黄埔锚地航行时，他们在船只通过虎门海关检查之后才上船。[49]

当然，澳门引水人必须一直待在外国船只上。他们作为获得朝廷执照的人，名字记录在前山营的海关税馆里，他们得把执照别在腰间。这种在身上佩戴自己持照的方式，能够让粤海关官员和沿海巡逻水师更容易远远地就把他们辨认出来。[50]

在把船只从澳门引航到虎门的行程中，澳门引水人一般不需要其他引水人的帮助，他们只需具备一些技能或者经验。[51] 引水人自己引航还是雇请他人来做，看起来并不重要，重要的是船上有人负责并给出航行建议就好。更重要的也许是澳门引水人必须懂得如何发出一些外国语言的指令。对引水人来说，他们有能力在航行过程中领导、组织和指挥众多的助手和舢舨才是至关重要的。经过一段时间，即使是"冒牌"引水人也会成为珠江上航行的专家。然而在雇请到"冒牌"引水人的时候，外国船长就会提醒自己打起精神，随时监视，以防出现使船只航向危险航程的指令。[52]

载重小于 450 吨的船只在航行过程中不需要那么多额外的预防措施，经常出入广州的中国帆船也不需要这些措施。许多广州的中国帆船只有 250 吨左右的载重，平底、龙骨短、吃水只有 17 英尺。[53] 它们能够比大型外国船只更容易通过大蚝头（First Bar）和蚝墩浅口（Second Bar），但它们仍需要几艘大的有桨舢舨把它们拖过珠江上的一些河涌，这些特殊的舢舨上至少有 16 位船夫（每边 8 位），每人的报酬是 1 西元。[54]

有时，中国帆船必须雇用更多舢舨以帮助它们绕过停泊在黄埔锚地的外国船。出海航行的中国帆船在黄埔岛北边的一条河涌里下锚，这里被外国人称为"帆船锚地"。许多帆船也停泊在更上游靠近广州外国商馆区的地方，那里装卸货物更方便。建造和修理帆船的船坞位于城市对面珠江南岸的河南岛上，经常会有一些帆船停靠在那里的船坞中。

这些中国帆船必须绕过停泊在黄埔岛东南边水道最深处的外国船只。当风向和潮汐与航行方向正相反时，这些平底、龙骨短的中国帆船特别容易被风、水流和潮汐弄得陷入危险境地，要么与其他船只相撞，要么搁浅。它们需要六七艘有桨舢舨的协助才能回到航道上。[55] 但是，即使在最危险的情况下，它们也不会像外国船只那样需要那么多舢舨的协助。[56]

一份 1878 年的航海指南上说，吃水 17 英尺甚至更浅的船只在珠江上航行有很大的活动空间；那些吃水在 17~20 英尺的船只需要紧靠主航道航行（即被外国人称为"Fan-si-ak"或者"穿鼻"的水道）；那些吃水超过 20 英尺的船只只能在涨潮的时候航行，而且必须在水道最深处航行以防搁浅。到这一年，只有吃水小于 17 英尺的船只才能够在退潮时在珠江上航行，但它们也得一直航行在穿鼻航道上。[57]

澳门引水人的收费与危险程度成正比，至少到 1809 年都是如此。从 18 世纪 30 年代到 19 世纪 30 年代 150 艘进出广州的大小各异的船只情况来看，下列以西元为单位的费用就是支付给澳门引水人的报酬记录：18 世纪 30~40 年代，每次航行 25~32 西元；18 世纪 50~60年代，30~55 西元；18 世纪 70~80 年代，32~64 西元（有时候更高一些）；1801—1809 年，40~68 西元。1810 年年初，费用固定在每次航行 60 西元（原因不明）。[58]他们通常在航行之前收取三分之一到一半的数额，服务完成后再收取余额。[59]

有些东印度公司的惯常做法是，再多给澳门引水人 10% 的报酬充当小费。另一些情况，许多美国的小商人却不给引水人任何现金小费，但这并不意味着这些引水人完成工作时得不到"赏钱"。

如果没有现金小费，引水人可能迫使船只负责人支付其他形式的报酬，比如"一两块咸牛肉和一瓶朗姆酒""一根绳子或者一张席子"，也可能是一些"酒杯"。[60]这些礼物通常不会出现在船只支出账单中，但它们的确是作为酬劳的礼物。即使到广州体制瓦解之后的 1842 年重新确定引水费用时，付小费仍然是习惯的做法。[61]

随着更多船只来华，军民府就颁发更多引水人执照。18 世纪 60年代，8 位澳门引水人就能够满足所有外国船只引航的需求；到 19世纪 20 年代，有 14 位领有执照的引水人；到 19 世纪 40 年代初，一共有 22 位澳门引水人领有执照。[62] 澳门引水人必须预先缴纳执照费，1823 年文献记录称执照费是 600 西元。[63] 执照费确实相当昂贵，是官府重要的税收来源，一个引水人得花很长时间才能赚回这么多钱。[64] 不管怎样，一些文献也显示引水人还是相当富有的。[65]

尽管澳门引水人有执照，在他们从黄埔锚地把外国船只引向虎门水道之前，他们仍需从粤海关监督那里获得许可。抵达虎门之后，引水人必须随时待命，直到所有任务都安排妥当，通常得等一个月的时间。他们待命的时候，每个月缴纳 6 西元。[66]

18 世纪末至 19 世纪初，珠江三角洲地区海盗非常猖獗，致使引水人的工作危险程度增加。他们不得不预先采取措施防范海盗偷袭劫掠，而且他们自己的船接近外国船只时还得十分谨慎，以免被外国船只误认为海盗。海盗的威胁催生了一个更加复杂、组织更严密的引水系统：中国水师巡逻船开始为引水船队护航，整个引水船队采取军事化管理。[67]

中国引水人本身并不希望自己成为那种很尽心尽责的看门人。随着走私据点在三角洲边远地区兴起，很多外洋引水人绕过澳门把这些船只直接引到这些港湾。随着广州贸易费用的增加，比如买办费的增长和港口费的提高，促使一些更大型的船只（后文详论）鼓励很多小的走私商人寻找其他途径，在三角洲地区进行非法贸易以逃避高昂的收费。各种各样的进出口货物就通过这些走私据点进出中国。[68]

《澳门记略》和《香山县志》都提到过一些这样的停泊所，三角洲地区这些地方的走私活动当时已经广为人知。[69] 通过把船只引向这些走私据点，外洋引水人直接推动了非法贸易的发展。澳门的海关税馆力图掌握这些外洋引水人的行动轨迹，但并不能采取什么有效的措施来阻止他们把船只引向三角洲地区的任意一个地点。

一些资料显示，这些外洋引水人也被迫向当地官员上缴一些他们的收入。比如 1762 年，荷兰西弗顿船长（Captain Hilverduin）与他所雇请的把船只拖到澳门的中国渔民之间发生了一些不愉快，最后他拒绝支付中国渔民索要的报酬。后来，这些渔民设法向在广州的荷兰大班班头要求赔偿。渔民辩称，如果他们不把一部分收入上缴给家乡的地方官，他们会遭到这些地方官的刁难。珠江三角洲地区地方行政架构中的这些贪官污吏，使得非法贸易有可能扎根下来。[70]

澳门引水人同样被卷进了非法贸易。1799 年一次官方调查发现，这些引水人正在利用其涉外联系走私鸦片进入中国。为了禁止这种行为，朝廷专门下了一道法令，但收效甚微。[71]粤海关监督也无法阻止这些非法贸易。此外，那时珠江三角洲地区已经被海盗折腾得沸反盈天，引起各方注目。[72]

尽管存在诸如此类的纰漏，粤海关监督仍然把给外国船引水的任务严格限制在一些领取执照的中国引水人身上，这是他们控制外国人和贸易手段的重要组成部分。不过这种手段只对一些吃水很深的船有效，这些船没有引水人协助就无法在珠江上安全航行。随着 1830 年第一艘汽船"福士号"（Forbes）沿江而上，新的时代开始了。汽船的发明给依赖引水人及协助船只的传统做法带来了极大的冲击。汽船有它自身的能源，能够根据自身指令航行，比那些依赖风帆动力的船只有了更多的机动性。它们还能够牵引船只，比如"福士号"到达中国时牵引了鸦片船"詹姆西娜号"（Jamesina）。[73]

汽船也不一定要依靠拖艇和航标船，但是澳门引水人因其对当地水文、潮汐和沙洲的熟悉仍然很有市场。当然，汽船仍然必须雇请澳门引水人才能够通过虎门海关税馆。有一些例子表明，一些船只离开黄埔锚地时船上并没有引水人，或者船牌和引水人都在别的船上，它们能够这样做仅仅因为潮汐的缘故，这让中国水师巡逻队得费力中途拦截它们。[74]然而，汽船能够使外国人克服潮汐、河流和风向的阻碍，吃水浅也能让它们绕过虎门炮台，从其他水道进入珠江。

1840 年，蒸汽三帆快速战舰"复仇女神号"（Nemesis）在没有引水人，也没有舢板协助的情况下从西江沿江而上。这就是它能够在第一次鸦片战争中率先发动对广州进攻的原因。原先人们认为，大型船只由于吃水太深（水深只有 12 英尺），无法通过这条珠江后面的水道。[75]对大多数船只来说情况是这样的，但对汽船来说，这根本不是问题。位于螺洲门西江两岸的磨刀炮台和螺洲炮台保护着西江，但是"复仇女神号"毫不费力地穿过了这两座炮台。[76]1841年 3 月 12 日和 13 日，"复仇女神号"回到西江，摧毁了 105 门大炮、毁坏了 7 座炮台、炮轰了 9 艘战船，并摧毁了紫泥关卡。之后它继续进攻中国沿海的其他炮台。

"复仇女神号"是一艘宽底三帆快速战舰，载重达 700 吨，吃水只有 6 英尺，这种载重的贸易船只一般吃水是 20 英尺。"复仇女神号"不需要平衡中桅双帆上受到的强风，它通过水下一个相同的船身来平衡，这也是它有两条龙骨的原因。在经过水深少于 5 英尺的地方时，这两条龙骨都能够提升起来。[77]

因此浅底汽船单枪匹马就终结了澳门引水人的贸易守门人角色。粤海关监督不能够控制汽船航行的路线，这种权力的丧失逐渐使外国人控制了整个广州口岸。19 世纪 30 年代其他汽船陆续抵达广州，但是直到"复仇女神号"到来，清政府才开始意识到这种激烈的变革在何种程度上改变了贸易。汽船完全改变了过去的游戏规则。[78]

通过观察鸦片战争之后引水费的变化（这是基于不同港口确定费用的方式来观察的），我们能够看到广州体制的引水系统使大型船只受益。1843 年 8 月，广州贴出了一个通告："允许任何渔民如同旧时正规领有执照的引水人一样，充当外国船只的引水人，只要他拥有通行证。"引水馆在广州、澳门和香港建立起来，专门办理通行证。[79]

旧式的每船收费 60 西元的方式被废弃了，取而代之的是一种根据每吨收费 5 分钱标准的新系统。[80] 在新系统下，一艘载重 330 吨的船只每次航行只需要支付引水费 16.5 西元。如果觉得没必要的话，它可以不用再雇用特别的拖艇和航标船。然而一艘载重 1400 吨的船在新体制下要支付 70 西元的引水费，此外它还需要所有必需的特别舢版来为它引航。小散商从这种变化中获益，大型船只却得支付更多。这样尽管不是很明显，即便是对这种引水费系统而言，也使我们看到 19 世纪 30 年代末为什么外国人如此急切地要结束广州体制，他们的这种愿望比英国东印度公司尚在运营的时代（1834 年之前）还要强烈。我们在以后的章节中将更具体地解释这个观点。

小结

与前往广州的船只规模变大有关的因素中，没有比建立有效的引水程序更明确的了。即使随着时间的推移河流变得更加危险，但船只吃水仍像以前一样，大型船只持续抵达广州，贸易总量迅速增长。这种贸易量的增长大部分可以算作澳门引水人的功劳。18 世纪 50 年代，引水人开始控制引水过程，整个广州体制时期他们不断地改进引水程序。贸易总量急剧增长使国库收入逐年增加，与此同时，如果没有粤海关监督允许，吃水深的外国船只不能在珠江上航行。这种控制日益严格，掩盖了广州体制内部管理架构的逐渐虚弱，以及同时汽船从管理体制外产生的威胁。

18 世纪末，引水过程中出现了一些异常的地方。对外洋引水人缺乏控制，使他们能够把外国船只引向珠江三角洲（也许是在当地官员的默许下）任何地方，再加上广州当局对小型船只所征收的高额费用，催生了复杂的走私系统。外洋引水人和澳门引水人都卷入了非法贸易中，他们所起的作用就不是作为非常有效的贸易守卫者所应承担的角色了。鸦片走私和非法贸易既破坏了社会组织，也破坏了业已存在的有效的管理架构。这样，海关网络中出现的漏洞需要额外的措施才能填补，但广东当局没有出台任何补救措施。结果导致了广州体制持续从内部遭到破坏，与此同时外部的新挑战也给体制造成了威胁。

对传统中国贸易的最后一击随着19世纪30年代汽船的到来而出现了。这些外来的机器改写了游戏规则，并把"匕首"直接插进广州体制的心脏。事实上，汽船转眼间瓦解了澳门引水人的职责、虎门炮台的功能以及粤海关监督对贸易的控制权。1830年"福士号"的到来可以看成是广州体制开始崩溃的标志。澳门引水人力图在广州体制瓦解之后通过自身的变化继续求生存，但粤海关监督不用再依靠他们来控制对外贸易了。随着平底汽船逐渐控制了珠江三角洲的大部分贸易，澳门引水人成了多余的人，他们作为珠江上航行总管的光辉岁月已经悄悄地成了历史陈迹。

我们接下来转向补给品贸易的研究。这是另一种控制机制，这项贸易也随着时间的推移和粤海关监督权力的丧失而衰弱。第四章和第五章将讨论引导船只出海是如何依靠澳门引水人，使得补给品贸易和通事完全在信用的基础上运作，这极大地保证了贸易的顺畅进行。

注释

[1] 为简单起见，我把英寻（即测量水深的单位，合 6 英尺或约 1.8 米）换算成了英尺。当时大多数航海图和航海指南都使用英寻，英寻的长度（平均手臂伸展的长度）差别很小，大多是 5.5~6 英尺。Lieutenant Commander Leland Lovette, *Naval Customs. Traditions and Usage*（Annapolis：US Naval Institute，1934；reprint，1936；reprint，1939）；Peter Kemp, ed., *The Oxford Companion to Ships and the Sea*（Oxford：Oxford University Press，1976；reprint，1988）。

[2] John Robert Morrison, *A Chinese Commercial Guide. Consisting of A Collection of Details Respecting Foreign Trade in China*（Canton：Albion Press，1834；2nd ed., Macao：Wells Williams，1844），p.87.1832 年《广州纪事报》上有作者提到他觉得珠江上的"涡流和旋涡"要比他所知道的其他河流中的更强。"这些涡流流动强劲，能够推动船只，即使有很强的风，涡流也能够把船只完全倒转过来，而且使船只离舵移动。"*Canton Register*（17 October 1832）。

[3] 瑞典人记载了伶仃洋的两处沙洲。一处被称为伶仃沙洲，1791 年时水漫过沙洲 4.5 英寻或者 27 英尺；另一个是龙穴沙洲，水漫过 4 英寻或者 24 英尺。当时的一些地图把两个沙洲标为一个，即伶仃沙洲。GUB：Journal för Skeppet *Gustaf III 1791–1792*, Svenska Ostindiska Kompaniets Arkiv.

[4] 船只数据取自 Louis Dermigny, *La Chine et l'Occident. Le Commerce à Canton au XVIII Siècle 1719–1833*, vol.2（Paris：S.E.V.P.E.N.，1964），pp.521–525；*Chinese Repository*（April 1846），Vol.15，p.165。

[5] "一抵达中国海沿岸，你就发一枪，只要附近有引水人，他就会过来找你。" Rhode Island Historical Society, Providence：Trader's Book.

[6] Glyndwr Williams, ed., *A Voyage Round the World in the Years MDCCXL*，I，II，III，IV, by George Anson（London：Oxford University Press，1974），p.312；George Wilkinson, *Sketches of Chinese Customs & Manners, in 1811–12*（Bath：J. Browne，1814），p.107；Arva Colbert Floyd, ed., *The Diary of a Voyage to China 1859–1860*, by Rev. Young J. Allen（Atlanta：Emory University，1943），p.34；Basil Hall, *Voyage to Loo-choo：and Other Places in the Eastern Seas, in the Year 1816, Including an Account of Captain Maxwell's Attack on the Batteries at Canton*（Edinburgh：A. Constable，1826），p.24.

[7] 刘芳、章文钦主编《清代澳门中文档案汇编》（上），906~907 号文件。

[8] 刘芳、章文钦主编《清代澳门中文档案汇编》（上），906~907 号文件。

[9] 有关 137 艘外国船只的外洋引水人（outside pilot）费和一些领取牌照的引水人费清单，参见 Paul A. Van Dyke, Port Canton and the Pearl River Delta, 1690–1845，pp.119–121 and appendix G。

[10]　1742 年，安逊爵士用葡萄牙语与他的三名外洋引水人交流。根据记载，很多
外洋引水人是不能讲西方语言的。Leo Heaps，ed.，*Log of the Centurion*，by
Captain Philip Saumarez（New York：Macmillan Publishing Co.，1974），p.188；
Glyndwr Williams，ed.，*A Voyage Round the World in the Years MDCCXL*，*I*，*II*，
III，*IV*，by George Anson，p.315. 下面就是这样的一个例子："价钱谈妥之后，
他（引水人）坚持与船长握手，以确认谈妥的条件，如他所说'这样就有保证
了'。接着他设计了方向，用拗口的英文加手势开始发号施令。下午三点半钟，
我们停泊在了离澳门大约两英里的地方。" W. S. W. Ruschenberger，*Narrative
of a Voyage Round the World*，*during the Years 1835*，*36*，*and 37*；*including
a Narrative of an Embassy to the Sultan of Muscat and the King of Siam*，Vol.2
（London：1838；Reprint，Dawsons of Pall Mall，1970），p.183.

[11]　August Frugé and Neal Harlow，trans. and eds.，*A Voyage to California*，*the
Sandwich Islands*，*& Around the World in the Years 1826-1829*，by Auguste
Duhaut-Cilly（Berkeley：University of California Press，1999），pp.231-232；
Blanche Collet Wagner，*Voyage of the Héros around the World with Duhaut-Cilly
in the Years 1826*，*1827*，*1828 & 1829*，by Lt. Edmond le Netrel（Los Angeles：
Glen Dawson，1951），p.57；Tim Flannery，ed.，*The Life and Adventures of John
Nicol*，*Mariner*，p.99.

[12]　Stadsarchief（City Archives），Antwerp：IC 5757；Paul A. Van Dyke and Cynthia
Viallé，*The Canton-Macao Dagregisters*，*1762*，entry on September 6.

[13]　有关引水人其他的中文收据的例子，参见 Paul A. Van Dyke，Port Canton and the
Pearl River Delta，1690-1845，p.122。

[14]　丹麦档案中还保存着一份这样的推荐信，内容如下："引水亚森（Asam）曾
于 1783 年 9 月 21 日将'丹麦王子号'成功地从南头（Ladrong）岛引到澳门，
任劳任怨。"这封信有船长希夫特（Schifter）的签名。Rigsarkivet（National
Archives），Copenhagen：Ask 953. 其他有关推荐引水人的材料，参见 Paul
A. Van Dyke，Port Canton and the Pearl River Delta，1690-1845，pp.124-125；
Universiteits Bibliotheek（University Library），Ghent，Belgium：Ms 1930。

[15]　1781 年，"弗里德里克王子号"（Printz Friderich）从它的外洋引水人处购买
得 4 个卷心菜、8 斤牛肉、400 个橘子、200 个洋葱和 150 把小胡萝卜。从他
们的澳门引水人手中购买了 160 个鸡蛋和 300 个橘子。Rigsarkivet（National
Archives），Copenhagen：Ask 947. 外文档案中还有很多这样的例子。

[16]　"当澳门中国官员的需求得到满足后，他就会派遣一位内河引水人来，不过这
位引水人要等船只在内河航道停泊了 24 小时后才会到船上来。" Massachusetts
Historical Society，Boston：William Elting Notebook 1799-1803. 米尔本也曾经提
到时间是 24 小时。William Milburn，*Oriental Commerce*，vol.1，p.462.

[17]　Phillips Library，Peabody Essex Museum，Salem：Ship *Minerva* Account book

1809，Benjamin Shreve Papers. 布德威尔的一个收据上面有 1819 年 11 月的日期，记录了他的房间缴纳了一块钱，早餐花了半块钱，晚餐花了一块半。Rhode Island Historical Society，Providence：Carrington Papers.

[18] 19 世纪 30 年代，船只仍然停在澳门商馆等待引水人。《广州纪事报》的编辑在这些船只停泊期间曾请他们填写过表格，表格的内容包括乘客人数、经历港口、货物以及其他重要信息。Canton Register（24 Jan.，1833）. 这个数据后来发表在报纸上供所有人阅读使用。

[19] Canton Register（24 November 1835）.

[20] 有关船只密谋策划不经许可逃过口岸的例子，参见 Phillips Library，Peabody Essex Museum，Salem：Ship Mariposa 1835–1836，Waters Family Papers；Paul A. Van Dyke，Port Canton and the Pearl River Delta，1690–1845，p.133 n.229。

[21] Phillips Library，Peabody Essex Museum，Salem：Log of Frigate Congress 1819，1819 C3. 这个有关小型船只的信息是根据波士顿等地数百艘船只的航海志、游记、账本等得来的，具体情况见参考书目。

[22] 即使是损坏的船只，也只有那些从事贸易的船只才可以进港，否则仍会被拒进入。Generaal Rapport，Canton 137，National Archives，The Hague；National Archives，The Hague：VOC 4556 under the heading "Canton".引水人经常报告说船只没有货物。刘芳、章文钦主编《清代澳门中文档案汇编》（下），1313、1314、1343、1405、1464、1467、1484、1492 号文件。

[23] Charles Lockyer，An Account of the Trade in India，pp.146，191；Universiteits Bibliotheek（University Library），Ghent，Belgium：ship journal from 1726，Ms 1840.

[24] 比如 1755 年，瑞典东印度公司（SOIC）的"索菲亚·阿尔贝蒂娜公主号"（Prinsessan Sophia Albertina）在来自黄埔的瑞典、丹麦、普鲁士和法国的小船的协助下溯江而上。Johan Brelin，Beskrifning öfver en Äfventyrlig Resa till och från Ost-Indien，Södra Amerika och en del af Europa af Johan Brelin 1758（Uppsala，1758；reprint，Stockholm：Tryckeri AB Björkmans，1973），p.16.1702 年，爱德华·巴洛也记载了他们在黄埔"等了两天船，来帮助我们进入珠江溯江而上"。依赖牵引船只溯江而上是从开始贸易以来就有的特征。Alfred Basil Lubbock，ed.，Barlow's Journal of his Life at Sea in King's Ships，East & West Indiamen & other Merchantmen from 1659 to 1703，vol.2，p.538.

[25] 米尔本的贸易手册中说英国东印度公司 1813 年的船只一般雇用 10 只舢板，但是手册上一些数据与其他公司的记载并不一致。由于英国东印度公司的支出账本在公司的档案中找不到，我们无法证实米尔本的数据。不过这看起来有点奇怪，英国东印度公司的大型船只只需要雇用 10 只舢板，而瑞典东印度公司、丹麦亚洲公司、法国东印度公司和荷兰东印度公司的船通常是雇用 40~80 只舢板。William Milburn，Oriental Commerce，vol.2，p.495；Paul A. Van Dyke，

Port Canton and the Pearl River Delta，1690–1845，pp.138–148.

[26] 一份 1729—1833 年 132 家公司雇用舢舨的数目清单，参见 Paul A. Van Dyke，Port Canton and the Pearl River Delta，1690–1845，appendix H. 查尔斯·康斯坦（Charles de Constant）也曾经提到引水人使用 50~80 只小船协助其工作。Louis Dermigny，ed.，*Les Mémoires de Charles de Constant sur le Commerce a la Chine*，par Charles de Constant（Paris：S. E. V. P. E. N.，1964），pp.382–383.

[27] 荷兰人称呼这个停泊地为 "zout zout Ham" 或者简略地称呼 "Zt Zt Ham"。这可能是中文名称 "狮子洋" 的错误读法（广东话 "Sze–stze–yaong），意思是 "狮子水域"。Robert Morrison，*Notices Concerning China，and the Port of Canton*，p.14. 英国人、法国人和美国人经常把这个地方称为 "下游"（downriver）、"第二沙洲"、"炮台之外" 或者 "虎门" 锚地。丹麦人和瑞典人则称之为 "虎门河道"。Paul A. Van Dyke，Port Canton and the Pearl River Delta，1690–1845，Chapter 2.

[28] British Library：IOR G/12/24–25，entries dated 12 January 1724 and 30 October 1724；Universiteits Bibliotheek（University Library），Ghent，Belgium：ship journal from 1732，Ms 1926；National Archives，The Hague：VOC 2410；Rigsarkivet（National Archives），Copenhagen：Ask 880.丹麦船 "丹麦国王号" 1737 年 1 月在到达水深 16.5 英尺的地方后向下游航行，但是不断遇到 18 英尺的水深。Rigsarkivet（National Archives），Copenhagen：Ask 997；Hosea Ballou Morse，*The Chronicles of the East India Company Trading to China*，*1635–1834*，vol.1，p.263.

[29] 关于早期英国船只的规模，参见 Hosea Ballou Morse，*The Chronicles of the East India Company Trading to China*，*1635–1834*，vol.1。18 世纪前 20 年奥斯坦德公司来华贸易的船只规模情况，参见 K. Degryse and Jan Parmentier，"Maritime Aspects of the Ostend Trade to Mocha，India and China（1715–1732）"，in Jaap R. Bruijn and Femme S. Gaastra，*eds.*，*Ships，Sailors and Spices. East India Companies and Their Shipping in the 16th，17th and 18th Centuries*（Amsterdam：NEHA，1993），pp.165–175。

[30] National Archives，The Hague：VOC 4388，6346，6364，6375，11269；James Ford Bell Library，University of Minnesota：B 1758 fNe；National Archives，The Hague：Canton 72；Paul A. Van Dyke，Port Canton and the Pearl River Delta，1690–1845，pp.141–142.

[31] Paul A. Van Dyke，Port Canton and the Pearl River Delta，1690–1845，appendices H and I.

[32] Rigsarkivet（National Archives），Copenhagen：Ask 907–23，"Skibsprotocoler"，1760s. 有关丹麦公司船只规模的研究，参见 Paul A. Van Dyke，Port Canton and the Pearl River Delta，1690–1845，appendices H and J。

[33]   National Archives, The Hague: Canton 72. 关于瑞典公司船只规模的研究，参见 Paul A. Van Dyke, Port Canton and the Pearl River Delta, 1690–1845, appendices H and K。

[34]   Paul A. Van Dyke, Port Canton and the Pearl River Delta, 1690–1845, pp.142–143.

[35]   有关引水过程的更详细论述，参见 Paul A. Van Dyke, Port Canton and the Pearl River Delta, 1690–1845, pp.143–149。

[36]   British Map Library（in the British Library, British Map Library, British Library）: Map of the Pearl River, caption titled 'A Survey of the Tigris, from Canton to the Island of Lankeet', by J. Huddart, dated 10 Oct 1786, MAR.VI.26.

[37]   据说河面 1787 年高过浅滩 17 英尺。如果这个说法正确的话，那么 150 年里沙洲升高了 1 英尺。A. G. Findley, A Directory for the Navigation of the Indian Archipelago, China, and Japan, 2nd ed.（London: Richard Holmes Laurie, 1878）, p.979.

[38]   黄埔与广州之间的载客船也被称为"笃水艇"。Howard Malcom, Travels in South-Eastern Asia embracing Hindustan, Malaya, Siam, and China with Notices of Numerous Missionary Stations and a Full Account of the Burman Empire, Vol.2（London: Charles Tilt, 1839; facsimile reprint, New Delhi: Asian Educational Services, 2004）, p.169.

[39]   有关 1763 年历时两星期把荷兰东印度公司搁浅的船只 Slooten 重新浮在水面的简单描述，参见 Paul A. Van Dyke, Port Canton and the Pearl River Delta, 1690–1845, p.150。

[40]   1763 年，荷兰东印度公司的 Slooten 搁浅，负责的引水人没有得到此次行程的报酬。National Archives, The Hague: Canton 72.

[41]   很多这样的例子来自 1804 年给三角洲水师的引水指引，参见刘芳、章文钦主编《清代澳门中文档案汇编》（上），906 号文件。当然外国船只在雾中或能见度不好时航行也会有很好的航行预案，不过这些预案与中国的方法很不一样。他们使用枪炮和铃声，而不是如同中国人一样使用锣和海螺壳，但是外国船只也会用它们的鼓敲出规则的声音，并在桅杆上悬挂一定数量的灯笼，或者在甲板上点起火或火把，警示那些靠近的船只。Baker Library, Cambridge, Massachusetts（Baker Library, Harvard University）: Instructions for the better keeping Company with His Majesty's Ship Enterprize, dated 16 August 1762, Misc. Mss.733; S. Wells Williams, The Chinese Commercial Guide, appendix 256–258. 一份 1819 年的文献称中国指挥者用一声大炮声示意船起锚，后来这种做法发生了一些变化。Sir Richard Phillips, Diary of a Journey Overland, through the Maritime Provinces of China, from Manchao, on the South Coast of Hainan, to Canton, in the Years 1819 and 1820（London: Phillips, 1822）, p.51.

[42]　卡尔·埃克伯格（Carl Ekeberg）提到 1770 年珠江上的中国船只通过敲锣发
　　　号施令。Carl Gustav Ekeberg, *Capitaine Carl Gustav Ekebergs Ostindiska Resa*,
　　　åren 1770 och 1771, p.131. 这是外文记载中提到的另外例子。

[43]　William Shaler, "Journal of a Voyage between China and the North-Western Coast
　　　of America, made in 1804," in *The American Register or General Repository of
　　　History*, *Politics*, *and Science*, *Part 1*, Vol.3（Philadelphia：T. & G. Palmer,
　　　1808；reprint, Claremont, California：Saunders Studio Press, 1935），p.24；
　　　Basil Hall, *Voyage to Loo-choo: and Other Places in the Eastern Seas*, *in the
　　　Year 1816*, *Including an Account of Captain Maxwell's Attack on the Batteries at
　　　Canton*, p.24.

[44]　Basil Hall, *Voyage to Loo-choo: and Other Places in the Eastern Seas*, *in the
　　　Year 1816*, *Including an Account of Captain Maxwell's Attack on the Batteries at
　　　Canton*, p.24.

[45]　James Johnson, *An Account of a Voyage to India*, *China*, *&c. in His Majesty's
　　　Ship Caroline*, *Performed in the Years 1803–4–5*, *Interspersed with Descriptive
　　　Sketches and Cursory Remarks*（London：J.G. Barnard, 1806），p.59.

[46]　刘芳、章文钦主编《清代澳门中文档案汇编》（上），906 号文件。

[47]　刘芳、章文钦主编《清代澳门中文档案汇编》（上），906 号文件。

[48]　记载中这些前来帮忙的人被称为"渔引人""副引水人""珠江引水人"，或者
　　　简称"助理引水人"。

[49]　有关澳门引水人和内河引水人简单而生动的描绘，参见 Peter Dobell, *Travels in
　　　Kamtchatka and Siberia*; *with a Narrative of a Residence in China*, vol.2, p.129;
　　　Paul A. Van Dyke, Port Canton and the Pearl River Delta, 1690–1845, 155.

[50]　印光任、赵汝霖：《澳门记略》，第 79 页；*Chinese Repository*（April 1835），
　　　Vol.3, p.582；John Robert Morrison, *A Chinese Commercial Guide*（1834），
　　　p.10；William Hunter, *The "Fan Kwae" at Canton before Treaty Days 1825–1844*
　　　（London：1882. Reprint, London, 1885；London, 1911；Shanghai：Mercury
　　　Press, 1938；Taipei：1966. Reprint, under the title *An American in Canton 1825–
　　　44.* Hong Kong：Derwent Communications, Ltd., 1994），p.17；中国第一历史档
　　　案馆、澳门基金会、暨南大学古籍研究所编《明清时期澳门问题档案文献汇
　　　编》第 6 卷，人民出版社，1999，第 93、148 页。其中有些文书的英文版见于
　　　Canton Register（24 Mar., 1835）and *Chinese Repository*（April 1835），Vol.3,
　　　p.581.

[51]　外国人经常抱怨引水人不能胜任工作。马礼逊对引水人也没有好话说。John
　　　Robert Morrison, *A Chinese Commercial Guide*（1834），p.12. 在 1848 年出版的
　　　该书修订版中，我们找到了下面的论述，不过可能是卫三畏加上去的："然而
　　　引水人的情况也不一样，他们中的一些人相当有能力，能把船只顺利地引进

内河；其他人则并不知道如何引水，但是他们仍然对河道非常熟悉。不管是工作熟练还是无知，他们总会因遭到外国船上的官员毫无理由地责备而变得愤怒无比，对船只将要去哪里变得毫不关心。"John Robert Morrison，*A Chinese Commercial Guide*（1848），p.126.

[52] John Robert Morrison，*Chinese Commercial Guide*（1848），p.126.

[53] 这个信息是由好几个材料综合起来的，包括 Kungliga Biblioteket（Royal Library），Stockholm：M280；National Archives，The Hague：VOC 4387；Stadsarchief（City Archives），Antwerp：IC 5697；Massachusetts Historical Society，Boston：William Trotter Letter/Journal 1797。有关广州中国帆船规模的具体情况，参见 Paul A. Van Dyke，Port Canton and the Pearl River Delta，1690–1845，pp.156–157，Chapter 5 and appendix U；Paul A. Van Dyke，"A Reassessment of the China Trade：The Canton Junk Trade as Revealed in Dutch and Swedish Records of the 1750s to the 1770s，" in Wang Gungwu and Ng Chin-keong，eds.，*Maritime China in Transition 1750–1850*，pp.151–167。

[54] Rigsarkivet（National Archives），Copenhagen：Ask 1150.

[55] C. Toogood Downing，*The Fan-Qui in China*，vol.1，pp.113–114，204–206，232–234.

[56] Kungliga Biblioteket（Royal Library），Stockholm：M280；National Archives，The Hague：VOC 4387；Stadsarchief（City Archives），Antwerp：IC 5697；Massachusetts Historical Society，Boston：William Trotter Letter/Journal 1797；Paul A. Van Dyke，Port Canton and the Pearl River Delta，1690–1845，pp.156–157，Chapter 5，appendix U.

[57] A.G. Findley，*A Directory for the Navigation of the Indian Archipelago*，*China，and Japan*，*2nd ed.*，p.979. 不超过 20 英尺的规定在卫三畏的《中国商业指南》也提到了。S. Wells Williams，*The Chinese Commercial Guide*（Hongkong：A. Shortreded & Co.，1863），appendix 34–39.

[58] 每十年引水人费用的统计分析，参见 Paul A. Van Dyke，Port Canton and the Pearl River Delta，1690–1845，p.160.

[59] William Milburn，*Oriental Commerce*，vol.1，p.495；Paul A. Van Dyke，Port Canton and the Pearl River Delta，1690–1845，p.160 n.295 and n.296.

[60] C. Toogood Downing，*The Fan-Qui in China*，vol.1，p.85.

[61] John Robert Morrison，*A Chinese Commercial Guide*（1844），p.88.

[62] National Archives，The Hague：Canton 74；John Robert Morrison，*A Chinese Commercial Guide*（1848），p.123. 一份 1828 年的材料和若干 1835 年的材料显示，这两个年份澳门有 14 位获得牌照的引水人。*Canton Register*（23 Aug.，1828）；《明清时期澳门问题档案文献汇编》第 6 卷，第 93、148 页；*Canton Register*（24 Mar.，1835）and *Chinese Repository*（Apr.1835），Vol.3，p.581.

[63] Robert Morrison，*Notices Concerning China，and the Port of Canton*，p.30.

[64] 有关引水人收入的讨论，参见 Paul A. Van Dyke，Port Canton and the Pearl River Delta，1690–1845，pp.162–164。

[65] 多贝尔提到在 19 世纪初，内河引水人（可能是澳门引水人）的主管"穿着丝绸的衣服，生活得像个绅士"，趾高气扬。Peter Dobell，*Travels in Kamtchatka and Siberia*；*with a Narrative of a Residence in China*，pp.138–139.

[66] National Archives，The Hague：VOC 4556；Canton 72.

[67] 刘芳、章文钦主编《清代澳门中文档案汇编》（上），906，922，934，1003 号文件。

[68] Paul A. Van Dyke，"Pigs，Chickens，and Lemonade：The Provisions Trade in Canton，1700–1840，"*International Journal of Maritime History*（June 2000）：11–44；Hosea Ballou Morse，*The Chronicles of the East India Company Trading to China*，*1635–1834*，vol.2，pp.199–200，259.

[69] 最受欢迎的走私锚地之一是位于今天的珠海与淇澳岛之间的金星门。这个锚地由于垃圾填埋现在已不复存在。印光任、赵汝霖：《澳门记略》，第 33~37 页；《（新修）香山县志》上册，学生出版社，1985，第 641~650 页。

[70] 尽管中国文献称三角洲中发生的所有事情都受到中国官府严格控制，事实上走私还是很猖獗的。参见刘芳、章文钦主编《清代澳门中文档案汇编》。与荷兰人不同的是，1762 年拖曳船只的费用参见 Paul A. Van Dyke and Cynthia Viallé，*The Canton-Macao Dagregisters*，1762，entry on October 18。

[71] Hosea Ballou Morse，*The Chronicles of the East India Company Trading to China*，*1635–1834*，vol.2，pp.344–346. 尽管在 1799 年才发现引水人也参与了走私鸦片，不过他们应该一直都在干这个勾当。*Canton Register*（24 March，1835）.

[72] 正如其他章节讨论的，实际上粤海关官员是问题的一部分。"很多官船也参与到走私中来……鸦片的费用，以每箱一元的价格缴纳给官府缉私队，使其默许这样的走私，有走私者把钱缴纳给船上负责的官员，索要钱财的官员称这是他们应得的。"John Robert Morrison，*A Chinese Commercial Guide*（1834），p.29. 还有很多材料显示官员参与了走私鸦片进中国，参见 Hosea Ballou Morse，*The Chronicles of the East India Company Trading to China*，*1635–1834*，vol.4。

[73] Hosea Ballou Morse，*The Chronicles of the East India Company Trading to China*，*1635–1834*，vol.4，p.223；Baker Library，Harvard University：Photocopy of the Ship *Forbes* Journal，IOR Mss Eur Ph 377. 英国横帆双桅船"詹姆斯娜号"至少从 1823 年开始参与鸦片走私，一直到 19 世纪 30 年代中期。19 世纪 30 年代初，它在伶仃洋上作为一艘笨重的旧船充当鸦片趸船。Hosea Ballou Morse，*The Chronicles of the East India Company Trading to China*，*1635–1834*，vol.4."福士号"（Forbes）把"詹姆斯娜号"从加尔各答拖到新加坡，再从新加坡拖到珠江三角洲。Hunt Janin，*The India-China Opium Trade in the Nineteenth Century*

（London：McFarland & Co.，1999），pp.169-170.

[74] 1830 年商船"杜尼拉号"（Dunira）和"亚瑟尔的大吉斯号"（Duchess of Atholl）在两艘其他获得了船牌的公司船陪同下离开了，可能聘请他们的引水人和舢舨来协助。Hosea Ballou Morse，*The Chronicles of the East India Company Trading to China*，*1635-1834*，vol.4，p.24. 当然还有其他船上的大班威胁称他们不需要船牌就会离开，但是如果那样做的话，他们仍然得对付各处浅滩和虎门炮台。

[75] R. C. Hurley，*The Tourist's Guide to Canton*，*the West River and Macao*（Hong Kong：Noronha & Co.，1895），p.59.

[76] 磨刀炮台（Modao Fort）在东边，而螺洲（Luozhou）炮台在螺洲入口的西边。清代军事地图上标出了它们的位置。印光任、赵汝霖：《澳门记略》，第 202 页；Jin Guo Ping and Wu Zhiliang，"Reformular as Origens de Macao，"*Macao*（December 1999）：178-179；《（新修）香山县志》，第 726 页。

[77] William Dallas Bernard，*Narrative of the Voyages and Services of the Nemesis from 1840 to 1843*；Vol.1（London：Henry Colburn，1844），pp.7-9；Michael Levien，ed.，*The Cree Journals. The Voyages of Edward H. Cree*，*Surgeon R.N.*，*as Related in His Private Journals*，*1837-1856*（Devon：Webb & Bower Ltd.，1981；Scarborough：Nelson Canada Ltd.，1981），p.76；*Chinese Repository*（March 1841），Vol.10，pp.180-181.

[78] 当时还有一些其他汽船在中国，包括"哥伦布号"（Columbine）和"皇后号"。"皇后号"后面拖着"威乐斯利号"（Wellesley）。Michael Levien，ed.，*The Cree Journals. The Voyages of Edward H. Cree*，*Surgeon R.N.*，*as Related in His Private Journals*，*1837-1856*，pp.55，72，75 n.3. 第一次鸦片战争中，一些汽船被用来把帆船战舰拖到确定的开火地点，其他汽船则参与了在中国的其他战争。Alexander Murray，*Doings in China. Being the Personal Narrative of an Officer Engaged in the Late Chinese Expedition*，*from the Recapture of Chusan in 1841*，*to the Peace of Nankin in 1842*（London：Richard Bentley，1843），p.85.

[79] John Robert Morrison，*A Chinese Commercial Guide*（1844），p.86 and（1848），pp.123-124；Gabriel Lafond de Lurcy，*Voyages Autour du Monde*，vol.5（Paris：Pourrat Frères，1844），pp.113-114；R. B. Forbes，*Remarks on China and the China Trade*（Boston：Samuel N. Dickinson，1844），p.63.

[80] "引水人的费用确定为每吨 5 分钱，在黄埔支付引水人的报酬。"John Robert Morrison，*A Chinese Commercial Guide*（1848），p.124.

第四章

买办和补给品贸易

广州补给品贸易主要指给日益增多的船只提供大量的补给物和日常饮食供应品。这种贸易成了保证广州贸易顺利进行的最重要部分，也是控制在华外国人的手段之一。正如下文将要分析的，补给品贸易中逐渐出现的弊端使整个广州贸易的有效性发挥不出来。

补给品的供应商被称为"买办"。[1] 1731 年开始，他们由前山军民府颁发官方牌照。像澳门引水人的牌照一样，这些买办把木制的牌照别在腰间，使人远远地就可以辨认出他们的身份。[2] 买办的牌照费用以一次性付款的方式转嫁到外国商人身上。[3] 18 世纪 80 年代这项费用开始上涨，一直持续到 19 世纪 30 年代。许多外国商人，尤其是那些使用小船的散商支付了与他们的船只规模和需要并不相称的买办费。这种做法只能迫使他们不去购买中国买办手里的补给品，而偷偷地从广州的其他外国人手里购买他们所需要的东西。

18 世纪八九十年代，外国商人开始绕开买办进行补给品黑市买卖。19 世纪初，驻守在外国商船周围的中国通事和"官府"已经控制了大部分获利巨大的黑市生意。避开买办的做法使上缴给粤海关监督的费用减少，也削弱了其对贸易的控制。对买办活动的仔细研究能够展现贸易管理其他领域的情况，这些管理措施促使整个贸易蓬勃发展，与此同时也导致了整个贸易中心管理整体上被削弱，使外国人对这种贸易方式越来越不满。

在广州贸易初期，补给品贸易由买办控制。1704 年查尔斯·罗克耶（Charles Lockyer）曾经提到"每一个商馆都有一位正规的买办为他们服务"，但由于粤海关监督想要从这些买办身上榨取"特许权"费用，"他们后来就被抛弃了"。一年之前，汉密尔顿船长（Captain Hamilton）说他被要求从一位"澳门通事"处购买需要的所有补给品，这位通事协助粤海关监督，还说葡萄牙语。汉密尔顿船长声称他没有其他选择，只能从此人手中购买补给品。[4]

1716年，英国人都是在广州和黄埔锚地从买办手里购买补给品，这种做法可能持续了一段时间。[5]18世纪20年代，奥斯坦德公司的船长和大班也是从买办手里购买补给品。[6]1729年年初，荷兰人也跟一些买办签订了每年供应补给品的合同（图4-1）。[7]

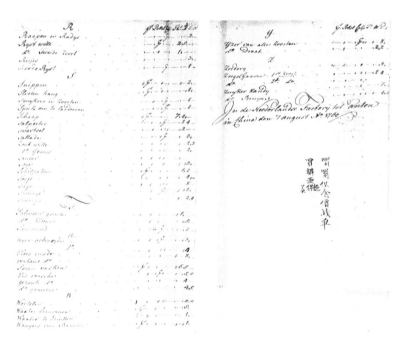

图4-1　1760年8月7日荷兰东印度公司与买办亚德、亚美和亚保签署的为荷兰商馆和船只供应补给品和劳力的合同（荷兰文撰写）

说明：合同上列明了各项物品和劳力的价格，上面有三位买办的签名。

资料来源：荷兰海牙国家档案馆藏，档案号：VOC 4384。

1730年，荷兰人向粤海关监督上了一份呈文。该呈文包括13条意见，其中第2条要求自由选择通事、买办和仆人，第9条要求自

由地获取修补和维持船只所需的物品。[8] 荷兰大班从粤海关监督处
得到以下答复：

> 船只经过海上长时间航行，的确非常需要索具、木头
> 和其他补给品。你们必须开列所需物品的清单。我会为你
> 们购买这些物品颁发许可。未经本监督许可不得购买任何
> 物品，也不允许任何非粤海关衙门的人运送任何物品。[9]

把水手、船长和大班日常饮食供应和海运装备供应等控制在手
中，是粤海关控制外国人群体的一种手段。确保补给品稳定供应是
明智的，吃不饱的水手是会制造麻烦的。[10] 船长、大班等着足够的
商品包装箱袋、容器和中国苦力，以便在时间性非常强的贸易季节
中打包商品、装船、准备起航。如果这些都不能得到满足的话，船
长、大班也不是省油的灯。如果因为缺乏某些物资或者缺乏足够人
手装载货物，货物就无法按时到达，他们的船只就会面临在广州继
续逗留一个贸易季节的风险。这种延误会使公司利润大大受损。

如果一个喂饱了的胃需要安静的话，那么一个饥肠辘辘的胃则
需要安抚，这个道理显而易见。对粤海关监督而言，控制广州的外
国人群并不是件容易的事。外国人时常跟中国人产生冲突，外国人
之间也时常产生矛盾。中国的水上居民时常想着出售点掺水的酒或
者劣质品给外国人，谋点蝇头小利，这也时常引起纷争。外国人常
常想方设法在费用或报酬上瞒骗粤海关官员或其他中国人。尽管官
方严格控制，只有获得有关牌照的人，诸如通事、买办、引水人等
才能与外国人打交道，但很多普通中国人也会通过浆洗、缝补衣服，
甚至乞讨等方式与外国人接触。[11]

如果外国人群内部或者贸易期间发生的问题不能及时得到解决，
粤海关监督就会撤走通事，禁止中国行商与其继续做生意直至问题

得到解决。他们也会禁止引水人给那些桀骜不驯的外国人引航。如果停止贸易都无法使事件得到解决，粤海关监督就会撤走买办和仆役，中断日常生活饮水和补给品供应，这种做法通常会奏效。[12]

随着来华外国人数量的增多，控制他们的补给品贸易变得越来越困难。18 世纪 60 年代每年大约有 20 艘西方船只到达中国，但到 18 世纪 90 年代增长至 50 艘，到 19 世纪头十年达到 70 艘，到 19 世纪 30 年代每年到达中国的西方船只已经超过 180 艘了。[13] 一般每艘东印度公司的船只上有 100~150 人，而一艘散商船只上有十几个到 100 个甚至更多的人，买办所负责供应的人数从以千计猛增到以万计了。获得牌照的买办人数也增加了，反过来，粤海关为了要管理更多的买办也承担了更大的责任。随着外国人数量的增加，那些控制和安抚他们的传统办法越来越失去效果。

广州有两种类型的买办，为商馆服务的"商馆买办"和为船只服务的"商船买办"。商馆买办为广州外国商馆提供所有补给品和服务人员，他们的角色与印度的"迪巴什"（dubash）相似。[14] 商馆买办经常与外国人居住在一起，全年为他们服务。有些公司雇用好几个商馆买办，不过通常由其中一位负总责（总买办）。

外国公司通常为商馆买办及其随从提供餐食和舢舨，以运输补给和其他生活必需品。商馆里中国仆役的薪水也按月支付给总买办。总买办负责去粤海关衙门申请居留在澳门的大班下一个贸易季节回广州的牌照（通常在 7、8、9 三个月份）。外国船只一到，船上的外国人就会派总买办去申请一位澳门引水人把他们带到黄埔。澳门引水人通常乘坐买办的小船前往公司船只。之后，总买办就要开始筹划大班返回广州的事务了。他还得负责获得从广州返回的牌照或者许可，通常在船只抵达一两个星期之后就能够拿到。

从澳门开始，西洋船只在西江上每经过一个关卡，就要统计船上所有人员的数量。比如，如果船只离开澳门时有 15 名外国人、13

名中国人、6 名奴隶、1 头奶牛，那么几天之后抵达广州时，人和物品的数量必须是相同的。如果在途中有人或者牲畜死亡（这经常发生），尸体也要带到终点，这样到达目的地接受检查时数目才能相符。西方人有时还需要额外的舢舨来装运家畜或者运送诸如公司台球桌、其他家具以及个人生活用品等。广州与澳门之间的西江航道全程大约 195 千米，需要 2~4 天时间完成航行，具体航行时间取决于天气、潮汐、各处关卡的等候时间，以及外国人在途中停下来挤牛奶以备下午茶的次数等。[15]

贸易季节过后，各种留下的家具什物堆满了广州的外国商馆，全部留给商馆业主去打理。[16]每个商馆都会留下几个管房仆人照看，偶尔也会委派一名买办与这些仆人居住在一起。每个商馆的业主必须承担商馆维修的费用，如果维修费不在租约合同之内，那么就由大班支付。通常租约和维修费是分开列明的。所有在澳门和广州的中国仆役和买办都是外国公司用长约雇请的人。他们通常较长时间固定为某家外国公司服务，有些人甚至还学习雇主的语言，跟通事使用的商业语言——"广州英语"——一样。

经过长年合作，外国人和买办之间形成了非常密切的关系，成了互相信任的好朋友。这当然要归功于贸易的稳定性。在这些终身为某公司服务的买办中，有一位最令人称奇的，名叫吕亚德（Atack）。1737 年，年仅 15 岁的吕亚德开始在荷兰商馆当买办。[17]他和他的一些伙计与其他买办一起为荷兰东印度公司船只提供补给品，并照管荷兰商馆的日常事务。[18]

18 世纪 60 年代，吕亚德与亚美（Amie）和亚宝（Apo）两位买办搭档工作。他们仨每年都与公司签订服务合同，为荷兰商馆和荷兰东印度公司船只提供所有补给品（图 4–1）。合同上列出了所有事务的具体价格，买办必须按照市场价格提供货物。通常情况下，合同上会列明买办必须按照广州市场上最低的价格提供货物。买办不能收取合同上没有列出的任何费用，如果另一个外国人能够买到更便宜的东西，买办就必须按照那个价格提供货物，这种做法使贸易呈现持续稳定地增长。

买办也为其他相关人员负责。如图 4-1 合同所示，商馆厨师以及仆役的工钱都有列明，可见也是买办负责。18 世纪 60 年代，荷兰商馆有三位买办负责补给品供应，荷兰东印度公司还雇请了 4 名船只买办，亚伍（Adjouw）、亚黎（Allay）、亚日（Ajet）、亚帝（Attay）为公司船只提供补给品。从这个例子看，商馆买办也对船只买办负责，不过并不是所有的情形都一样。[19]

1774 年吕亚德已经年过半百，他全年都待在广州，并在贸易季节过后照看商馆，八九月份等荷兰人从澳门回到广州后再为他们服务。荷兰大班也常常从澳门写信给吕亚德，向他询问有关信息，或请他代为拜访某位行商。即使到他晚年，荷兰人仍然雇请他照看商馆。1797 年 8 月，大雨和风暴袭击了商馆区，吕亚德努力营救，使荷兰商馆免遭雨水浸泡。[20]

1798 年 1 月 15 日，荷兰大班报告说老吕亚德一病不起，病入膏肓。[21]第二天吕亚德就去世了，享年 75 岁。荷兰东印度公司的官员非常尊重吕亚德，对他的去世表示深切哀悼。吕亚德为荷兰商馆服务的时间非常久，大班都忘记了他具体的服务年数。[22]还有不少买办也终身服务于某一外国公司，吕亚德是最典型的代表。[23]

有些买办会学一点雇主的语言，但就职业需要而言，他们更重要的是学习广州英语。买办时常得干点给外国人跑腿、传递书信纸条的活，这要求他们有必要学习一点所有外国人都能通用的语言。下面是一份 1815 年美国航海志上的一段话，从这段话可以看到买办在黄埔锚地如何与不同国家的人打交道。

买办……说着一种夹杂着葡萄牙语、荷兰语、法语的英语，与来到船上的大多数中国人一样。一开始要明白他们说什么的确非常困难，但是习惯之后，就会很快明白他们的意思。[24]

商船买办的义务和责任与商馆买办有些不一样。商船买办为外国船只上的水手提供必需补给品和劳务服务，但他们并不是一天 24 小时都待在船上，外国船只停泊中国期间才会雇请商船买办。某位商船买办也许会年复一年地被同一批外国人雇请，但他的工作并不是全年性的，除非贸易季节过后外国商馆也雇请他们去商馆服务。因此，商船买办所雇请的在黄埔锚地为外国人服务的仆役和手工工匠的情况也一样。这样，商馆买办和商船买办之间最根本的区别就是工作的连续性。

每艘船只通常至少有一名获得牌照的买办，但是有些公司仅雇请若干名买办为所有公司船只服务。船只买办拥有自己的舢舨，工作则由其家庭成员和仆人协助。据说为 1838 年美国船"洛根号"（Logan）服务的那位买办有 6 个儿子、4 个女儿和 2 位太太。[25] 能够供养这么大一家子人，也可以看出这个买办家底殷实。

商船买办不分昼夜地奔波，很有必要居住在自己的舢舨上。不管船只停泊在哪里，他们都得把在广州市场上买来的货物运送到船只上。他们常常不得不同时为停泊在黄埔航道、虎门航道、澳门航道或者珠江三角洲其他地方的外国船只服务。商船买办的舢舨上一直有人掌着舵，指挥舢舨马不停蹄地驶向下一个目的地。

商船买办的责任就是使外国船员、水手满意。正如我们所看到的，早些时候公司船只上一般有 100~150 名船员水手，每天需要供应他们好几顿饭食。比如 1730 年奥斯坦德公司"阿波罗号"（Apollo）上有 107 名船员，这艘船在黄埔锚地共停留了 5 个月等待货物和装运。在此期间，船员水手们一共吃掉了成千上万担的水果和蔬菜，数以百只的鸡、鹌鹑和鸽子，数以百担的猪肉、羊肉和鱼，每两三天就需要一头牛，5个月一共吃掉了46头牛。[26]

这些补给品只是外国人在华的基本消费。每一艘在黄埔锚地的船只都会为回程购买大量补给品。比如，1776年瑞典东印度公司的"阿道夫·弗里德里克号"（Adolph Friedrick）船只的买办就运送了300只阉鸡、300只母鸡、100个柚子、60只鸭子、50只鹅、10头牛犊、6只羊、3头奶牛以及大量其他返程物资上船。如果用这些数字乘以在黄埔锚地停泊的船只数量（18世纪30年代大约10艘，18世纪70年代超过30艘），我们就大致可以了解商船买办每天要处理数额巨大的补给品贸易。[27]

商船买办的妻子在舢舨上照看孩子和处理家务。这些女人是珠江上大多数小船负责划桨的人，她们还得负责全家人的浆洗、缝补。把孩子绑在背上在舢舨上干活的女人是江面上常见的一道风景。[28]许多中国男人也擅长厨艺，舢舨上的男孩和男性成年人也会分担女人的家务。买办最有兴致的事情是教儿子做饭，这可以让外国人常常雇请他们。中国女人不准登上外国船只，也不准进入外国商馆，于是外国人的家居服务需要就得买办的男性亲属和伙计来提供。

外国船只到达的时候，船只买办会带上水果、蔬菜和肉类前去问候。[29]像引水人一样，买办也会向新到的船只出示他们曾经服务过的船长为其写的推荐信。买办通常手头会有好几封这样的推荐信，对那些犹豫不决的船长或者大班而言，这是有效的推销手段。商船买办比商馆买办更多使用推荐信，因为前者能同时为好些外国人服务，而后者通常被限定为一家商馆服务。[30]

商船买办也必须按照合同上标明的价格出售货物，这在18世纪初期就已经是贸易中的规矩了。[31]价格和报酬一般都包含了广州、黄埔和澳门三地的情况。合同上有时会清楚列明一些商品在不同地方的价格，但不论船只停泊在珠江三角洲哪个地方，报酬和大部分商品的价格都是一样的。就劳力和补给品而言，整个珠江三角洲像个单一市场那样运作。[32]

合同上也会明确价格在整个贸易季节都有效，商品质量必须由双方认可。如果外国人对其收到的东西不满意，可以要求买办退换或者直接在下一个账单中扣除相应金额。买办非常清楚商品的零售价格，也知道批发价格，从中可以获取利润。事先掌握这些信息，有利于他们在跟商品供应商交易时提出相关的买卖条件，以确保自己赚取差额利润。合同往往可以使双方都获得利益，补给品贸易就可以非常稳定和有保障地进行。[33]

另一项极大促进贸易发展的创新之处是西方人可以有 30 天的赊账期限。当船只在贸易季节之初抵达时，在与任何商馆买办或者商船买办签订任何买卖合同之前，他们就可以得到任何所需的物品。外国人坚持拥有这项权利，理由是他们在签订任何合同之前，需要考察当地市场。价格和酬金确定下来之后，买卖双方就会达成协议。合同里列明的商品价格所指的时间，通常会追溯到最初供应商品的时间，即包括那些最初赊账的商品。正如第三章曾提到的，没有澳门引水人，外国人无法离开广州，外国人只有在所有账单结清之后才能够雇用到一位澳门引水人，因此买办无须担心。对外国人而言，月结账单的方式非常方便，他们用不着每天都携带零钱支付一些琐碎的开销。[34] 新来者初抵广州时，也可以即时通过赊账的方式得到所需的物品。[35]

争夺外国人生意的竞争十分激烈，使买办之间从来不会达成任何形式的谅解。他们可以借此来操纵广州或者澳门的商品价格或者酬金。整个广州体制时期，很多补给品的价格一路上涨，但这往往是通货膨胀的结果，并不是人为操纵。外国人尽力想要抑制那些促使通货膨胀的原因，他们尽可能要求买办按照前一年的价格签订合同。不过这种做法只有在价格低廉而又货物充足的时候才行得通。[36]

随着买办在外国商人处获得的好感和尊敬逐渐增加，外国商人对他们服务的需求和依赖也与日俱增。不过，一个买办或者一个买办行所服务的外国人和船只数量也是有限制的。买办解决这个问题的办法是给每一艘船只指派由他们管理的一名代理。这些代理有时被外国人称为"舢舨山姆"（Sampan-Sam）。外国船只停泊在黄埔水路的时候，这些代理必须一直待在船上。[37] 代理十分清楚外国船只所需物品的清单，他们每天从外国公司官员那里拿来订单并转交给买办。货物抵达时，舢舨山姆就会核对货物是否与订单一致，并负责处理买卖过程中出现的纠纷。他也会接受船员、水手订购一双鞋子或者一套衣服之类的私人订单。[38]

商船买办在黄埔水道的某个小岛上会盖一些简陋窝棚，给外国人提供储藏货物、维修索具等服务。船只所需的生活必需品都会事先送到这些窝棚里，生病的船员、水手也会被送到这里养病。船只在用烟熏驱赶老鼠，或侧船检修的时候，船员、水手也会来这里居住。[39] 每个窝棚外面总会有几个外国哨兵站岗，因为通常会有一些中国人到这些地方来兜售酒精饮料，容易引起争端，甚至还会有谋杀事件发生。[40]

买办还要负责丧葬事务。外国船只在装货、卸货时，水手、船员生病、去世以及意外被杀的事情时有发生。图4-2显示水手死亡在中国是常见的事情，这是奥斯坦德公司的一份商船航行日志的摘录，记载了1724年9月这艘船停泊在黄埔锚地的情况。航海日志边缘空白处标出的头骨和交叉腿骨，表明每天都有一名水手死亡。其他外国船员水手也面临着同样的问题，由此可知每天都有外国人在中国死亡。[41]

本职工作之外，买办和通事还必须处理这些意外的不幸事故。他们在长洲岛和深井岛分别购买了一块墓地（这通常是埋葬死在中国的外国人的墓地），来埋葬那些死在异国他乡的水手。买办订购棺

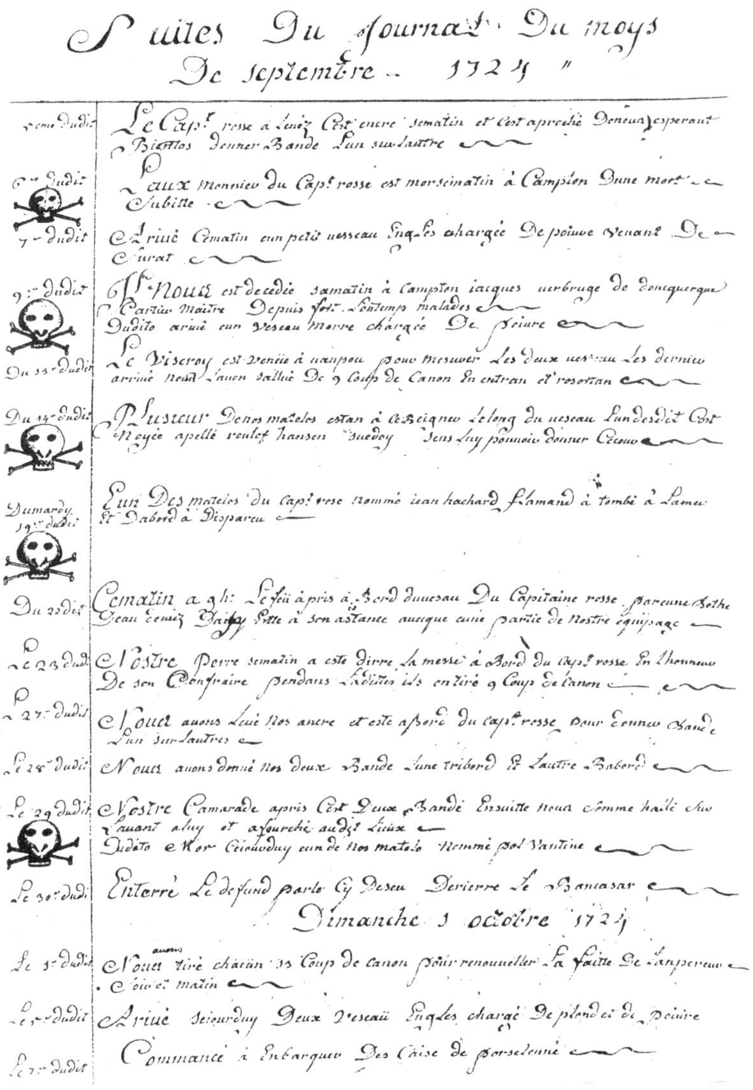

Suittes Du Journal Du moys De septembre 1724

Le 5eme dudit	Le Capne rosse a leuez cest encre somatin et cest aprochée Denous esperant Biettos donner Bande lun sur lautre
Le 6e dudit	Faux Monsieu du Capne rosse est morse matin à Campton Dune mort Subitte
Le 7e dudit	Arrivé Cematin eun petit uesseau Engles chargée De poiuve venant De Surat
Le 9e dudit	Il nous est decedée samatin à Campton iacques uerbruge de donquerque Cartier Maitre Depuis fort Lontemps malades Dudito arrivé eun veseau Morre chargée De poiure
Du 13e dudit	Le Viseroy est venüe à uanpou pour mesurer les deux uesseau les dernier arrivé nous lauon sallué De 9 Coups de Canon En entran et rosortan
Du 14e dudit	Plusieur Denos matelos estan à Cebeignen le long du ueseau Lundesdit Cest noyée apellé roulef hansen Suedoy Sans luy pouvoir donner Secour
Dumardy 19e dudit	Lun Des matelos du Capne rose nommé iean hachard flamand à tombé à Lamer et Dabord à Disparu
Du 22e dudit	Cematin a 9h: Le feu à pris à Bord du uesau Du Capitaine rosse par eune Botte Jean leuiez Dais... Estte à son astance auecque eune partie de Nostre équipage
Le 23e dudit	Nostre Perre samatin a este dirre la messe à Bord du Capne rosse En lhonneur De son Confraire pendans Ledittes ils en tiré 9 Coup de Canon
Le 27e dudit	Nous auons Leuée Nos ancre et este à Bord du Capne rosse pour Donner Bande Lun sur Lautres
Le 28e dudit	Nous auons donné Nos deux Bande Lune tribord et Lautre Babord
Le 29e dudit	Nostre Camarade apris Cest Deux Bande Ensuitte nous somme hallé sur lauant aluy et afourché audit lieux Dudito eKor Cematin eun de Nos matelo nommé pol Vantine
Le 30e dudit	Enterré Le defund parle Cy Desus Derierre Le Bancasar
	Dimanche 1 octobre 1724
Le 1er dudit	Nous auons tiré chacun 21 Coup de Canon pour renoueller la faitte De Lampereur Soir et matin
Le 2e dudit	Arrivé seiourduy Deux veseau Engles chargé De plond et De poiure
Le 7e dudit	Commancé à Enbarquer Des Caise de porselenne

图 4-2 1742 年 9 月奥斯坦德公司日志摘录（法文撰写）

说明：日志显示了船只在黄埔锚地停泊期间，每当有人去世就会画一个头骨和交叉骨标注出来。

资料来源：安特卫普城市档案馆藏，档案号：IC 5688。

材和墓碑，确保每一件事情都按照正常的程序行事。如果外国人是在广州去世的，就得由通事去官府申请一份许可，以便把尸体从广州运到黄埔墓地。[42]

买办获得货物供应的渠道有多种。我们可以从这些供货商以及一些依靠做点外国人的小生意维持生活的小商小贩们身上清楚地看到，如果贸易中止，受影响的人数众多。目前所知，与此类似的事情可能像英国海军军舰每年抵达香港的情形一样，水手、士兵会得到上岸许可。对很多小生意人而言，短时间内从外国人手里赚到的钱将是他们全年收入的重要部分。如果这些船只不开进港口，这些小生意人就像炸开了锅一样。同样在 18 世纪，当粤海关监督中止了补给品和货物供应时，与买办和外国人一起经受痛苦的，还包括数以百计的失去买卖和收入的小生意人家庭。

买办都喜欢野鸭，他们有一种捕捉野鸭的独特方法。捕者把葫芦挖空，在上面穿一些洞，再把葫芦套在头上，通过葫芦上的洞来观察和呼吸。当捕者走进水中，水深至颈或葫芦底部时停下来，等待野鸭游过他们身旁。当野鸭经过时，捕者迅速抓住野鸭的腿并将之拖入水中。为防止野鸭挣扎惊动鸭群，果断扭断野鸭的脖子，把它绑在腰间的带子上，再等待第二只野鸭的出现。[43] 如果找不到大的葫芦，他们就会使用土罐。这种方法捕捉来的野鸭也可能还活着。[44] 野鸭的售价与家鸭基本一样（1760 年的价格是一斤 0.075 两白银）。捕捉野鸭只需要葫芦，再加上很大的决心与相当的耐心。[45]

河面上数以千计的舢舨饲养着各种家禽和四足动物，如猪、羊等。买办无须进城采购需要的东西。舢舨在河面上停泊着，形成了很多成排漂浮着的货舱和街市。这里可以买到水果、肉类、蔬菜和几乎所有想要购买的东西。诸如沥青、木材等航海必需品都会从中国内陆顺江而来，也不需要进城去购买。常用的五金制品，比如铁钉、铁带、铰链等是河面上所有船只都需要的东西，也可以在这个漂浮的城市买到。[46]

活牛和牛肉是买办要采购的常规商品。珠江上的很多岛屿以及沿江两岸都有养牛，它们可以在稻田间的草地上自由觅食。它们都是驮畜，当其长到足够大时就会被屠宰，再卖给外国人。这种牛肉通常比较硬，大多被制作成咸牛肉。买办也会出售小公牛，外国人在船上宰杀这些牛犊，这样就可享用新鲜牛肉了。他们还会采办一些幼畜上船以备回程中食用，因此出现了专门为外国人回程而饲养的大量小公牛，这些牛犊就不是作为驮畜来饲养的。从上面提到的"阿波罗号"的文献显示，外国人每年吃掉数以百计的小公牛。珠江三角洲一带有很多丘陵地形的岛屿，比如伶仃岛上也饲养了很多山羊。[47]

在珠江流域和三角洲地区，很多渔民为买办供应鱼类，由买办卖给外国人。不少渔民饲养大型鸬鹚作为捕鱼工具，用绳子拴住它们的腿，在其脖子最底端套着圆环，使之不能吞咽捕捉到的鱼。渔民从鸬鹚的嘴里把鱼挤出来，一日将尽时，渔民才会把鸬鹚脖子上的圆环取掉，让它们享受最后一次捕捉到的鱼，以此作为奖赏。[48]渔民还会使用渔网、鱼钩、陷阱等来捕捉鱼、螃蟹、小龙虾和鳗鱼，再将它们卖给买办。捕捉野鸭、野鹅和其他水禽时会使用网和绳子，这些水禽在这一地区的沼泽地和排水沟大量栖息。

很多船都安装了饲养鸭子的特殊装置，以供应广州市场。一只舢板再加上几名饲养员，就可以饲养千余只鸭子。养鸭的人往往会跟某块稻田的主人联营。每天可以在这些稻田中放养鸭子，鸭子可以吃掉稻田中的青蛙和昆虫。傍晚时分，随着主人的一声口哨或叫唤，鸭子就会回到船上。鸭子还能够产蛋，鸭蛋也会卖给买办，以供应外国人之需。外国人消费了大量蛋类，外国商船和商馆经常购买数以百计乃至更多数量的鸭蛋，养鸭船主人在广州有着非常红火稳定的市场。[49]

商船上的火炉需要大量燃料，也由买办提供。开采、加工和搬运煤、木炭、柴火等工作养活了很多人，所有这些物资都可以在珠江上的浮城中买到。买办也会给商船送新鲜的水，每担（大约 133磅）价格是 0.01 两白银。[50]

船上的每一层货物之间，商人都会用藤席或者竹席隔开以保护货物，同时也就搭成了一个平台，以放置另一层货物。舱壁必须拉得很牢固，这样货物才能够一层层垒起来，买办为此就出售大量成捆的竹子和藤条。每艘商船都需要大量的沥青、亮漆、油漆、铁钉和捻缝以备回程，还需要线、麻绳、细绳和竹圈以便检修、补帆、修补黄麻带、包装货物和箱子，以及修理木桶和木盆。这些商品大部分是由中国帆船和散商从东南亚或印度的一些港口运到广州的。

与中国的男性民众一样，买办不得不按照清朝式样剃头发。这种需求使广州水上浮城中有支相当庞大的剃头匠队伍，这些剃头匠也为买办及其伙计剃头。剃头匠跨过几块船板，就能顺利地在舢舨和帆船之间来回服务。[51] 他们用行业特有的吆喝声招揽生意。

买办能够从剃头匠那里获得广州城最新的消息和传闻。来自农村的中国人初抵城市，第一件事情就是剃头，剃头匠能够提供一些招工、住宿、生意等方面的信息。[52] 在黄埔的外国船只上的水手也认为中国剃头匠是"移动报纸"，能提供广州的最新消息，能够从他们那里获得"任何想要得到的消息"。[53] 此外可以肯定的是，剃头匠也在很小范围内卖给普通水手一些物品，抢了买办的一些生意。每当官府阻止交易，不准剃头匠前往船只或者商馆时，他们就会损失掉当日收入。

并不是所有水上居民都靠出售货物给买办为生。那些赤贫的人被称为珠江拾荒者，他们从买办贸易的副产品中求生。外国船只停泊在黄埔锚地时，常常会扔掉动物内脏、腐烂变质的生活补给品、动物尸体和其他生活废品，水手时常抱怨说一些拾荒者欣喜若狂地扑向这些垃圾。江面上也时常可以见到运送大粪的舢舨穿行，把这些废料运送到稻田。广州还时常可以见到盲丐，他们一个牵着一个在街头向外国水手和大班乞讨。广州城内和近郊有麻风病院，珠江沿岸的一些地方也偶尔能够看到他们在洗澡，人们认为珠江沿岸某些水域的水拥有能够治愈麻风病的神力。他们也依赖他人的施舍生活。

上面提到的一些人可以直接从与买办或者外国人打交道中获利，其他一些人则可以间接获利。任何破坏买办补给品贸易的行为都会导致这些人无法顺利与外国人发生联系，对三角洲地区很多人的生活会带来巨大影响，尤其是使那些赖以维生的人失去生活来源。受其影响的当然还包括珠江上沿江而泊为外国人服务的"花艇"。行商有时会给商馆的外国人提供妓女以获得生意上的好处，买办也会这样做。根据规定，妇女不准进入外国商馆，于是只能偷偷地把她们带进商馆。[54] 向外国人提供性服务与补给品贸易本身没有联系，但由于两种生意都依靠外国人才能获得全部或部分收入，因此二者一损俱损，一荣俱荣。

黄埔和广州有数以百计的烟花女子，其处境比奴隶好不了多少，大多被迫沦落到花艇。我们无法知道她们从外国人身上赚取了多少好处（也许这只能算是她们勉强糊口的手段）。如果生意尚可，花艇老板也许会善待这些女人，但生意好也意味着怀孕和患病风险增大。这样一来，贸易出现停顿便会影响那些花艇主人和操纵者的收入，如果皮肉生意减少，不够维持生活的话，他们就有可能出售这些在花艇上营生的女子。[55]

贸易出现停顿也会使外国人的回程受阻。除了每天运送食物外，船只买办还得向停泊在黄埔锚地的外国船只提供重新修理和装饰船只所需的劳力以及物资，外国人常常会把整个船都彻底翻新一遍，里里外外重新油漆一次。工程量巨大，需要大量中国木匠、填塞船缝的工人、造船工、细工木匠、油漆匠和运送员等。有时外国船只也会雇请中国泥水匠去船上翻修炉灶，外国船只上的炉灶在翻修期间无法使用，此时就需要一只炊事舢舨停泊在旁备用。

买办还要找一些伙夫并提供补给。外国船只的厨师通常都被送到商馆去服务了，买办就得找中国厨子代替他们在船上做饭。[56] 1747 年查尔斯·诺贝尔（Charles Noble）提到黄埔锚地的英国船只雇请的中国厨子已经"聘请了很长时间"，而且"英文讲得相当好"。他说这些中国厨子学习"英国烹饪方式"，动作像烹制中国食物一样敏捷。诺贝尔的材料表明，买办可能很多年里都是雇用同一批中国厨子为同一批外国人服务。[57]

如果外国船只地方不够，无法给所有在船上服务的苦力提供住处，买办就会安排一只舢舨停泊在旁边供苦力睡觉休息。苦力一直得待在外国船上工作，远比每天朝夕往返于广州、黄埔之间经济省事。一些买办和苦力生活在黄埔岛上，他们每天工作之后回家很方便。[58]

在船只修理期间，6~12 个填塞船缝的苦力从早到晚在船上把捻缝打成碎片，填放进甲板厚板之间的缝隙里。前来修理和拆修船舱、甲板和货舱的木匠数量一般超过 3 名，这些木匠还造舱壁、下层地板和装载货物的木架。

船只索具、铆紧钉、帆等通常由船上的外国木匠、船工和帆匠处理，他们在泊地会花上三四个星期去检修这些东西。不过，遭到损坏的船只通常需要立刻修补，这种修补常常需要 50~100 名苦力，他们帮助外国船工一道把船桅竖起来，把索具弄好，再给新的圆木涂上沥青。如果船只上的工作需要很多苦力帮工，买办会雇请一位工头或者监工，以确保苦力和工匠能与外国水手一同工作。买办会提供一些诸如每日津贴或者额外的朗姆酒之类的东西，让这些参与维修的工匠安心卖力地工作更长时间。

中国木匠会制作或修补装动物的箱子和围栏。中国油漆匠随身带着新油漆，哪里需要就漆哪里。岸上的窝棚也会请中国商人来维修或者扩建，为牲口、家禽盖围栏，在检修索具的时候提供必要帮助。中国工匠带着一群学徒帮忙，这群学徒当他们的传话筒，除了给他们递送饮料、食物外，学徒（可能是商人的子侄或亲属）也会从买办的舢舨里把木板、竹子、草席、捻缝、沥青、油漆、清漆、成桶的钉子、砖头、工具等搬运到外国船上或岸边的工地上交给工匠。

外国船只通常都建有一个大而漏空的船体（与小而密闭的中国帆船以及现今大部分船只不同），需要日夜不停地抽水。通常船上的值班人员负责控制这些水泵，并记录划桨的次数（以记录漏洞的严重程度），但有可能会雇请更多的中国船只缝隙修补匠去尽快填补漏洞。[59] 很多船只在黄埔锚地停泊的三四个月里会雇请大约 30 位中国工匠和苦力，有时根据一些船只自身需要可能要雇请 100 名甚至更多的中国工匠。每月底买办提交开销清单时就会支付他们的报酬。

图 4-3 显示的是一位名叫亚细（Asek）的买办 1759 年的每月开销。他把开销清单交给丹麦大班，是丹麦亚洲公司船只"丹麦王子号"（Cron Princen af Danmarck）该年 11 月 21 日至 12 月 25 日的开销。这段时间他提供服务的所有条目都列在买办账本上，可以根据亚细与丹麦亚洲公司签订的协议进行核对。

由于有这么多人的工作都与外国人事务相关，直接或间接从中获利，对粤海关监督和两广总督而言，不随意停止买办贸易是明智的做法。受到贸易停顿影响的中国人大多终日劳作赚取生活所需，如果官员随意停止贸易的话，会起到适得其反的效果，导致更多社会不稳定现象、犯罪和腐败的出现。很多中国人都依靠每日劳作而得食，任何有损其工作的举措都意味着让他们挨饿。[60]

贸易停顿时，黄埔锚地数以百计的外国水手得不到每天所需的新鲜食物，会陷入极度无聊和焦虑中。外国船长和公司官员会非常担心回程货物的安全，因为余下的时间已经来不及去准备。贸易停

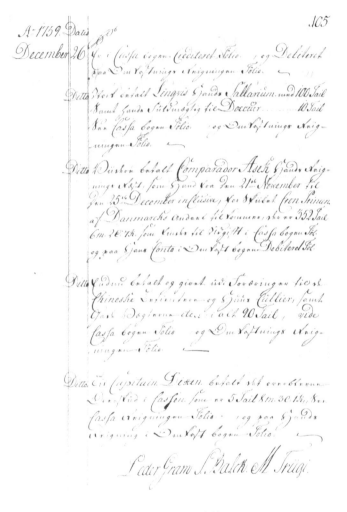

图4-3 丹麦人日志摘录

说明：记录了一位通事及其书记官于1759年为一艘丹麦亚洲公司船只服务的工资和买办亚细每月的开销。

资料来源：哥本哈根国家档案馆藏，档案号：Ask 1142。

顿时间越长，形势就越发严峻，当中国官府使用这种方式逼迫外国人屈服时，必须考虑很多因素。

很多材料显示，大量外国人和中国人通常都是在狭小的空间里工作和生活。买办必须对这些人的行为负责，不过每年发生的严重争端并不多。外国公司官员和广州的官员都只惩罚那些恶意的煽动者和欺凌行为。外国船长和买办会教导手下如何互相尊重和友善待人，否则后果非常严重。船只上和岸边工棚里的外国公司官员随时掌控着各种人际交往，与此同时，通事和"官府"也时刻关注着，买办只需协助保持人们和谐相处。

在黄埔锚地，常见的惩罚是鞭打背部 50 下。停泊在中国的外国船只有时可以看到有人被绑在船底或吊起来的情景。实施这些惩罚的时候，外国船长往往把水手集合在甲板上，列队立正，观看行刑，杀一儆百。买办和通事则需把这些事情报告给广州的官员，让他们知晓外国人群体里发生的事情。有时，他们会派遣官员到黄埔锚地，以便观察和控制事态的发展。清朝官员也会当众执行杖刑和斩首之类的刑罚，这些公开展示的血淋淋的刑罚起到了非常有效的警示作用，因此广州和黄埔锚地整体而言还是秩序井然的。[61]

买办除了在出售商品上获利，他们也向每艘船收取一定的佣金，这也是导致 18 世纪末 19 世纪初外国人不满增多的原因之一。1724 年，英国商人报告中称买办费是 120~150 两；[62] 1731 年，荷兰商人支付的买办费每艘船 80 两；[63] 1732 年，瑞典东印度公司的柯林·坎贝尔（Colin Campbell）报告称每艘瑞典船的买办费是 100~150 两；[64] 1759 年，丹麦商人也指出每个国家支付的买办费数额都不同，他们提到英国商人支付 100 两，而他们自己支付 72 两，瑞典和法国商人分别支付 150 西元（分别为 111 两和 108 两）。[65]

我们不太清楚这些买办费不同的原因。文献显示，买办是根据其所控制的补给品数量来收取佣金的。然而，我们可以找到贸易初期前往中国的西方船只规模和水手人数很详细的数据资料。这些资料与所得出的结论，诸如规模较大的船只支付买办费比规模小的船只要少这种结论并不一致。比如 18 世纪 30 年代，丹麦亚洲公司和瑞典东印度公司的船只规模都比荷兰东印度公司和英国东印度公司的船只大，水手人数也更多。[66] 我们还是弄不清楚为什么英国人缴纳的费用要低于瑞典人的费用，而荷兰人缴纳的费用跟丹麦人的几乎一样。

尽管有这些差异，18 世纪 80 年代之前买办费用对于大型船只而言是长期保持不变的。一些私人贸易公司缴纳的数额则不同，但相同外国人的费用是不变的。然而到 18 世纪 80 年代，买办费急剧上涨，与鸦片贸易的增长相一致，也许两者有关联。

另外，粤海关人员、通事和兵站官员 1830 年收取的费用与 1730 年收取的费用相同。事实上，这些费用大部分是由关税规定的，没得到朝廷的批准，地方官不能擅自提高标准。[67] 不过，生活成本在这一段时间内上涨了很多（表 4-1），这使广州的官员在固定收入和上涨的开销之间纠结不已。这种现象也许与买办费用的上涨有关联。

如果这些在广州工作居住的人的正式收入并不会随着物价上涨而增加，他们就不得不想办法赚一些外快来贴补生活。地方官常常会找到借口在正常收费之外再增加额外收费，或干脆捏造出一些名目来收取新的费用，其中最好的借口是怀疑鸦片走私。商船买办和"官府"都是众所周知的鸦片掮客。正如这句话指出的那样："巨大数量的鸦片是由买办和海关胥役走私的。"[68] 各级官员则通过收受贿赂和收取更高额买办费等形式对这些违法走私"收税"，中饱私囊。

表 4-1　1704—1833 年的食物价格

食物价格	增长率（%）	年数	年平均值 %
牛肉每斤 1704 年 0.02 两，1833 年 0.09 两	450	129	3.5
阉鸡每斤 1726 年 0.05 两，1830 年 0.15 两	300	104	2.9
鸡蛋每个 1726 年 0.002 两，1833 年 0.005 两	250	107	2.3
鱼每斤 1704 年 0.025 两，1833 年 0.08 两	320	129	2.5
羊肉每斤 1704 年 0.045 两，1806 年 0.15 两	333	102	3.3
猪肉每斤 1704 年 0.03 两，1830 年 0.13 两	433	126	3.4

续表

食物价格	增长率（%）	年数	年平均值%
禽类（鸭、鸡、鹅及小禽）每斤 1704 年 0.03 两，1830 年 0.13 两	433	126	3.4
总计（2519%/7 项食物 =360%）	2519	823	3.1

注：这些价格来自各大东印度公司的买办价格清单和合同。在这些清单和合同上，所有支出都有详细说明。很多数据并不完整，有时由于外国人与买办达成的兑换率不同，他们会支付不同的价钱，因此这里使用的数据只有那些包含了足够材料的更完整的数据。外国人很喜欢吃牛肉，牛肉比猪肉便宜，水手通常选择牛肉。但是有的牛是负重动物，只有等它老了才会被屠宰吃肉，这些肉就会很老。不过，黄埔停泊的船上也经常屠宰小牛犊。外国人也大量购买猪肉，不过通常是给官员享用的。阉鸡通常比母鸡等家禽要贵一些，但是有时它们会以"鸡"的名目按相同价格购买。鸡蛋论"个"买，5 个或者一打以百计或以千计，但是不论数量，价钱通常一样。鱼的价格很难确定，鱼的种类繁多，比如"好鱼""普通""鱼干""咸鱼"等价钱都不同。我这里只列出了"普通"类别的价格，因为这些价格更能保持比较长时间。羊肉也是水手喜欢的肉食。羊肉数据不完整，没有包括在这里。要注意的是猪肉比牛肉贵。猪肉通常被认为是更好的选择，在增重方面猪的自然生产效率比牛要好。这样就弄不清楚牛肉便宜的原因。鸡（母鸡）、鸭、鹅和其他禽肉每年的价格都比较接近，但是鸭和鹅有时要便宜一些。禽肉包括大量鸽子、鹌鹑、野鸡等。这些鸟类偶尔价格要贵一些，但是当把它们列入"禽肉"的话，价格通常与"鸡"一样。

1786 年，英国人抱怨说他们无法以低于 300 西元（216 两）的价钱请到买办。[69]1802 年，法国人皮埃尔·布兰卡德（Pierre Blancard）报告说买办费是 500~600 西元。[70]1812 年，美国船和港脚船缴纳的买办费是 250 西元，但同年有文献显示英国人的买办费增加到 500 西元。[71]然后，1815 年驻守黄埔锚地的清朝官员尝试以确保买办安全航行为由，每艘船增加 100 西元的费用。[72]1829 年，英国东印度公司船只的买办费涨到了 848 西元，而港脚船的买办费涨到 672 西元，但同年又分别降到了 496 西元和 392 西元。[73]

1836 年，《广州纪事报》（Canton Register）刊登了一份文件的译稿，列出了买办负责的所有事务的费用。这份材料来自一份买办和通事使用的手册。这一年，买办必须缴纳给澳门与广州之间官员的费用共达 67 项，总计 970 西元。许多下层官员与珠江沿线的官方船只和所有关卡（包括那些在黄埔和虎门之间的关卡）一样都收取一份费用。买办每星期必须汇报一次，并获得有关指示。他们还得在外国船只抵达或离开的时候向官府报告，每次他们都得缴纳一定费用。关卡有一种收费被称为"未检查的船只底舱费"，另一种费用为"捕蟹船费"，还有一种"星期天担保费"，每周都必须上缴给番禺知县，用以维持外国人的秩序，还有一些收费是用来维护官府巡查船只的。

当然，这份清单并没有特别指出这些收费哪项与走私贸易有关。但在长达 50 年的时间里买办执照一直保持不变，随着鸦片贸易兴起，这些收费出现在澳门与广州之间的行政管理体系的各个领域。鸦片贸易持续扩展，一直没有中断，所有这些现象都表明它们是有联系的。[74]

提高买办费用立竿见影的效果是导致补给品黑市交易的出现。通常散商船只比公司船只要小很多，它们可以在短短数周时间里把货物装上船，因此散商都不愿意支付高额费用。他们发现偷偷摸摸地从其他外国人那里购买补给品更划得来（即使价格上涨），可以省掉买办费用。

一些散商利用这个机会投资补给品给黑市交易。19 世纪初期，美国人彼得·多贝尔（Peter Dobell）就开始做补给品掮客。他从美国人手上购买很多货物，然后再把这些货物卖给需要补给品的人。[75]英国斯坦福·马科斯商行（Stanford and Marks）也从事多种补给品贸易和其他杂货交易，他们把这些货物出售给在华外国人。[76]供应商网络就这样逐渐形成，可以满足小型船只的需要，这种黑市交易网络完全掌握在外国人手里。如果外国供应商手头没有顾客需要的商品，他们就从自己的中国买办手里购买，再出售以谋取利润。这种做法在有限范围内贯穿整个广州体制时期，不过随着来华小型船只越来越多，这种做法就越来越普遍了。[77]

18 世纪八九十年代，随着花旗参和毛皮成为广州贸易的重要商品，对中国市场和那些穿越太平洋而来想要获得补给品的美国船只而言，夏威夷成了相关商品的主要供应地。[78] 广州的补给品价格容易让人接受，主要是因为补给品贸易成了某些外国人专职从事的工作。[79] 1780 年 1 月，约翰·里奇曼（John Richman）这样评论道，与他到访过的其他港口相比，"这里（广州）各种各样的补给品都非常好"。[80] 实际情况是很多公司购买了大量来自欧洲、开普敦、马尼拉和其他港口的葡萄酒、啤酒、黄油、干果、蔬菜干和腌制肉类，这些地方都有来广州开展业务的打算。粤海关监督希望获得某些难得的奢侈品，他们因此默许了这种行为，不过他们尽量把这种行为限制在中国找不到的商品上。[81]

在澳门获取补给品通常不是问题（只要是商船就可以），但是正如我们所看到的，所有外国船只在通过虎门之后都由两艘中国引水船跟随。[82] 对外国人而言，他们在跟附近船只打交道的时候，交换礼物很平常，这种交换就可能包含补给品，有可能把货物伪装或者藏在锁具或其他装置中，就有可能带少量食物上船。船只也可以获得在岸上和船上来回运输装备、动物和补给品的许可，这样船只就有可能在岸上从其他外国人手里购买物品，并把这些物品放上船而不被引水人察觉。

通事和海关官员并没有采取行动制止这种黑市交易，相反他们自己也投资黑市。两位驻扎在外国船只旁的海关官员常常向外国水手出售蔬菜和三苏（酒），尽管量并不大。[83] 到 18 世纪末，他们与通事达成共识，可以推测他们实际上控制了这种黑市交易。

如果一艘小船拒绝与买办交易，通事就会介入，要求他们与海关某官员交易。他们的费用比买办费用通常要低那么一点点，通事与官员利益均沾。这个新措施意味着小商人被迫选择要么与买办做生意，要么向通事支付一些费用以便获得"与海关官员做生意的特权"。

表 4-2 列出的是美国船"密涅瓦号"（Minerva）1809 年与海关

官员塞缪尔·布尔（Samuel Bull）做生意的价目。可以看到其价格与"汤姆·布尔（Tom Bull）和其他买办"的价格一样。

在这个例子中，"密涅瓦号"船长没有支付买办费用，而是通过支付给通事200西元与布尔签订了供货协议。我们无法知道这200西元到底会有多少最终落入通事的腰包，但这是19世纪初期外国人与海关官员进行黑市交易的价格。可能这些金额还要跟黄埔海关胥役和当地官差一起瓜分。[84]

表4-2　1809年塞缪尔·布尔和其他买办收取的补给品价格

外国商人与海关胥役签订的备忘录协议，而不是与买办签订的协议，自然就无法从买办处购买到补给品，除非他们使用哄骗的伎俩或者贿赂280西元。

合同

黄埔海关总口的签约人塞缪尔·布尔，与来自美国塞伦的"密涅瓦号"船长汤姆斯·沃德（Thomas W. Ward）达成协议，在该船停留黄埔锚地期间供应其补给品和其他所需物资，费用参照商船买办的价格收取，所提供的物资必须是同类物品中质量最好的，不能因为布尔不是常规买办而出现任何延误。

沃德同意每月月底支付20西元薪水给布尔，每周结清前两周的账。

1809年9月22日，黄埔

签名：塞缪尔·布尔

汤姆斯·沃德

所有的货物都在船上的公平秤上进行称量，但是所有物品都用篮子运到船上，篮子连同货物一起称量，若货物称后价格超过1西元，篮子也要按照相同的比率来支付。

汤姆·布尔和其他买办在黄埔收取的商品费用

补给品	价格	补给品	价格
牛肉	0.09两/斤	猪肉	0.13两/斤
家禽	0.13两/斤	鸭	0.13两/斤
阉鸡	0.15两/斤	鹅	0.13两/斤
鱼	0.13两/斤	面包	0.04两/条
果酱、西红柿、橘子、南瓜、柠檬、白菜、洋葱、绿色的蔬菜	0.04两/斤	火腿	0.30两/斤
		糖	5~7两/担
		糖浆	4.00两/斤

续表

补给品	价格	补给品	价格
鸡蛋	0.08 两 / 打	牛奶	0.03 两 / 罐
煤碳	0.50 两 / 篮	混合涂料	0.20 两 / 斤
灯油	0.10 两 / 斤	木匠	0.50 两 / 日
船用填缝剂	0.50 两 / 斤	苦力①	0.30 两 / 斤
铁货	0.30 两 / 斤	草席	0.04 两 / 斤
竹竿	0.04 两 / 斤		

资料来源：Ship Minerva account book（1809），Benjamin Shreve Papers，PL。

按例买办要向"密涅瓦号"收取 280 西元，该船在停留黄埔锚地期间支付了 200 西元给通事，此外每个星期再支付 20 西元额外费用，总体而言的确便宜很多。[85]19 世纪前 20 年，很多美国小型船只缴纳的买办费用涨到了 300 西元甚至更多。1826 年，美国船"普罗维登斯号"（Providence）支付了 300 西元给通事，"以免船只要与买办签订买卖协议"。[86] 不管船只是否购买补给品都得支付这笔协议费用。

由于粤海关官员与买办之间出现了这样的竞争，两者都不可能控制其提供的商品价格。外国船长在黄埔锚地有很多买办可以选择，但他们也可以只雇用那些指派给他们的海关胥吏。对这些海关胥吏而言，他们必须参照买办的商品价格和交易形式，否则就没生意可做。

广州码头的通事和关卡的海关胥吏一样，有各种不同的把持商馆补给品供应的手段。19 世纪初，不管是否需要，每一艘船只都必须支付雇用商馆买办的费用。许多做小生意的外国私商只在广州待几个星期，他们只租一间房，并不会租下整个公寓或者整个商馆。

---

① 苦力条目的单位是有问题的，应该是"每日"，苦力每日的酬劳是 0.30 两。——译者注

他们也不需要全职买办或者仆役来服务，可以从其他外国商馆买到食物，但是他们仍然必须支付通事费用。

通事和海关胥吏在收取了一笔 96 西元的"费用"后，就会允许外国商人居住在广州。如果外国商人拒绝支付这笔费用，他们就会被举报，并被迫与买办签订买卖协议。这笔钱通事得 80 西元，剩余 16 西元则进了海关胥吏的腰包。有时，海关胥吏收到的不止 16 西元，而是 20 西元（整笔费用会涨至 100 西元），这反映出当值的海关胥吏人数不同。通常有两到三个海关胥吏驻扎在广州外国商馆附近的牡驴尖。[87] 小船大班必须缴纳 96 西元（有时是 100 西元）的费用，不管他们是否从所居住的商馆获得补给品。

下面是一封 1796 年散商"努比号"（Ruby）船长查尔斯·毕肖（Charles Bishop）写给粤海关监督的信，信中暗示粤海关监督非但没有禁绝这些事情，而且还有可能暗中参与其中。

毕肖 1796 年 7 月 2 日写给海关监督的信，内容如下：

> 尊敬的监督阁下，请您原谅，我不得不打搅您，投诉两位通事，因为他们拒绝按照我的要求完成有关"努比号"的业务，除非我支付 300 西元给那些我从来没有雇用过的商馆买办和商船买办，我也不会跟他们做买卖，我的船只很小，水手、船员都认为不值得跟他们交易。
>
> 我坚信您不会因为得知了此事而感到麻烦，我诚恳地请求您介入此事。[88]

毕肖提到这个请求呈交给了粤海关监督，但他并没有说是怎样呈交上去的。也许毕肖是请他的保商倪秉发（Punqua）转呈的。毕肖称行商回复他说"所有船只必须向通事支付这些费用"是惯例，粤海关监督目前不打算做出改变。[89] 由于还没有找到这份行商回复的中文原件，我们还不知道粤海关监督收到的是不是毕肖呈交的那封信原件，或者是否真的是粤海关监督的答复。通事常常在翻译这些请求时会做一些篡改，也有可能当时的情况就是毕肖报告所诉说的那样。粤海关监督不会为了像他那样的小商人来损害当地的上下级关系，这个小商人的船只载重只有 101 吨，船上只有区区 27 名水手。[90]

通事和海关胥吏继续在补给品黑市互相勾结，这种状态一直持续到 1842 年广州体制结束。[91] 只要补给品交易继续存在，只要外国人的日常生活需求得到满足，贸易也没有被中断，对外国人而言从买办手里还是从海关胥吏手里购买补给品都无所谓。他们提供的商品都差不多，签订的合同上有最低价保证，有即时信用担保，还有大宗商品折扣的优惠。

外国船只还有另一条不从买办手里购买补给品的渠道，即在伶仃岛上购买。1831 年，美国大班福士（Forbes）曾经在伶仃岛购买过朗姆酒、牛肉和威士忌。[92] 在伶仃岛做走私买卖的舢版把进口货带进珠江，再把出口货带到珠江口外。有些货物是官方明令禁止的，比如鸦片和黄金，但其他一些诸如茶叶、瓷器、丝绸等货物则可以通过走私来逃税。

这些例子明确体现出，在取消广州体制之前很久，粤海关传统的贸易体制和管理架构就已经遭到了破坏。在某种程度上，补给品黑市买卖的增长，通过给那些小型船只提供源源不断的补给品及所需物资，起到了长期维持广州体制的作用，但这种黑市买卖通过分解粤海关的收入和权力，从内部瓦解了广州体制。

除了提供补给品和苦力，商馆买办还有另外的收入来源，即看银费。商馆买办有责任雇请一位看银师或者银钱兑换师，辨认外国人带到广州的银币质量。威廉·亨特（William Hunter）描述了 19 世纪 30 年代美国商馆的买办。

他从看银的工作中抽取一定收益，这个工作是在白银入库前进行的；但是在白银包装好及确定了确切数量之后，再发现有任何破损的钱币，该买办就得负责了。买办支付看银师工作的报酬按千分之一来提取，而买办的固定收费标准是抽取收益的 20%。[93]

亨特进一步解释说买办"是按照每 1 西元收取 5 个铜板的现金来收费的"，买办还从借贷，并通过向行外商人跟买办的雇主之间签订丝绸或其他商品买卖合同中赚得利益。亨特指出，买办假装隶属于某外国商馆，以此逃避正常税收，从而在贸易中获利。[94] 商船买办也可能从借贷及其他类似服务中获得报酬，但是看银的额外报酬和免税运输货物的好处则为商馆买办独享。

商馆买办和商船买办都从他们为外国人提供所需苦力的报酬中获取一定佣金。就苦力而言，本来通事就可以安排得很好，但更多时候是由买办来安排。海关下层胥吏会追查另一个现象，即买办有时会雇用中国水手到外国船上去工作。这是非法的，根据管理规定，中国人不准登上外国船，也不能在自己的船上搭乘外国人。不过到了 18 世纪 80 年代，西文文献透露这种情况相当普遍。水手的部分薪酬是提前支付的，一部分支付给了买办。水手在下一个贸易季节返回中国时，买办还可以拿到之前拖欠的报酬。由于船长和买办有这些特别的安排，船只人员名单中常常见不到临时雇用来的中国水手的名字。[95]

买办甚至还有机会搭乘外国船出国，当然这也是非法的。最有名的例子是美国人雇请的买办"波士顿·杰克"（Boston·Jack）。他曾搭乘"哥萨克号"（Cossack）到访波士顿，由于他对在广州的美国人描述过自己在波士顿的经历，成了这些美国人眼中的传奇人物。[96]19 世纪三四十年代，他的名字经常出现在美国一些对华贸易的记录中，记录显示“波士顿·杰克”把自己的经历和名誉看得很重。他没有用中文名字，采用的是美式昵称“Bohsan·Jack”（波臣则，图 4-4）。[97]

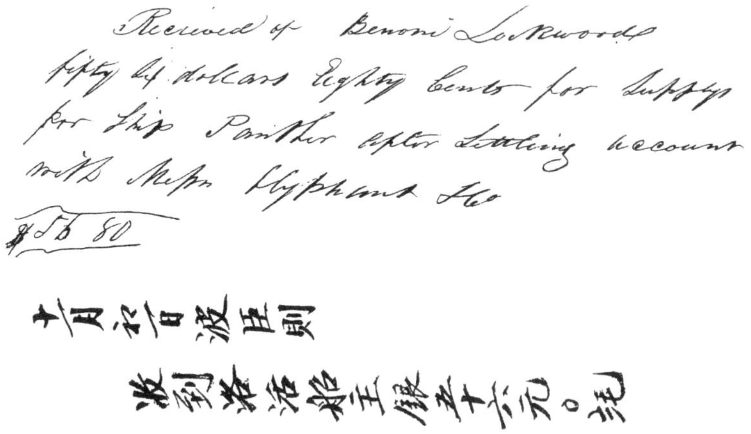
Received of Benoni Lockwoods
fifty six dollars Eighty cents for Supply
for Ship Panther after settling account
with Messrs Olyphant & Co
$56 80
十月初一日波臣则

图 4-4　1830 年买办（波臣则）给予爱德华·卡林顿公司的账单

资料来源：Carrington Papers（MSS 333），Sub-Group I，Series 7，Sub-series 14，Ship Panther，Voyages to South America & East Indies，1828-1830，美国罗德岛历史学会藏，档案号：X4 243。

至此，从上面提到的诸多例子，我们可以看到买办在服务和控制对外贸易方面发挥了重要作用，他们很多人得到了雇主的尊敬。但他们的生活图景仍然不能完整呈现。广州体制结束之后，买办开始扮演新角色，承担新任务。通过观察这些变化，我们对他们之前所充当的角色的重要性有了更深刻的理解，也更加清晰地了解了在广州体制时期，他们的行动所受到的限制。

1842 年之后，商馆买办逐渐成为外国公司的雇员和代理人。他们向外国人提供产品，之前这是被禁止的，他们还开始联系内地市场。他们接手一些原来由通事承担的职责，比如在外国人和清朝官员之间协调。许多买办跟原来一样继续为外国人提供家政服务，不过承担了更多的责任。[98]

新形势下船只补给方式也重新做了安排。对外贸易不再局限在广州，商船买办很快出现在所有新开放的通商口岸。1844 年和 1848 年，马儒翰和卫三畏提到为所有美国船只服务的买办组建了独立的公司，并在珠江三角洲一带建立起了子公司。几个买办仍然为英国船只服务，不过他们逐渐使用英国的称呼"承办商"（purveyor），而不再使用葡萄牙文的"买办"这一称呼。[99]

1842 年后商船买办不用再为外国人的行为是否良好负责，船只补给也不再与贸易管理联系在一起。补给品供应商只需要考虑如何满足顾客需要。当然外国人仍然坚持要求最低价格，这种情况并不需要原来那种价格确定的专卖权，但是这种结合能够使买办更好地组织贸易和协调商品与服务。在广州体制被取缔之后，承办商不得不在开放的市场里竞争。某类人垄断补给品买卖的限制取消后，补给品贸易更具竞争性。

买办职业的所有这些变化并不会一定使贸易变得更加顺畅、贸易行为更加有效。1848 年马儒翰指出："目前船只的供应业务并不像过去一样非常有规则地进行，外国人经常拖延到船只抵达黄埔锚地后才与买办签订买卖协议。"[100] 广州体制时期，买办是粤海关监督的代理人，意味着买办在官府的威严下，必须承担满足每一艘船只需求的责任。一旦他们被指定给某一艘船只，不管这艘船只停泊在珠江三角洲哪一个地方，他们都必须为它服务，为其提供质量良好而价格有竞争力的商品。

新贸易体制下，买办主要与停靠在某个特定地点，比如澳门、黄埔或者香港的船只签订补给品供应合同。而在珠江三角洲一带航行的船只的补给品，或多或少则由渔民和其他中国船提供，之前这些事情都是买办必须做的。这意味着外国船只每换一个地方停泊，船长和商人就得重新跟人就补给品供应讨价还价，过程烦琐。就保障运输的常规性和可靠性，以及整个珠江三角洲一带（包括黄埔）服务的有效性而言，旧体制也许比新体制更能使贸易顺利地进行。

1842 年之后沿海通商口岸建立了不少船坞。广州体制时代，外国人只能从买办手里获得修理船只必需的工具和原料，在澳门或黄埔修理船只。新体制下，黄埔、香港和其他口岸城市建立起了永久性船坞，这些企业需要在常规机制下得到物资供应。它们需要所有型号和尺寸的木料和五金制品完成修补、更换船只的桅杆，甚至重建船身等工作。此外，船坞还需要很多军舰备用品，诸如帆、滑轮、绳索、沥青、松脂、填隙料等物资。香港和广州开设了一些中国船只用品杂货店，它们满足了船坞和船只两方面的需求。葡萄牙和中国的船只用品杂货店也出现在了澳门。

船坞需要造船工，于是中国工人就开始在船坞里学习修理外国船只。中国造船工已经拥有了数百年造船经验，但中国船只和西洋船只的结构完全不一样。帆、桅杆、滑轮、圆木、支索帆、填隙料，甚至一些基本器具比如索具、沥青、铁钉等的制作、成型和设计都与西洋船只不一样。[101] 这是广州体制期间，在广州的外国人不得不自己修理船只的主要原因。1842 年之前中国造船工和工匠会不时被雇用去外国船上做一些最基本的工作，比如在甲板的厚木板之间打入填隙料、油漆和抛光船只，以及一些基本木工。其他诸如修理帆和船上索缆等更具技术性的工作就只能留给外国船工去完成。1842 年之后中国工人开始为外国人提供所有服务。

外国船只上以及外国人在海外的种植园里同样需要诸如水手、苦力和各种工匠。1842 年之后雇用中国人的诸多限制被废止了，"苦力掮客"或者"人贩子"在珠江三角洲一带开设了一些店铺。这种人口贩卖被称为"苦力贸易"，在很多人眼中这就是奴隶贸易的代名词。很多中国人被骗或者被迫签订了长期合约，代理机构每介绍一人就可收取一笔服务费。

在苦力问题上，旧的买办制度也许更具有责任心。广州买办必须直接对粤海关监督负责，他们得尽力安排以满足所有相关方面的要求才不会引起批评和指责。这样我们找不到任何证据显示买办欺骗或迫使任何人陷入类似苦力贸易的境地。广州体制时期，很多中国人曾通过买办安排其到国外去的行程。不过，这类安排大体上都是自愿的。[102]

这样，尽管旧体制有其不足之处，但其运作方式仍有很多地方值得赞赏。就牵涉到的管理事务和贸易进展而言，旧体制的结构是实用有效的，大公司控制贸易时旧体制显得最有效。随着通事和海关胥吏从买办掌握的补给品贸易中分得一杯羹，随着散商逐渐控制了更多的贸易，贸易结构逐渐变得与贸易环境不相适应。小船只无法承担大公司船只所承担的高额行业费；同样为在整个珠江三角洲一带的小船只服务，也不会像为大公司船只服务那样效率高。正如我们从 1842 年后出现的体制来观察，与在珠江三角洲满世界跑为这些小船只服务的买办相比，由当地小供应商来为小船只服务可能价钱更便宜，服务也更好。

小结

补给品买卖打开了一扇特殊的窗口，使我们可以观察到广州体制的优势和弱点。补给品买卖是粤海关一边安抚外国人一边约束他们的管理机制的重要组成部分。确保外国人填饱肚子是安抚他们的第一步，而使他们朝不保夕则是使他们服帖守法的终极措施之一。征得粤海关监督同意，补给品交易完全建立在信用的基础上，确保了船上的水手和贸易过程所需的各种物资能够得到持续稳定的供应。然而，提高买办费破坏了这一机制，于是商人找到了规避买办费的办法，也就是从其他外国人或者中国人手中购买补给品，导致了粤海关监督失去了这一控制贸易的工具。

19 世纪初由通事和海关胥吏独揽补给品黑市买卖的现实，同样表明广州体制的结构遭到了破坏。海关低级胥吏不断从统一管理中分解权力、中饱私囊。不过，与此同时，补给品交易的有效性（包括海关胥吏的黑市买卖）与以市场和数量为导向的价格结构促使贸易整体上增长。在大公司控制商业时，这种贸易最为有效。旧广州体制传统的供应方式有很多方面是值得肯定和尊敬的。

买办的工作在研究中应该得到比其他人员更多的关注。在把外国船只引进珠江的任务完成后，引水人就返回了他们位于澳门的家。工作之余，通事、行商、补给品供应商，甚至粤海关监督和两广总督都可以呼朋唤友，稍事休息。太阳下山后"官府"和关卡工作人员也会下班享受一下轻松的夜晚，天气不好时，甚至有时候白天他们都可以静静地待在家中不工作。

但是，买办却必须每周 7 天，每天 24 小时都在工作，潮水涨落决定了他们的工作时间。不论黑夜白天，人们都能够看到背着孩子的买办妻子站在舢舨舷上，驾着船赶往另一个目的地，船舱里高高地堆着一篮篮水果、蔬菜、谷物及其他杂货；甲板上绑着牛、猪、羊，还有成篓的鹅、鸭、鸡和鹌鹑，伴随着波浪声在他们头顶歌唱。就维持稳定和谐与保证整个贸易活动顺畅而言，买办其实是第一道防线。

下一章将讨论另一种重要职业——通事，他们也必须事先获得执照才能为贸易提供服务。

注释

[1]　"买办"一词在外文档案中指的是若干不同的人或行业。该词来源于葡萄牙语，意思是"买手"或者"买办"。英国人和美国人称呼那几个在广州商馆里的首席秘书（外国出纳），以及在黄埔为船只提供供给的人都叫"compradors"。Hosea Ballou Morse，*The Chronicles of the East India Company Trading to China*，*1635–1834*，vol.1，p.179 n.1；Jacques Downs，*The Golden Ghetto. The American Commercial Community at Canton and the Shaping of American China Policy*，*1784–1844*，pp.24–25，36–37，78.1842 年广州体制崩溃和条约口岸开埠之后，"买办"一词主要指的是在外国商行的中国商人、经理或者代理人。Yen-p'ing Hao，*The Comprador in Nineteenth Century China*（Cambridge：Harvard University Press，1970），p.1.此处使用该词仅仅指在外国商馆和船只上（船只杂货商）提供补给品的承办商，这些人通常是中国人。

[2]　William Hunter，*The "Fan Kwae" at Canton before Treaty Days 1825–1844*，p.17；*Chinese Repository*（April 1836），Vol.4，p.582；John Robert Morrison，*A Chinese Commercial Guide*（1834），p.10；《明清时期澳门问题档案文献汇编》第 6 卷，第 93、148 页。英译文参见 *Canton Register*（24 March 1835）；*Chinese Repository*（April 1836），Vol.3，p.581.

[3]　马士称买办从 1731 年开始领取牌照。清朝 1755 年发布的法令上列出了买办的责任，另一份发布于 1760 年的法令称授予他们牌照。1808 年的一份文献重申他们必须去军民府注册登记。Hosea Ballou Morse，*The Chronicles of the East India Company Trading to China*，*1635–1834*，vol.1，p.205；vol.3，p.355；vol.5，pp.40、90、96.

[4]　汉密尔顿看起来并没有购买任何补给品，因此并不清楚他的信息在多大程度上是正确的。Alexander Hamilton，*A New Account of the East-Indies… from the year 1688–1723*，vol.2，pp.224–225.罗克耶的记叙中也有一些矛盾的地方，他最开始说买办提供补给品，后来又说英国人直接从当地供应商手中购买补给品。Charles Lockyer，*An Account of the Trade in India*，p.108.

[5]　Hosea Ballou Morse，*The Chronicles of the East India Company Trading to China*，*1635–1834*，vol.1，p.156；Baker Library，Harvard University：IOR G/12/21–28.

[6]　Stadsarchief（City Archives），Antwerp：IC 5684、5687、5710、5740.

[7]　National Archives，The Hague：VOC 4374–4376.

[8]　National Archives，The Hague：VOC 4375.

[9]　此段译自荷兰文。粤海关的回复标有日期"雍正八年七月二十日"，即 1730 年 9 月 2 日，写有"寄送给夷馆中的夷商"字样，因此适用于所有外国人。National Archives，The Hague：VOC 4375.

[10] 粤海关监督送给每艘船的礼物（第二章曾经讨论），包括两头牛、八袋面粉和八坛中国酒，也是安抚夷人的策略。

[11] Rhode Island Historical Society，Providence：James Warner Papers，Mss 997. 有关洗衣船和洗衣妇的详细描绘，参见 C. Toogood Downing，*The Fan-Qui in China*，vol.1，pp.79-84。黄埔的外国船旁边经常围着一大群小艇，小艇提供各种各样的服务，也出售各种各样的小玩意。Charles Frederick Noble，*A Voyage to the East Indies in 1747 and 1748*（London：T. Becket and P. A. Dehondt，1762），pp.237-243，279-283；Alfred Spencer，ed.，*Memoirs of William Hickey*（*1749-1775*）（New York：Alfred A. Knopf，1921），p.198；Peter Dobell，*Travels in Kamtchatka and Siberia；with a Narrative of a Residence in China*，vol.2，pp.140-141；C. Toogood Downing，*The Fan-Qui in China*，vol.1，pp.144-145，224，245-246.

[12] Rigsarkivet（National Archives），Copenhagen：Ask 1134；Hosea Ballou Morse，*The Chronicles of the East India Company Trading to China，1635-1834*，vol.5，p.40；Rigsarkivet（National Archives），Copenhagen：Ask 1141；*Canton Register*（13 December 1836）.

[13] Louis Dermigny，*La Chine et l'Occident. Le Commerce à Canton au XVIII Siècle 1719-1833*，vol.2，pp.521-525；Hosea Ballou Morse，*The Chronicles of the East India Company Trading to China，1635-1834*，vol.1，pp.212，262.

[14] W. S. W. Ruschenberger，*Narrative of a Voyage Round the World，during the Years 1835，36，and 37；including a Narrative of an Embassy to the Sultan of Muscat and the King of Siam*，Vol.2，p.221.

[15] William Hunter，*The "Fan Kwae" at Canton before Treaty Days 1825-1844*，p.50.

[16] 商馆所有者通常与中国商人有密切联系。如果不是商人自己，他通常就是商人的贸易伙伴或者亲戚。

[17] 亚德 1798 年 1 月 16 日去世，终年 75 岁，他 1737 年开始为荷兰人工作时还只是个 15 岁的少年。National Archives，The Hague：Canton 97.

[18] 有关为外国人服务的其他买办的详细论述，参见 Paul A. Van Dyke，Port Canton and the Pearl River Delta，1690-1845，Chapter 3。

[19] Paul A. Van Dyke，Port Canton and the Pearl River Delta，1690-1845，Chapter 3.

[20] National Archives，The Hague：Canton 37，46，55，58，81，84，85，88，90，91，93-96；Paul A. Van Dyke，Port Canton and the Pearl River Delta，1690-1845，Chapter 3.

[21] National Archives，The Hague：Canton 97.

[22] 荷兰资料记载，在亚德去世前一天，正好是他为外国人服务了 50 年的日子。荷兰东印度公司档案清楚地记载了从 1737 年开始直到去世，他都在为荷兰公司服务。National Archives，The Hague：Canton 97；C. J. A. Jörg，*Porcelain and*

the Dutch China Trade（The Hague：Martinus Nijhoff，1982），p.334 n.8.

[23] Paul A. Van Dyke，Port Canton and the Pearl River Delta，1690–1845，Chapter 3.

[24] Susan Fels，ed.，*Before the Wind. The Memoir of an American Sea Captain*，*1808–1833*，by Charles Tyng（New York：Viking Penguin，1999），p.29. 另一个有关买办的英文描绘，参见 Peter Dobell，*Travels in Kamtchatka and Siberia*；*with a Narrative of a Residence in China*，vol.2，p.129. 有关广州英语的社会语言学方面的深入研究，参见 Kingsley Bolton，*Chinese Englishes*。

[25] Phillips Library，Peabody Essex Museum，Salem：Log of Ship *Logan* 1837–1838，typescript of Mrs. Follensbee's Memoirs.

[26] "阿波罗号"为回程购买了 56 头猪制成的咸肉，21 头活猪提供新鲜猪肉，4 头活奶牛和一头小牛提供牛奶和牛肉，以及数以千计的其他物品。Stadsarchief（City Archives），Antwerp：IC 5706.

[27] GUB：H22.4A. Journal hållen på Swenska Ost Indiska Comp. Skepp *Adolph Fredrich* under Resan till och ifrån Canton Åren 1776 och 77. 其他例子参见，Paul A. Van Dyke，"Pigs，Chickens，and Lemonade：The Provisions Trade in Canton，1700–1840，"*International Journal of Maritime History*（June 2000）：111–144.

[28] Massachusetts Historical Society，Boston：William Trotter Letter/Journal 1797.

[29] 广州的一些补给品（包括动物）都是在珠江的许多舢板上饲养或者生长的。Phillips Library，Peabody Essex Museum，Salem：Log of Ship *Logan* 1837–1838，typescript of Mrs. Follensbee's Memoirs；Charles Frederick Noble，*A Voyage to the East Indies in 1747 and 1748*，p.279. 败血症是贯穿整个广州体制时期的严重问题。很多抵达中国的外国船只上总有那么几个缺乏维生素 C 而病重的水手、船员，他们必须尽快补充新鲜水果。Leo Heaps，ed.，*Log of the Centurion*，*by Captain Philip Saumarez*，p.192；Phillips Library，Peabody Essex Museum，Salem：Log of Ship Packet 1824–1825. 面对这些水手、船员的健康问题，除了出于人道主义原则外，船长都清楚在广州体制的大多数时候，几乎所有大的贸易公司总是缺乏身体合格的人手，赶紧让手下人恢复健康是最符合其经济利益的做法。

[30] 买办提供推荐信的例子，参见 William Ellis，*An Authentic Narrative of a Voyage*，Vol.2，pp.330–331；Rhode Island Historical Society，Providence：Trader's Book，pp.24–25；Peter Dobell，*Travels in Kamtchatka and Siberia*；*with a Narrative of a Residence in China*，vol.2，p.129。

[31] James Ford Bell Library，University of Minnesota：Price of Provisions Agreed with the Comprador（1726），Irvine Papers.

[32] 黄埔和广州补给品价格的相关情况，参见 Paul A. Van Dyke，Port Canton and the Pearl River Delta，1690–1845，chapter 3。

[33] 荷兰、丹麦、瑞典、英国和美国档案中保存了不少买办合同，参见参考书目以

及图 4-1。

[34] W. S. W. Ruschenberger, *Narrative of a Voyage Round the World, during the Years 1835, 36, and 37; including a Narrative of an Embassy to the Sultan of Muscat and the King of Siam*, Vol.2, pp.221–222.

[35] 新来贸易者获得买办即时信用的有关例子，参见 Frederic W. Howay, ed., *Voyages of the Columbia to the Northwest Coast 1787–1790 & 1790–1793* (Boston：Massachusetts Historical Society, 1941. Reprint, Portland：Oregon Historical Society Press, 1990), p.134；John Leo Polich, John Kendrick and the Maritime Fur Trade on the Northwest Coast (MA thesis, University of Southern California, 1964), p.59。

[36] 买办之间的竞争使他们纷纷到珠江下游去拉生意，这样就可以抢占先机。C. Toogood Downing, *The Fan-Qui in China*, vol.1, p.88；Paul A. Van Dyke, Port Canton and the Pearl River Delta, 1690–1845, Chapter 3, 讨论了外国人按照过去的价格跟买办成交的例子。

[37] 外国人通常也跟那些代理人做生意，其实他们是买办的助手。

[38] C. Toogood Downing, *The Fan-Qui in China*, vol.1, pp.85–92.

[39] William Hunter, *The "Fan Kwae" at Canton before Treaty Days 1825–1844*, p.8.

[40] 晚上偶尔会有中国人出现在岸边窝棚附近偷东西。Charles Frederick Noble, *A Voyage to the East Indies in 1747 and 1748*, p.294.

[41] 很多水手不会游泳，那些会游泳的水手有时也会不小心从船上跌落受伤，最终丧命。

[42] 18 世纪初，通事会安排那些去世的外国人（通常是船长和大班）埋葬在广州以北的某个地方。这个墓地最迟到 18 世纪 50 年代才开始使用，但是后来官府限制，去世的外国人只能埋在黄埔墓地。广州墓地在好几个瑞典地图上有标识，是在今天某山（也许是越秀山）南边的越秀公园某个空地上，过去那里有个小塔。长洲岛上的外国人墓地目前已经得到修缮，旧巴斯墓地也保存下来了。但是黄埔和深井岛的外国人墓地，以及由一位主教祝圣的天主教墓地，据说是个离黄埔一个小时路程的地方，至今没有找到。两个来自奥斯坦德公司的天主教徒水手 1727 年就埋葬在那里。去世的法国水手（其中很多是天主教徒）也可能埋葬在一个祝圣过的墓地里，有资料显示他们的墓地可能在深井岛。*Chinese Repository* (Oct.1832), Vol.1, p.219；Stadsarchief (City Archives), Antwerp：IC 5704；Paul A. Van Dyke, Port Canton and the Pearl River Delta, 1690–1845, Chapter 3. 广州城北旧外国人墓地碑上的铭文保存在以下的游记中：Library of the Royal Academy of Sciences, Kungliga Vetenskaps–akademiens Bibliotek, Stockholm (KungligaVetenskaps–akedemiens Bibliotek (Library of the Royal Academy of Science), Stockholm)：Berättelse om Resan med Skeppet *Hoppet* under Capitaine Fr. Pettersons Commando från Götheborg till Canton i China

1748–1749，Ms. Braad，C.H.

[43]　P. du Halde，*The General History of China. Containing a Geographical Historical，Chronological，Political and Physical Description of the Empire of China，Chinese-Tartary，Corea and Thibet，3rd ed.*（London：1741），Vol.2，pp.237–238.

[44]　James Johnson，*An Account of a Voyage to India，China，&c. in His Majesty's Ship Caroline，Performed in the Years 1803–4–5，Interspersed with Descriptive Sketches and Cursory Remarks*，p.53.

[45]　这个价格是从外国文献中的数个不同买办的价格表得来的。野鸭通常售价是0.01~0.02两白银一斤，比家鸭便宜。

[46]　外国人的记载中有很多关于这座水上浮城的描绘，其中一个提到了漂浮的商店，参见Sir Richard Phillips，*Diary of a Journey Overland，through the Maritime Provinces of China，from Manchao，on the South Coast of Hainan，to Canton，in the Years 1819 and 1820*，p.85。

[47]　James Johnson，*An Account of a Voyage to India，China，&c. in His Majesty's Ship Caroline，Performed in the Years 1803–4–5，Interspersed with Descriptive Sketches and Cursory Remarks*，p.53.

[48]　Henry Charles Sirr，*China and the Chinese*，Vol.1（London：1849；reprint，Taipei：Southern Materials Center，Inc.，1977），p.71.

[49]　Peter Dobell，*Travels in Kamtchatka and Siberia；with a Narrative of a Residence in China*，vol.2，pp.320–323；C. Toogood Downing，*The Fan-Qui in China*，vol.1，pp.70–71；vol.3，p.241. 还有很多其他关于珠江三角洲一带养鸭船的记录。

[50]　通常外国人自己取水，水手有时会弄一个取水值班表，每个人都有义务往返于船只和河中的岛上，或者去上游的某个水道取水，其他时候买办提供这些服务。

[51]　"溯江而上，你会观察到一种非常小的船，可能是你曾见过的水面上最小的船，仅仅几块厚木板拼在一起的样子，这是剃头匠的船，来来回回为中国人提供刮头掏耳和清洗眼睛等服务。"Robert Fortune，*Two Visits to the Tea Countries of China and the British Tea Plantations in the Himalaya*，vol.1（London：John Murray，1853），p.120.

[52]　*Chinese Repository*（Jan.1834），Vol.2，p.432；W.S.W.Ruschenberger，*Narrative of a Voyage Round the World，during the Years 1835，36，and 37；including a Narrative of an Embassy to the Sultan of Muscat and the King of Siam*，Vol.2，p.225.

[53]　"剃头匠托米·林恩（Tommy Linn）是我们请的中介。他带给我们所需要的城里的任何东西，如同他在欧洲的同行一样，他是一个移动的新闻报纸。"据说

他为了获得剃头匠的执照缴纳了 70 元给官员，而且必须同意 6 个月之内为所有水手剃头，每个人收取半块钱。Tim Flannery，ed.，*The Life and Adventures of John Nicol*，*Mariner*，pp.103，106，108.

[54] *Canton Register*（22 November 1836）.

[55] 花艇上的服务有助于安抚外国人，官员可以定期收到外国人缴纳的费用，为了保持秩序并使自己受益，官府允许这种状态维持下去。实际上，花艇是整个广州体制期间贸易环境的正常组成部分，不过史书中甚少提及。花艇上有女士学习一些外语单词，以便更好地诱惑外国客人，这也是危险而有竞争的工作。有关黄埔和广州的性服务、那些被迫从事这种不幸工作的女子以及由此发生的杀婴问题，参见 Paul A. Van Dyke，Port Canton and the Pearl River Delta，1690–1845，pp.208–211。有娼妓试图乘着火灾及其他灾祸主人心烦意乱时逃跑，但她们要冒着沦落到更坏主人手里的风险。*Canton Register*（15 November 1836）.

[56] 外国厨师被派到商馆去给那些在中国过冬的大班烹制家乡美食。很多船只回程中也会雇请中国厨师，但必须都偷偷摸摸地雇请他们，因为中国人不准搭乘外国船只通过虎门。Paul A. Van Dyke，Port Canton and the Pearl River Delta，1690–1845，Chapter 3.

[57] Charles Frederick Noble，*A Voyage to the East Indies in 1747 and 1748*，p.224.

[58] C. Toogood Downing，*The Fan-Qui in China*，vol.1，p.76.

[59] 让人吃惊的是，船上有这么多漏洞。船只 24 小时内受到 50 次撞击是很普通的，但有船只在 4 小时之内竟然受到如此多的撞击。1738 年"丹麦国王号"的水手、船员在 24 小时之内要抽掉那些 200~1400 次撞击所造成的漏水，即便如此，船只还得出海。这样，我们就不用怀疑为什么船只出海之前要雇请这么多修理匠来修补漏洞了。Rigsarkivet（National Archives），Copenhagen：Ask 999.

[60] 有很多贫穷人口由于失去收入而铤而走险去犯罪的例子。比如 1835 年，8 位丝绸织工由于外国订货减少而失去工作，他们就在广州近郊抢劫居民以谋生。*Canton Register*（2 June 1835）.

[61] 外文文献中保留了很多刑罚的记录。比如 1762 年，清朝官员旁观了荷兰人在黄埔吊死一名杀人犯的行动。Paul A. Van Dyke and Cynthia Viallé，*The Canton-Macao Dagregisters*，1762.

[62] 马士提到 1724 年费用是 120 两，但 181 页写的是 150 两。这两种不同的说法是否直接来自英国东印度公司的档案，或者其中一个错了，都不清楚。Hosea Ballou Morse，*The Chronicles of the East India Company Trading to China*，1635–1834，vol.1，pp.179–181.

[63] National Archives，The Hague：VOC 4376，20 August 1731.

[64] 1732 年大班科林·坎贝尔提到，由于瑞典人拒绝缴纳执照税而为其补给品支付了高价。不过，那时在广州的其他公司都缴纳了这项额外的收费。据坎贝尔称，由于头一年粤海关监督遇到了麻烦，这些税费第二年取消了。Paul

Hallberg and Christian Koninckx，eds.，*A Passage to China*，pp.96，125.

[65]　Rigsarkivet（National Archives），Copenhagen：Ask 1141. 瑞典人的 111 两与法国人的 108 两之所以不同是因为兑换率不同，给瑞典人是每西元兑 0.74 两，而给法国人是每西元兑 0.72 两。

[66]　广州西方船只规模大小和水手人数的有关情况，参见 Jaap R. Bruijn and F.S. Gaastra，eds.，*Ships，Sailors and Spices. East India Companies and Their Shipping in the 16th，17th and 18th Centuries*（Amsterdam：NEHA，1993）；Christian Koninckx，*The First and Second Charters of the Swedish East India Company*（*1731–1766*）（Belgium：Van Gemmert Publishing Co.，1980）；Gøbel，"Asiatisk Kompagnis Kinafart"；Paul A. Van Dyke，Port Canton and the Pearl River Delta，1690–1845，appendices. 马士比较过 1764 年不同欧洲东印度公司船只的货物，参见 Hosea Ballou Morse，*The Chronicles of the East India Company Trading to China*，*1635–1834*，vol.5，p.114.

[67]　《粤海关志》多处记载了这些费用的情况（比如卷 9）。一些费用被翻译成英文，可以在 *Canton Register*（26 December 1833）和其他英文出版物上找到。Earl H. Pritchard，*The Crucial Years of Early Anglo-Chinese Relations 1750–1800*（1936；reprint，New York：Octagon Books，1970），passim；William Milburn，*Oriental Commerce*，vol.2，pp.492–495；Paul A. Van Dyke，Port Canton and the Pearl River Delta，1690–1845.

[68]　Phillips Library，Peabody Essex Museum，Salem：Ship *Minerva* Account Book 1809，Benjamin Shreve Papers.

[69]　Hosea Ballou Morse，*The Chronicles of the East India Company Trading to China*，*1635–1834*，vol.2，p.129.

[70]　Pierre Blancard，*Manuel du Commerce des Indes Orientales et de la Chine*（Paris：Chez Bernard，1806），p.398.

[71]　Hosea Ballou Morse，*The Chronicles of the East India Company Trading to China*，*1635–1834*，vol.3，p.184.

[72]　Hosea Ballou Morse，*The Chronicles of the East India Company Trading to China*，*1635–1834*，vol.3，p.235.

[73]　Hosea Ballou Morse，*The Chronicles of the East India Company Trading to China*，*1635–1834*，vol.4，p.232.《广州纪事报》上刊登了一份 1831 年 1 月中文档案的英译本，称这项减免是 1829 年批准的，但是买办费的数目与这里提到的差别很小。1830 年 35 艘船平均的买办费是 411 西元。*Canton Register*（19 Feb.，1831）. 一份 1839 年的佚名文献也记载："买办费，像金沙（Cumsha）一样1830 年初大幅减少了，但是仍有大约 400 西元。"Anonymous，*Descriptions of the City of Canton*，p.110. 相反，美国商人邓恩（Nathan Dunn）1830 年说："由于买办和通事的抵制，减免买办费和通事费的命令仍是一纸空文。"G. W. Blunt

White Library，Mystic Seaport，Connecticut（G. W. Blunt White Library，Mystic Seaport，Connecticut）：Nathan Dunn Letter book 1830，Misc. Vol.552.

[74] *Canton Register*（19 and 26 Jan.，1836）记录了"由黄埔商船买办支付的费用清单"。此年买办费用的极大增加使得《广州纪事报》上这篇文章的作者说："我们看不到有必要雇用一个中国管家或买办，来欺骗主人、船长和水手，同时他还是中国官员榨取钱财的对象。"

[75] Phillips Library，Peabody Essex Museum，Salem：Ship *Minerva* Account Book，Shreve Papers；National Archives，The Hague：Canton 100.

[76] 斯坦福·马科斯商行每个星期都在《广州纪事报》上刊登出售补给品的广告。他们出售多种商品的情况，参见 *Canton Register*（4 October 1836）。

[77] 1732 年第一艘来华贸易的瑞典船给三艘不同的小型私商船只提供了补给品。Paul Hallberg and Christian Koninckx，eds.，*A Passage to China*，p.154.

[78] 有关外国人在广州投资补给品贸易以及夏威夷成为补给品供应地的材料，参见 John Meares，*Voyages made in the years 1788 and 1789*（London：Logographic Press，1790），p.10; Otto Von Kotzebue，*Voyage of Discovery in the South Sea，and to Behring's Straits，in search of a Northeast Passage；undertaken in the years 1815，16，17，and 18，in the Ship Rurick*，part I（London：Bride Court，1821），G161 P55 v.6 x.，Bancroft Library，University of California，Berkeley（BC）。这份日记的大部分内容收入 *New Voyages and Travels consisting of Originals and Translations*，vol.6（London：Bride Court，1821）。另见 Dick A. Wilson，*King George's Men：British Ships and Sailors in the Pacific Northwest–China Trade，1785–1821*（Ph. D. diss.，University of Idaho，2004）。

[79] Jacques Downs，*The Golden Ghetto. The American Commercial Community at Canton and the Shaping of American China Policy，1784–1844*，p.91.

[80] John Rickman，*Journal of Captain Cook's Last Voyage to the Pacific Ocean*（London：printed for E. Newberry，1781；reprint，New York：Da Capo Press，1967），p.387.19 世纪 40 年代末，索尔也发现与他到访过的其他地方比较起来，中国尤其是香港的价格还是比较贵的。Henry Charles Sirr，*China and the Chinese*，Vol.1，pp.32–33.

[81] 中国沿海早期的英文报纸（*Canton Register* 和 *Chinese Courier*）上刊登了不少出售补给品的广告。

[82] 船只能够合法或非法地在澳门获得补给品的事例有很多。参见 William Ellis，*An Authentic Narrative of a Voyage*，pp.333–334.

[83] Hosea Ballou Morse，*The Chronicles of the East India Company Trading to China，1635–1834*，vol.5，p.79; Rigsarkivet（National Archives），Copenhagen：Ask 879a; C. Toogood Downing，*The Fan-Qui in China*，vol.1，pp.197–199; vol.2，p.214; Peter Dobell，*Travels in Kamtchatka and Siberia；with a Narrative of a*

Residence in China，vol.2，p.132；Hosea Ballou Morse，*The Chronicles of the East India Company Trading to China，1635–1834*，vol.2，pp.409–410；*Chinese Repository*（Jan.1834），Vol.2，pp.423–424.

[84] 1836 年，通事必须支付给不同地方官员的费用清单参见 *Canton Register*（12 January 1836）。

[85] 另一个显示高额费用的例子是 1805 年的"德比号"（Derby），它支付了买办"金沙"270 西元。Phillips Library，Peabody Essex Museum，Salem：Ship *Derby*Papers 1805，Benjamin Pickman Papers，Mss 5. 很多美国船长如果坚持的话，会跟买办把价钱砍到250西元，但有一些美国人支付的数目高达300西元。

[86] Rhode Island Historical Society，Providence：Carrington Papers.

[87] 43 艘美国船所缴纳的此类和其他通事费清单，参见 Paul A. Van Dyke，Port Canton and the Pearl River Delta，1690–1845，appendix L。

[88] Michael Roe，ed.，*The Journal and Letters of Captain Charles Bishop on the North-West Coast of America，in the Pacific and in New South Wales 1794–1799*（Cambridge：Cambridge University Press，1967），p.190.

[89] Michael Roe，ed.，*The Journal and Letters of Captain Charles Bishop on the North-West Coast of America，in the Pacific and in New South Wales 1794–1799*，p.191.

[90] Michael Roe，ed.，*The Journal and Letters of Captain Charles Bishop on the North-West Coast of America，in the Pacific and in New South Wales 1794–1799*，pp.193–196.

[91] 迪美博物馆菲利普斯图书馆藏有一份 1796 年 1 月 9 日为"阿斯特丽号"（Astrea）提供补给品的"粤海关收据"。Phillips Library，Peabody Essex Museum，Salem：MH–21。"太平洋商人号"（Pacific Trader）1801 年档案中可以找到另一份材料，Massachusetts Historical Society，Boston：Samuel B. Edes Papers 1799–1801。19 世纪 30 年代粤海关官员和通事之间互相勾结的有关材料，参见 *Chinese Repository*（March 1838），Vol.6，pp.511–513。

[92] 卡灵顿档案中有一些材料是关于在伶仃出售和购买补给品的。Rhode Island Historical Society，Providence：Carrington Papers，box 149.

[93] William Hunter，*The "Fan Kwae" at Canton before Treaty Days 1825–1844*，pp.33–34.

[94] William Hunter，*The "Fan Kwae" at Canton before Treaty Days 1825–1844*，p.55.

[95] 这就是为东印度公司编辑的"每吨人数"（man-per-ton）的预算经常不可靠的原因。水手数目通常来自集合名单，上面并没有显示所雇请的中国水手（还有其他亚洲人）。很多美国商船也雇请中国水手。Dick A. Wilson，King George's Men：British Ships and Sailors in the Pacific Northwest–China Trade，1785–1821（Ph. D. diss.，University of Idaho，2004），p.92.

[96] William Hunter，*The "Fan Kwae" at Canton before Treaty Days 1825–1844*，pp.62–63.

[97] "Bohsan Jak"是汉字的粤语发音。

[98] 最深入的关于条约口岸时代买办的研究是 Yen-p'ing Hao，*The Comprador in Nineteenth Century China*。当斯的研究也简要地论述了 1842 年前后广州的生活。Jacques Downs，*The Golden Ghetto. The American Commercial Community at Canton and the Shaping of American China Policy*，*1784–1844*.

[99] John Robert Morrison，*A Chinese Commercial Guide*（1844），p.87 and（1848），p.125. 这几个版本是由卫三畏编辑的。

[100] John Robert Morrison，*A Chinese Commercial Guide*（1844）.

[101] 一个例子是中国铁钉没有头，而西方铁钉有头。Tim Flannery，ed.，*The Life and Adventures of John Nicol*，*Mariner*，p.159.

[102] 19 世纪初，澳门成立了好几个穆斯林劳工中介，为很多来澳门的印度水手介绍工作。不过，中国水手通常通过买办找工作。Carl T. Smith and Paul A. Van Dyke，"Muslims in the Pearl River Delta，1700 to 1930，"*Review of Culture*，International Edition，No.10（April 2004）：6–15.

第五章

通事

通事被指定为清朝官府与外国商人的中间人，他们必须面对双重限制的困境。粤海关监督和两广总督在谈判贸易条件时，尽管必须在朝廷限定的范围内行事，但大体上相当宽松。外国商人提出的任何要求只有超越了这些限制才会被禁止。朝廷发往广州的谕令清楚地列明了允许和禁止的事务，但这些谕令并不是常年都被严格地执行。其他未成文的限制也已被粤海关监督和两广总督"理解"和接受为政治和商业文化的一部分。通事在可接受和不可接受之间工作，考察他们的活动可以使我们进一步观察贸易的实际状况。

如同前文提到的，早期通事来自澳门，用葡萄牙语同外国人沟通。除了要掌握葡萄牙语和母语粤语，他们也必须能流利地听、说、读、写官话。我们从很多西方收藏的通事收据中可以看出他们大多都能读、写汉字，这应该是获取通事一职的必要条件（图 5-1）。18世纪 30 年代初，广州英语取代了广东葡萄牙语成为通事与外国人沟通的语言，之后通事应掌握的三种语言就变成了广州英语、粤语和官话。

通事必须能够处理与外国人贸易相关的所有事务，但这并不意味着他们是所有夷务的"专家"。相反，任何对外语、外国风俗习惯或者行为方式显得过分热情、感兴趣甚至热衷的通事，都可能引起当权者的怀疑。他们的首要工作是调解。与能正确解释外国人行为或准确阐释外国人意图相比，通事更加重要的职业技能是能够促使商谈、劝解和安抚行动顺利进行。[1]

通事的工作重点在调解和妥协，并不是准确和清晰地翻译。明

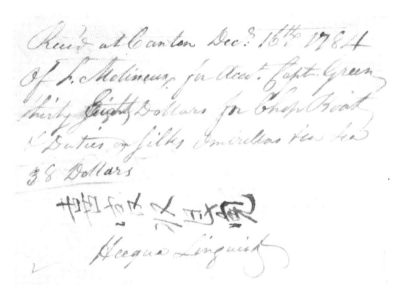

图 5-1　1784 年美国船只"中国皇后号"的收据

说明：收据上有通事喜官的笔迹。

资料来源：美国宾夕法尼亚大学珍本图书和手稿图书馆藏，档案号：John Green, Receits, 18v。

白这点后，当我们在西文文献中发现很多有关通事不肯满足外国人的要求而招致抱怨和指责的史料就不会吃惊了。这些抱怨和指责造成了很多外国人与通事之间的争执，外国人有时甚至采取更激烈的手段以达到其目的。比如 1747 年，荷兰东印度公司大班就威胁说，要在商馆里扣押老通事亚官（Ja-qua），直到他肯替他们写一封投诉某位中国商人的信为止。[2] 我们在文献中还发现这样的例子，外国人不相信通事会把他们写的抗议信转呈上去，于是他们直接闯到广州城门要求面见两广总督或者粤海关监督。

1823 年，马礼逊记载广州获得牌照的五个通事中没有一个能够"读、写任何外语"，他们对自己的语言也不精通。[3] 外国人很难理解和接受这样的事情。通事并不需要去翻译任何可能违规或引起纠纷的东西，因此抗辩或者假装有语言理解障碍是避免产生争端的办法。

　　跟引水人、买办和商人一样，没有粤海关的同意，通事不能擅自终止或者转换工作。通事工作的规矩和职责都是不能讨价还价的。如果他们没有完成预期的工作，就会受到刑罚，包括公开示众、体罚、流放和监禁。

　　外国公司偶尔会请某位耶稣会士或其他学过中文的外国人，翻译或传递一些信息给清朝官员，但粤海关监督和两广总督通常不乐意出现这种"特使"。实际上按照清朝律例，中国人教外国人学习中文是要被处死的。然而在实际生活中，这种事情很少被关注。只有会讲中文的外国人挑起事端，他们的中文老师才会遭到惩罚。[4] 如果粤海关监督认为有必要的话，他们就会召集外国"翻译"协助处理事端，但不论这些外国"翻译"如何熟练地掌握了中文，他们都不可能取代广州通事。[5]

　　船只抵达黄埔锚地的时候，每个船长都可以选择一位指派给他的通事。每年，广州只有三到五名通事能够取得执照，外国船长并没有多少选择余地。船长和大班可以投诉他们的通事，但不能随意更换他们。粤海关监督会对通事加以斥责或轻微处罚，再把他们打发回去继续工作。小小的警告和双方稍微商谈一下通常足以解决问题。通事和外国人之间出现问题时，行商通常会充当调解人。

　　由于通事同时为几个不同公司的外国商人服务，他们的主顾经常会要求他们提供其他在广州的外国商人的信息。外国人无法阻止通事传递信息。通事能够看到粤海关所有进出口的记录，这对扩展贸易非常重要。

　　粤海关借此让想得到贸易数据的人获取有关数据的开放政策，这有助于保持贸易的激烈竞争。在与行商谈判的时候，外国商人如果能够获得其他公司签订合同的价格和数量，那是非常有利的。如果这种信息被封锁起来，外国人和行商谈判时就会失去很多获得最佳签约条款的筹码。得不到重要数据，竞争就会停止，交易被记录进粤海关监督关册后，通事才被派去为之收集这些信息。

有鉴于此，外国商行和中国行商通常都坚持拖到最后才签订贸易协议。季风改变方向之前，外国商人就必须把货物装船并启程返航，不过也正是这种需要不断迫使外国商人尽快完成交易，这意味着他们最后被迫放弃坚持只是时间问题。一旦有关商品的数量和价格的信息传出来，其他人就会迅速谈判以便得到更好的交易条款，贸易很快就会完成。18世纪每当有好几个欧洲东印度公司的船只在广州贸易时，每个贸易季度都是这种情况。1806年之后，英国东印度公司成了唯一留在广州贸易的大公司，当散商成为公司唯一的竞争对象时，情况就发生了变化。[6]

信息共享也向每一个商人透露了哪种商品利润最大，这使得那些想秘密形成对某种商品垄断的想法不可能实现。如果通事没有得到查看粤海关贸易记录的许可，对外国公司和中国行商而言，秘密控制市场以推高价格就会容易一些。在外国人之间保持透明度是维持贸易竞争的另一种方法。

在船只到达黄埔锚地后，通事就为粤海关确定丈量船只时间表。他们得把具体时间报告给所有高级官员和中国行商，让这些人做好准备。他们早就提前预订好了舢板，以便丈量完成之后船只能够马上卸载进口货物。货物清单上盖有清楚的官印，这张单子必须一直跟随在黄埔锚地和广州之间进行运输的货物和货币，通事的职责就是保管好这个文件。

通事与行商通力合作，计划所有船只货物的运输事宜。只有所有货物都经过粤海关官员检查，并被粤海关记录在册后，粤海关才会下发船牌。通事要记录下他们负责的船只进出口货物的关税和港口费。如果出现差错，通事就得自己弥补，因此他们常常想尽办法确保记录的准确性。[7]

船只丈量之后几天，通事要提交算出的港口费额度。原始数据用中文记录，大多数外国人是不认识的，因此通事必须掌握的最基本技能是懂得使用阿拉伯数字。在翻译成阿拉伯数字之前，大型船只的港口费是计算到小数点后三位数（图 2-2~ 图 2-4）。通事要负责对所有外国人关于港口费计算产生的不满或者疑问进行解释和答复。[8]

我们在第二章曾论及广州体制的早期阶段，粤海关监督按照惯例会隆重接见外国商人。通事得负责教会这些外国商人恰当的礼仪，并确保他们准时到达接见大厅。进入大厅就座之前，他们会跟粤海关监督互致敬贺。借助通事的翻译，外国人向粤海关监督自我介绍，说明他们来华的原因，当然大多都说是为了贸易而来。一旦他们表明了贸易的愿望，粤海关监督就会代表皇帝向他们表示欢迎，并对"远夷"不远万里而来从事贸易表示赞赏。

外国商人随后大声读出列有他们所有要求的单子，通事事先已经把这个清单翻译好并呈交给了粤海关监督。粤海关监督随后挑重点回应外国商人所关心的事情，并确立贸易规矩。这些事务大多早在接见之前就已经由通事与外国人商谈过了。粤海关监督通常不会轻易安排接见外国商人，除非他们认为这些外国商人会接受相关贸易条款。[9]

目前还不清楚广州通事何时不再使用广东葡萄牙语，开始使用广州英语。1703 年，汉密尔顿船长通过跟通事"说葡萄牙语"来与粤海关监督交流。[10] 1729 年，在广州的英国东印度公司官员说，四位从澳门来的通事都说葡萄牙语。[11] 然而，马士提到，广州的商人在 1715 年前后已经开始使用广州英语。[12] 奥斯坦德公司的记录也表明诸如陈寿官和吉荐等中国商人在 18 世纪 20 年代中期就已经使用广州英语与外国商人沟通。由此可知，广州英语的出现更多是出于商人的需要，而不是通事的需要。[13]

1732 年荷兰人提到在拜见粤海关监督时，通事把所有话都翻译成"英语"（更准确说是"广州英语"）；[14] 1733 年，据说陈寿官的账房陈官（Chinqua）会讲"英语"；[15] 1738 年，丹麦人也提到通事说的是英语；1743 年，安森勋爵（Lord Anson）通过通事与清朝官员交涉，通事说的是英语。[16] 由此可见，到 18 世纪 30 年代，广州英语在商人和通事中已经取得了稳固的地位，也许已经成为买办和商馆仆役与外国人交流的常用语言。

通事用广州英语与外商沟通，对开展贸易业务更有好处。中国人学习广州英语跟学习广东葡萄牙语一样困难，澳门的中国人更习惯于葡萄牙语的发音。然而对于大部分外国人而言，广州英语更容易理解，因为这种语言混杂了很多他们自己的语言。[17]

如果葡萄牙人继续充当贸易中介，所有其他外国商人也许必须在其船上雇请一位会讲葡萄牙语的人。对来自斯堪的纳维亚半岛和其他地方的商人而言，这显然非常不方便，他们不喜欢水手中混进会讲葡萄牙语的人。这些公司，包括 18 世纪 20 年代的奥斯坦德公司和 18 世纪 30 年代的瑞典东印度公司，他们雇请的是会讲英语或者法语的大班，更多奥斯坦德公司和丹麦亚洲公司的官员是荷兰人，荷兰东印度公司的人就更不用说了。[18] 除了公司官员和水手，还有很多散商，诸如从印度各港口来华贸易的亚美尼亚商人、穆斯林商人、巴斯商人等。他们所在港口的商业语言要么是英语，要么是法语，而不是葡萄牙语。[19] 这样，广州英语的出现就是由商业需要创造、推动和规范的。它迅速被中国社会各阶层接受，这也是广州对外贸易适应能力强的重要标志。

不同时期通事的数量很少发生变化，但船只数量和载重却有很大变化。通事向外国人征收的费用也不一样，他们的收入来自几个不同的方面。首先确定每十年通事及其帮手的人数，然后把这些数字与同时段的船只数量及其载重进行比较，再把他们收取的通事费以及收入信息进行比较，我们就可以很好地了解通事职位的多样化、稳定性、灵活性及其局限。

1704 年，罗克耶提及，当年有五六名通事可供选择，通常可"选择两名"。[20] 然而在 18 世纪初，每年只有数艘船只抵达广州，是否需要这么多通事值得怀疑。后来即使到达中国的船只数量增加了不少，而为其服务的通事也只有三四位。通事的秘书通常被称为"通事副手"，可能罗克耶把他们也当成了通事。

18 世纪 20 年代至 18 世纪 80 年代，广州至少有两位通事在服务，但在记录中通常能够发现有三四名通事出现。18 世纪 90 年代至 19 世纪 30 年代，至少有 4 位获得官方执照的通事在为所有外国船只服务；到 19 世纪 30 年代末，这样的通事有 5 位。[21] 随着来华船只逐年增加，需要更多通事为他们服务，但这两者数量的增长并不成比例。

通事会雇请更多助手和跟班秘书来处理数量巨大的外国船只业务。贸易早期通事一般有两三名助手，但到 18 世纪 90 年代，文献记载他们有两个助手和五六个跟班秘书。[22] 通事会把他们名下的某些船只转包给他们的首席秘书（也称为 Pursers），这些人在外国人的记录里被称为通事副手（underlinguists）。[23]

通事向他们服务的船只收取通事费，金额各有不同，收取荷兰东印度公司船只 50 两，而向一些小型美国船只却收取 155.5 两。美国船只的通事费贵一些的原因可能有多种。绝大部分美国船只载重都小于 500 吨，小型船只需要更少的舢舨和船牌，这意味着载重小的船只带给通事的收益也少很多。

美国私人贸易商行通常只有少数的几艘船只，而且无法预测每个贸易季节他们会派多少艘船及什么时候抵达。由于美国船通常是小型船只，在黄埔锚地只短暂停留几个星期。美国船只通常为几个个体散商共有，不像欧洲船只属于东印度公司这样的大公司。所有这些原因都使通事很难跟美国船只达成相同的交易。在这种情况下，对通事而言更简单的做法是为美国船只单独制定收费标准，而不是与每个到达广州的船长讨价还价。

不同外国公司支付的通事费有可能不一样，公司和散商支付的通事费也不一样，但每个群体各自的通事费保持着相当的稳定性。比如，荷兰东印度公司通常为每艘船支付通事 50 两，瑞典东印度公司支付 74 两；从 18 世纪 30 年代到 19 世纪 30 年代，丹麦亚洲公司为每艘船只支付的通事费一直保持不变，即支付给通事 100 两，支付给通事秘书 10 两。18 世纪 20 年代，奥斯坦德公司船只的通事费是 130~150 两；[24] 法国人为每艘船支付 113 两；[25] 英国东印度公司和英国散商则支付 125 两。[26] 从 18 世纪 80 年代中期到 1842 年，美国人支付的通事费保持不变，即 155.5 两。[27]

小规模的散商船只比大公司船只支付更多的通事费是合乎逻辑的，但让人不明白的是为什么每个公司支付的通事费都不一样。正如前文曾提及，在广州出现的规模最大的船只通常是瑞典船只和丹麦船只，它们一般比规模小一些的荷兰东印度公司船只要多支付50% 或 100%（个别船只）的通事费。奥斯坦德公司的船只通常比荷兰船要小，但他们支付的通事费则 3 倍于荷兰船。美国船只的载重从小于 100 吨到超过 1000 吨不等，但所有船只都支付相同的通事费（155.5 两）。这些东印度公司有时会派遣小型船只到广州贸易，但它们支付与大船同样数额的通事费。此外，一些公司的船只在贸易后期比贸易早期规模要大两到三倍，但通事费却保持不变。这样看来，与买办费（18 世纪 80 年代之前）一样，通事费似乎是外国人首次抵达中国的时候确定的，之后一直保持不变。[28]

除了通事费，通事还要从他们经手的每一担进出口货物中抽取佣金。1698 年法国船"昂菲特里特号"（L'Amphitrite）的两名通事要求抽取所有进出口货物价值的 2% 作为佣金，即每名通事可以赚取1%。[29] 1704 年罗克耶称通事"收取了货物 1% 做佣金，另外还从商人那里收取了他们提供的所有货物的 1%"。[30] 不过，我们并不清楚罗克耶称的 1% 是指什么，是重量、价值，还是进出口货物的关税？1738 年，丹麦亚洲公司在给大班的指引中，公司高层也提到了通事"要从每担货物中收取一定的报酬"。[31]

威廉·米尔本（William Milburn）和马礼逊（分别于 1813 年、1834 年）曾经协助厘清过通事在进出口货上抽取佣金数目的不同。米尔本说通事每担收取 0.0176 两，但他们按 9 折收取费用，以折去商品包装的重量。马礼逊说他们收取的费用是关税的 1.6%，这也许是米尔本数据的另一种计算方法。[32]

如果我们使用米尔本的每担 0.0176 两的数据，再加上 10% 的包装折扣，就能够估算出通事从每艘船获得的收入。18 世纪 60 年代，一艘典型的东印度公司船装载大约 9000 担货物。由于白银通常是最大宗的进口货物，而且免税，进口总额不好估算，因此通事无法从白银上收取佣金。不过，哪怕只有 1/3 的进口货是必须交税的，我们只要粗略计算一下就可以得出通事对大约 12 000 担的货物（3000 担进口货，9000 担出口货）收取佣金。扣除 10% 的已装载数量，我们可以得出每艘船共 10 800 担货物。

每担货物抽取 0.0176 两，通事平均为一艘东印度公司船只服务的佣金大约是 190 两。18 世纪 60 年代，广州有 3 名通事。那时每年抵达广州的外国船只有 13~28 艘，这 3 位通事平均每人服务 4~9 艘船只，最繁忙的年份他们获得的佣金可高达 1710 两。

19 世纪 20 年代，广州有 4 位通事，每年抵达的外国船只有72~115 艘，每位通事服务 18~29 艘船只。此时，船只的规模大致是 18 世纪 60 年代船只规模的两倍，因此通事从每艘船获取的佣金大约可涨到 380 两。由此我们可以估算出通事在每个贸易季节的佣金总额为 6840~11 020 两。然而，如同我们看到的材料，通事把自己经手的船只转包给了别人，他们因此得与低一级的通事分享这些收入。

通事每年获得的佣金可能不会超过总佣金的一半。

除了船上货物按比例支付通事佣金外，每艘船还得支付通事牌照的费用以及雇用舢板的费用。从黄埔锚地到广州运输白银的船牌费，价格从东印度公司支付 0.66 两到散商支付 3 西元（合 2.16 两）不等。大型船只运输货物需要支付 10 两白银以获得一张船牌，这是上缴给粤海关衙门的，并不是通事收入的一部分。外国船只为雇用的每艘舢板支付的费用从 3.5 两（合 5 西元）到 5.92 两（合 8 西元）不等，具体金额根据舢板的大小和每天雇用的数量来决定。图 5-2 所示是 1764 年通事为了卸载荷兰船"路特韦德号"（Ruyteveld）的进口货物支付舢板的费用。这个列表并没有包括关税和其他费用。荷兰人支付每艘舢板 3.5 两，这应该是最便宜的价格。如果每天雇用超过一艘舢板，通事常常会给一些折扣。[33]

每艘舢板上至少有两名中国劳工，有些船上的劳工很多。有时舢板的费用里包含了广州与黄埔之间的过路费，有时却不包括。雇请舢板的费用可能被包括在整个开销之中，也可能是单独支付的。大多数外国人直接通过通事或者中国行商雇用大多数需要的舢板及船上的苦力劳工。

18 世纪 20 年代，比利时人通过通事雇用舢板，有时他们按月支付舢板费用，而不是等到贸易季节结束时再一次性支付。荷兰人有时请买办，有时则通过通事安排所需的舢板。他们也是按月支付舢板费用和苦力工资，而不是等贸易季节结束时才一次性支付。这样，这些费用的数据就不会出现在通事年底的支出清单中。丹麦人、瑞典人和美国人需要舢板的时候就请通事帮忙安排，等到贸易季节结束，离开广州之前他们才一次性支付所有费用。

也可以根据每项工作一口价的方式来雇用舢板，所有费用打包支付。大多数美国船和港脚船都采用打包支付的一口价方式，他们在这个事情上没有多少选择余地。美国船只记录出现过 23 西元费用

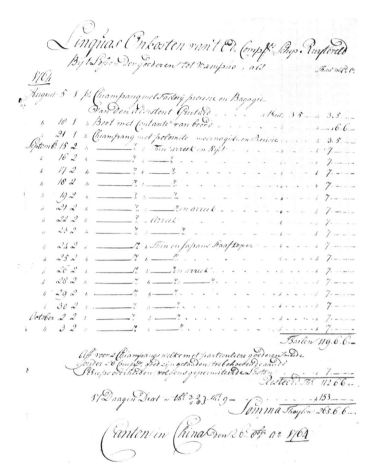

图 5-2　1764 年通事官印船将荷兰东印度公司船只"路特韦德号"
（Ruyteveld）所有进口货物从黄埔运到广州的费用（荷兰文撰写）

资料来源：荷兰海牙国家档案馆藏，档案号：VOC 4395。

的记载，包括所有舢舨上苦力的费用、雇用舢舨的费用，以及外国
人自己使用舢舨和通事服务费等。

　　图 5-1 所示为通事喜官为美国船"中国皇后号"提供舢舨服务
的费用收据。所列 38 美元包括所有舢舨费用（通常是 23 西元）以
及货物的关税。喜官与美国人之间的这种安排与图 5-2 所示的丹麦
人的做法不一样。

舢舨费用和苦力酬金在广州是非常明确的，但每年都来贸易并雇用大量舢舨的外国公司可以与通事商谈更有利的支付条款。最好的讨价还价方式是分开并单独协商每部分开支的支付。种种关于不同类型的通事费用和收入在文献中出现后，我们就能够看到在广州发生的对外贸易的方式是多么多样化。[34]

通事的其他职责反映了广州贸易环境的稳定性。他们的其他职责包括雇用苦力，收取薪水、小费以及其他各种费用。广州所有商人和苦力的酬金，不论中外人士都按月或按日发放。如果这些人不是一整天或者一整个月都干活，那么就只能得到部分薪水（即按照1/4、1/2、3/4 的比例，或者全部支付）。时薪或周薪的内容并未记载在商业记录中。外国人要为全职服务的苦力支付伙食费用。不过他们也有两种做法，要么根据一定价钱按天把伙食费补贴给苦力，要么向买办采购食物，雇请一位中国厨子做饭，解决苦力的吃饭问题。如果某项工作需要使用很多苦力，第二种做法就更加经济。

薪水之外，所有全职工作的苦力在贸易季节结束的时候都会得到一笔小费。这种按年派发的"规银"通常是给过磅员、看守、海关官员、粤海关监督的秘书，以及所有舢舨上干活的中国苦力。通事决定每个苦力应得的规银数额（包括他们自己），数额通常是月薪的一半或者全部，不过分配方案从来都不公开。

实际上这些费用中的一部分与其说是"小费"，不如说是"服务费"。比如，那些缴纳给广州与黄埔之间三个关卡的收费，是根据每艘船所雇请的经过这些关卡的舢舨数量计算的。跟通事费用一样，这种费用多年都保持不变。

到 18 世纪中叶，所有费用和其他收费标准都非常明确地确定下来并常规化了，外国人开始把这些收费归并到一起来计算。比如1765 年瑞典人计算出一揽子通事费用是每艘船 265 两；丹麦人从1772 年每艘船 212 两的通事费用，到 1789 年调整到 259 两，1826

年则是 260 两。1772—1794 年，荷兰东印度公司也计算出一揽子通事费用，每年来华的四艘船都支付这个数额。外国人能够事先计算出所有费用的现象，显示出当时贸易费用的透明度，同时也反映出贸易的稳定性。[35]

然而，有关通事费用的其他方面则让我们感到在某些方面贸易变得越来越不稳定了。正如第四章曾指出的，18 世纪晚期，通事与黄埔海关人员一起操纵了补给品的黑市贸易，通事也开始收取雇用商馆买办的费用。外国人支付了这笔费用却得不到任何服务或者好处，这种行为只能说是勒索。广州绝大多数费用或者收费都有与之相关的服务或者好处，以证明这些费用的合理性，但是这种费用只提供一个买办，没有服务或好处。通事无论在商馆还是在船上都来插手，表明粤海关监督控制整个贸易体系里下层人员的能力下降了。[36]

除每周要承担的"日常"事务之外，通事还要不时地承担一些其他任务。这让我们能够清楚其职责的多样性，以及粤海关监督在调节贸易方面的灵活性。有时船只在珠三角一带搁浅，这就需要通事处理。他们必须与保商密切合作以获取雇用帆船和舢板所需的船牌，这样外国船上的货物能够被卸载下来，船只才可以再次起航。海关官员负责监视这种特殊救援活动，他们要求定期得到常规的外国人行动报告。有时船只上的锚丢失了，通事也必须得给他们找回来。有外国船只在中国南海沉没了，外国人还会雇请一些中国潜水员去抢救那些能够打捞的东西。

就这些紧急事务而论，没有证据显示粤海关监督或者两广总督干涉了正常的商谈程序。只要获得了所必需的船牌，缴纳了关税，当局就会指派合适的官员去监督运作。只要外国人严格遵守法规，那么就留给通事去同清朝官员和苦力商谈这些特殊服务的事情。

解救一艘搁浅的船只，不同情况所需的时间从几小时到几个星期不等，所有人都必须各就各位，直到救援工作结束。除了常规报酬，所有参与救援的劳工无论是中国人还是外国人，在救援结束时都会获得一种健康补贴。救援期间遇险船只要为所有参与救援工作的官员和劳工供应每日餐饮。加餐和朗姆酒能够让水手工作时间更长也更投入，但并不能抵消他们在救援结束之时应该获得的津贴。

通事和他们的跟班秘书会记下详细的开销。他们要使所有参与救援者（包括他们自己）获得应有报酬，这才不会招致清朝官员、士兵、潜水员或者舢舨夫的指责和抱怨。在广州的粤海关监督和外国大班则需要不断了解整个救援的最新进展，因此，通事和买办的船总是忙于往返广州传递"快件"、各种口信、常规信息等。这种场景与广州贸易史呈现出来的情况不同，政府官员对这些情况已经习以为常。

例如1772年8月1日，荷兰大班得知从巴达维亚来的荷兰船"瑞恩斯堡号"（Rynsburgh）几星期前在中国南海沿岸失事。荷兰人在行商潘启官的帮助下组织了救援队打捞部分货物。这种救援行动必须得到中国当局同意，也需要通事去申请必要的许可。

不同于其他那些单独支付各次费用的例子，荷兰人与清朝官员就打捞救援失事船只达成一次特殊协定：清朝官员同意接受打捞货物的30%作为酬劳；30名潜水员的酬劳是20%；中国舢舨和帆船船主，以及船夫同意接受另外的20%作为酬劳，剩下的30%归荷兰东印度公司。[37]

通过这种特殊协定，荷兰人避免了承受过去在类似行动中常要支付的高额费用。协议并没有保证能够打捞起足够的货物来支付费用，因此，把打捞任务转包下去意味着荷兰东印度公司并不会有损失，反而有可能获得30%货物价值的收益。1772年后，荷兰人多次把中国打捞队送到"瑞恩斯堡号"失事地点，无论对潘启官还是通事而言事情仍需进行。一些年后船只才彻底瓦解，剩下的货物也被海水和蚝腐蚀破坏得非常严重，水中大量鲨鱼出没，好多潜水员丧生，所有这些都迫使荷兰东印度公司于 1778 年 1 月放弃了打捞行动。

整个打捞工作持续了 5 年之久，得到了粤海关监督的支持，他们可能也会拿到一部分打捞货物作为佣金。[38] "瑞恩斯堡号"的例子显示，粤海关官员对此类事务的处理是相当灵活的。只要是不会牺牲或者威胁广州社会政治和谐的合理提议，或者不会引起朝廷最高统治者怀疑的提议，都是可以讨论、商谈和安排的。

通事还需要协调其他一些事务，这些事务也能够反映粤海关监督的职责。广州时常发生火灾，一旦发生火警，外国人就必须求救于通事。[39] 大火威胁到每一个人，外国人常常会跑到火场主动提供协助。他们会在商馆里放置水泵（称为救火车），中国商人也会从外国人手里购买灭火的水泵放置在自己的商行里。一旦商馆邻近地区发生火警（外国人不准进入城内），商馆区的每个人都会拿着自己的灭火器冲到火场，所有有能力的人都会提供协助。

1773 年 2 月 7 日下午 6 点钟，商馆附近发生火灾。商馆区所有中外人士整夜都在努力救火，直到第二天早晨 5：30 大火才最后被扑灭。大火一共烧毁了 300~450 间房屋，很多外国商馆和中国商行都遭到了不同程度的损坏。[40] 1777 年 2 月 8 日凌晨 3 点发生了另一起火灾，摧毁了 300~340 间房屋，再次对不少商馆和商行造成了严重损坏。[41] 1778 年 12 月 18 日下午 4 点发生的火灾将四五十间房屋烧成灰烬。[42] 三次火灾都可以见到中外人士同心协力扑灭大火，通事则在场协助巡捕维持秩序。

然而，有时中国官府要求通事去阻止外国人插手某些事务。1778 年 12 月 22 日凌晨 3：30，一场大火烧毁了 80 间房屋。此次没有见到外国人来帮忙，因为这场火灾缘于几天前的一次偶然事件，粤海关监督关闭了贸易，把外国人圈禁在商馆内。[43] 在这种情况下，通事就必须确保外国人待在商馆内不得外出。

面对紧急情况时大家的压力都特别大，气氛十分紧张，疲惫的工作加上缺乏睡眠，使人的脾气和忍耐力都十分有限。清朝官员和外国人都急于快速控制局面。财产、利润、名誉和生命都受到威胁，通事的一个小小错误，比如误解了官方的一个指示就会使情况变得更糟。当事态变得严重时，不同团体之间就会出现大喊大叫、谩骂和互相指责的事情。通事就不得不疲于奔命，在中外之间努力恰当地转换，以消解这些愤怒的话语，同时还要给粤海关监督和西方大班送去正面的报告。在所有牵涉外国人的紧急事务中，通事都工作在一线，他们必须尽其所能阻止事态失控。

除了这些危机，还有一些诸如清朝官员和外国人都出席的聚会等日常事务也需要通事组织。我们可以透过这些事情看到粤海关监督和两广总督所关注的诸多事务。朝廷官员有时会到广州巡视，粤海关监督和两广总督任职和离职时刻，邻省官员履新途经广州，诸如此类显赫人物出现的场合都必须给予高规格的、恰如其分地迎来送往，所有这些事务都是通事必须承担的。

1738 年 12 月 3 日，通事通知所有大班，第二天北京的两位钦差大臣——巡抚和总督将要抵达广州，所有西洋船只必须做好迎接准备。外国船长也得到通知，当两广总督随行人员经过停在黄埔锚地的西洋船只时，所有西洋船只必须鸣礼炮致敬。[44]

一些天后，通事再次四处奔忙通知所有外国大班和船长必须去参加一个为即将卸任的两广总督举行的欢送晚宴。[45]晚宴在广州"接见大厅前的大广场"举行（也许是粤海关监督或者巡抚驻地）。除重要清朝官员和商人，共有 29 名欧洲人出席了宴会。[46]

两广总督骑着马，率领一众步行的随从和仆役进入广场。总督及其随从进入大厅之后，外国人才被邀请进入大厅。总督跟外国人互致问候后，所有人才可以落座。主人准备了一场悲喜剧的戏剧表演来娱乐客人，然后总督"用中文发表了很长的致辞"，通事把总督的致辞翻译成英文。[47]在总督最后简单的告别讲话之前，大家互相敬酒。总督告别时表示"非常荣幸"能出席这个场合，他心里清楚所有外国人"都是好人"，并预祝所有人回程都能够"顺风顺水"。总督热情洋溢地表示感谢后就上马离开了，大班祝福他健康长寿、前程似锦。当然，通事必须当场为他们翻译这些交谈。[48]

这种事情对通事和地方官员而言肯定是非常紧张的。通事充其量只具备基本的语言技巧，他们不断地面临考验，要把这些即时的交谈正确翻译出来。出席这些场合的都是重要人物，不能出现丝毫差错。对于外国人而言，这些礼仪同样令人紧张，中式礼仪对他们而言看起来十分奇怪，他们不得不密切注意中国人的正确做法。当然外国大班也想让广州地方官员满意，都非常体面地表达敬意。良好的表现能够使他们与两广总督和粤海关监督之间建立友好的关系，这也许会在需要的时候或者困难的时候对他们有帮助。

即使那些下层官员和普通水手都会觉得紧张，他们必须把每件事情都做得尽善尽美，否则必须承担后果。1738 年曾举行过各种不同的仪式，这对一些外国音乐演奏者而言尤其困难。几个场合表演之后，丹麦人报告说他们的一个号手失踪了。第二天，他们得知早在一个星期前，这位号手已经与一位瑞典号手跑到澳门去了。[49]

外国人通常尽力利用这些场合来提特殊要求或者投诉某件事。他们有时要求通事转呈他们的请求，这些情况通常置通事于危险境地。比如 1739 年 2 月 2 日，荷兰人通过通事向两广总督呈交一份请求，请求他过问荷兰人申请船牌的事情（由于他们还没有支付货物应交纳的关税，粤海关监督扣押了他们的船牌）。[50] 荷兰人避开粤海关监督直接向总督提出请求的举动，使通事与粤海关监督的关系非常紧张。

对通事而言他们处于两难境地。一方面，他们有责任处理与所有外国人的需求相关的事务，并转呈他们的请求；另一方面，他们也需要与粤海关监督和两广总督保持良好的关系。如果通事拒绝转呈请求，外国人就有可能寻求其他方式呈交他们的请求，比如强行闯过把守城门的哨兵，直接去到两广总督驻地投诉。这样的话，通事、行商和广州地方官员都会陷入尴尬境地，他们会因为没有在事情变得不可收拾之前把事情解决好而遭到上级的指责。通事和行商有时会成功地在各种势力之间保持平衡，有时他们做不到。这些会使地方官陷入危险境地的事情，也能让我们更好地理解粤海关监督和两广总督所扮演的角色。

除了在清朝官府和外国人之间充当中间人，通事有时还被清朝官府当成替罪羊公开羞辱，以向外国人施压，迫使他们妥协。1763年5月7日，荷兰人提到"三个领头的通事之一星官（Sinqua）被抓了起来"，迫使欧洲人立刻迁往澳门。外国人继续拖延时日，结果另外两个通事也被抓进了监狱。

有时官府会让通事、买办等人戴上枷锁，列队穿过商馆区，让外国人看到如果他们不合作的话也会有同样的下场。然而这些看起来残酷的措施，实际上还是粤海关监督和两广总督用来晓谕外国人以遵守其命令的相当温和的措施。在大多数情况下，更多的是表面胁迫威吓，而不是使用武力。这些事情给通事和行商造成了极大困扰、不安和尴尬。[51]

通过考察1842年广州体制解体之后通事的作用，我们能够更好地理解其在广州体制时期所做出的贡献。正如前几章提到的，买办仍然承担他们的部分工作，诸如在外国人、清朝官员、商人之间充当中间人。通事仍然对海关规定有很多了解，但是由于在条约体制下很多程序都发生了变化，买办和外国通事（会说中国话的外国人）很快就学会了自己去处理这些事务。

广州体制解体之后，五位广州通事很快被粤海关请去协助谈判新条约。他们协助起草新的形式和文件并设计新的程序。需要的话，通事仍然能够获得船牌和当翻译，但由于他们并不能流利地说、写、读任何外国语言，在新贸易环境下能够做的事情就很有限了。他们传统上依靠的广州英语，现在则变成为一种局限而不是资本。19世纪40年代，广州、澳门和香港有几个基督教传教士及其他外国人已经学习了官话。既然他们现在不再被禁止担任翻译工作，他们很快就抢了通事的饭碗。

很多买办成了独立门户的商人，他们通常会讲一些外语，至少会讲一些广州英语，也能够读写汉字（图4-4、图5-3），并不需要通事。1863年卫三畏这样描述广州通事："他们已经被近期的变局彻底打垮，大多数成员已经在普通贸易部门找到工作，他们原来的熟人给他们提供了有力的帮助。" [52]

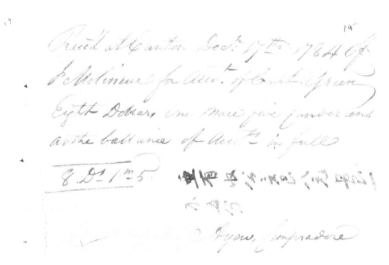

图 5-3　1784 年美国船只"中国皇后号"的收据

说明：收据上有买办亚有的笔迹。

资料来源：美国宾夕法尼亚大学珍稀图书和手稿图书馆藏，档案号：John Green, Receits, 19r。

绝大部分前广州体制时代的通事，要么被某商业机构（中国的或者外国的）雇请，要么被官方机构雇请，比如粤海关衙门需要他们协助处理某些内部事务。他们已经不用再充当中外贸易的主要中间人了。[53]

所有这些变化都不是对原来贸易方式的必要改进。广州体制时期通事在外国船只停泊黄埔锚地的三四个月里是免费服务的。有一些薪酬按月支付给通事，但通事个人的酬劳一般都在所有货物都装载好，船只准备离开时才收取，这种做法极大地促进了贸易顺利稳定地进行。然而 1842 年之后情况发生了变化，外国船只不得不在要求某项服务时一项一项付费，这给外国人造成了极大不便。1863 年卫三畏提道：

> 在现有体制运作之前，广州的做法是所有种类的关税和费用都是在船只装载好了货物准备离开的时候支付，通事会处理这些事务，计算出数额。这样航行计划很少被一些细节阻碍，现在外国人必须自己处理这些事情，但是中国国库收入却遭到损失，谁也不应该抱怨这些保护性的措施。[54]

小结

本章讨论了广州体制期间通事的日常职责和工作，这有助于我们确定贸易范围。早期通事使用葡萄牙语跟外国人交流，到 18 世纪 30 年代他们采用了商人的语言——广州英语。尽管广州英语混杂了几种不同的口音，但广州所有人都转而使用这种语言的事实显示出，广州的环境以适应贸易为主，并体现出灵活性。但这也意味着通事没有能力把每样东西都准确地翻译出来，广州英语最多能译出个大意。虽然如此，这却使管理者很满意，他们只需要与外国人进行这样的沟通，双方理解的程度只要能进行贸易就可以了。

这种沟通除了满足商业需要外，从来都不会有其他商业之外的需要，这也是贸易的一条不成文的规则。熟练掌握一门外语，能够准确详尽地翻译外国人的投诉是很危险的。教外国人学习中文是死罪，反过来也是死罪。如果中国人熟练地掌握了外语，那是给官方制造了麻烦。因此，广州没有出现专门学习外语的正规学校，尽管有很多机会可以这样做。社会和政治的压力使中国人只能学习广州英语而不顾其他。对广州英语的依赖使通事在条约体制时代明显处于不利地位，新形势下需要更高的语言技能。[55]

通过了解广州外国船只数量与通事数量，我们知道贸易管理并没有使两者数量成比例地增加。通事得到允许可以把船只转包给低一级的通事处理，这样每个通事就可以照顾更多船只，这使他们收入增加，但也使权力下移。然而这是一种有效的方法，能够阻止上层通事数量成比例地增加。如果这样的话，粤海关监督和两广总督在朝廷眼中看起来会更称职，但结果却是粤海关监督不得不默许通事在履行职责时，采取一些相当灵活的做法。

所有这些因素都有助于使贸易费用增加透明度，也有助于我们拼凑出通事的形象。反过来，整个贸易季节通事用自己的资金运作，要等到船只准备离开时才能够获得报酬。依靠信用来运作是使贸易有效进行的好办法，这样做也得到了粤海关监督的认可。贸易稳定进行，但是在通事的支出中划出了一些诸如买办费的收入进了他们自己的钱包。这些例子有助于解释为什么贸易运作机制下层逐渐失效的情形日渐增多。

最后，广州体制瓦解后通事的角色发生了极大变化，这在体制瓦解初露端倪时就非常明显地体现出来。从这些变化我们看到，诸如商馆买办等一些人也能够承担广州体制期间通事的一部分功能，只是他们当时没有得到许可。通过不断调整和重新分配通事和其他贸易相关人员的职责，粤海关监督就有可能更有效地适应贸易的扩展而不丧失权力，但是他们并没有做这些决定的权力，这也是贸易的另外一个局限。

　　既然我们已经勾勒出贸易的管理架构，下一章我们将转向一些贸易中产生的问题及其变化，这些问题的解决使得贸易体制更加有效地运行。

注释

[1]　Robert Morrison，*Notices Concerning China，and the Port of Canton*，p.65.

[2]　National Archives，The Hague：Canton 8.

[3]　Robert Morrison，*Notices Concerning China，and the Port of Canton*，pp.23，65.

[4]　Hosea Ballou Morse，*The Chronicles of the East India Company Trading to China，1635–1834*，vol.2，p.343.

[5]　参见 Hosea Ballou Morse，*The Chronicles of the East India Company Trading to China，1635–1834* 有关广州通事的例子。

[6]　到 1807 年，丹麦亚洲公司、瑞典东印度公司、法国东印度公司和普鲁士公司都已不再参与对华贸易，荷兰东印度公司 1794 年破产。丹麦亚洲公司在 1820—1833 年再次派遣船舶来华，但是 13 年里总共只有 5 艘船。这样英国东印度公司从 1807 年开始是唯一留在广州的大公司。

[7]　Robert Morrison，*Notices Concerning China，and the Port of Canton*，p.33.

[8]　图 2-2 的翻译可以在 Paul A. Van Dyke，Port Canton and the Pearl River Delta，1690-1845 第一章中找到。

[9]　有关粤海关监督几次会见外商的描绘，参见 Paul A. Van Dyke，Port Canton and the Pearl River Delta，1690–1845，Chapter 4。

[10]　Alexander Hamilton，*A New Account of the East-Indies ... from the year 1688–1723*，vol.2，p.224.

[11]　British Library：IOR G/12/28，21 June 1729.

[12]　Hosea Ballou Morse，*The Chronicles of the East India Company Trading to China，1635–1834*，vol.1，p.67.

[13]　Stadsarchief（City Archives），Antwerp：IC 5757；Jan Parmentier，*Tea Time in Flanders*，p.101. "Suqua" 在文献中也拼成 "Chuqua"。

[14]　"laat door den Tolk in't Engels ons antwoorden"，11 October 1732，National Archives，The Hague：VOC 4377.

[15]　Hosea Ballou Morse，*The Chronicles of the East India Company Trading to China，1635–1834*，vol.1，p.217.

[16]　Rigsarkivet（National Archives），Copenhagen：Ask 1118；Glyndwr Williams，ed.，*A Voyage Round the World in the Years MDCCXL，I，II，III，IV*，by George Anson，p.355. 关于 18 世纪 30 年代通事说英文的记载，将广州最早使用英文的时间往前推了。以前认为最早的是安逊 1743 年的记载。Philip Baker，Peter Mühlhäusler，"From Business to Pidgin，" *Journal of Asian Pacific Communication*，Vol.1，No.1（1990）：87–115. 感谢博尔顿（Kingsley Bolton）提示我这篇文章。

[17]　有关中国商业英文和广州商业英语字典编辑的深入研究，参见 Kingsley Bolton，*Chinese Englishes*。

[18]　奥斯坦德公司的档案有法文、英文和荷兰文三种语言。很多瑞典东印度公司的档案是用英文写的，有一些丹麦亚洲公司职员的游记是用荷兰文写的。

[19]　散商通常来自诸如印度马德拉斯、加尔各答、孟买等说英语的港口，也有一些来自法国殖民地本地治里。Carl T. Smith, "An Eighteenth-Century Macao Armenian Merchant Prince," *Review of Culture*, No.6（April 2003）：120–129；Carl T. Smith and Paul A. Van Dyke, "Armenian Footprints in Macau," *Review of Culture*, International Edition, No.8（October 2003）：20–39；Carl T. Smith and Paul A. Van Dyke, "Four Armenian Families," *Review of Culture*, International Edition, No.8（October 2003）：40–50；Carl T. Smith and Paul A. Van Dyke, "Muslims in the Pearl River Delta, 1700 to 1930," *Review of Culture*, International Edition, No.10（April 2004）：6–15.

[20]　Charles Lockyer, *An Account of the Trade in India*, p.102.

[21]　黄国盛：《鸦片战争前的四省海关》，福建人民出版社，2000，第 114~118 页；"William Elting Notebook 1799–1803", Massachusetts Historical Society, Boston：Ms.N-49.19, pp.21–22；Robert Morrison, *Notices Concerning China, and the Port of Canton*, p.23；*Canton Register*（2 Feb., 1831）；*Chinese Repository*（Jan.1837）, Vol.5, p.432；John Robert Morrison, *A Chinese Commercial Guide*（1844）, p.161 and（1848）, p.200；C. Toogood Downing, *The Fan-Qui in China*, vol.3, p.121. 通事的名单参见 Paul A. Van Dyke, Port Canton and the Pearl River Delta, 1690–1845, Chapter 4。

[22]　"William Elting Notebook 1799–1803", Massachusetts Historical Society, Boston：Ms. N-49.19, pp.21–22.

[23]　有关通事及其手下工作的描述，参见 Paul A. Van Dyke, Port Canton and the Pearl River Delta, 1690–1845, Chapter 4。

[24]　Stadsarchief（City Archives）, Antwerp：IC 5690, 5692, 595. 由于奥斯坦德公司的登记不连贯，很难算出每艘船的通事费。

[25]　Louis Dermigny, ed., *Les Mémoires de Charles de Constant sur le Commerce a la Chine*, par Charles de Constant, pp.160–162.

[26]　Anonymous, *Descriptions of the City of Canton*, 1839；Robert Morrison, *Notices Concerning China, and the Port of Canton*, p.37；John Robert Morrison, *A Chinese Commercial Guide*（1834）, pp.22–23.

[27]　美国船只的通事费由原始档案得来。由于外国人之间的兑换率从 0.72 两到 0.74 两不等，此处使用了不同的兑换率来计算两种货币的费用。"Linguist's Fees paid by 43 American Ships in Canton from 1789 to 1842", Paul A. Van Dyke, Port Canton and the Pearl River Delta, 1690–1845, Appendix L.

[28] 有关在华外国公司船只的规模，参见 Jaap R. Bruijn and Femme S. Gaastra，eds.，
    *Ships，Sailors and Spices. East India Companies and Their Shipping in the 16th，
    17th and 18th Centuries*。对不同通事费用的深入研究，参见 Paul A. Van Dyke，
    Port Canton and the Pearl River Delta，1690-1845，Chapter 4。

[29] E.A.Voretzsch，ed.，*François Froger：Relation du Premier Voyage des François à
    la Chine fait en 1698，1699 et 1700 sur le Vaisseau "L'Amphitrite"*，p.86.

[30] Charles Lockyer，*An Account of the Trade in India*，p.102；Hosea Ballou Morse，
    The Chronicles of the East India Company Trading to China，1635-1834，vol.1，
    pp.107，143.

[31] "Tolck... haver eet vist Salarium af kiöbmændene af hver Picul stÿcke godz"，
    Rigsarkivet（National Archives），Copenhagen：Ask 1118.

[32] William Milburn，*Oriental Commerce*，vol.1，p.495；John Robert Morrison，*A
    Chinese Commercial Guide*（1834），p.18.

[33] Robert Morrison，*Notices Concerning China，and the Port of Canton*，p.37.

[34] 通事中止向收费站和官员缴纳费用的有关论述，参见 *Canton Register*（12
    January 1836）。

[35] 通事一揽子数据更详细的讨论，参见 Paul A. Van Dyke，Port Canton and the
    Pearl River Delta，1690-1845，Chapter 4。

[36] 通事插手买办事务程度的更详细研究，参见本书第四章，以及 Paul A. Van
    Dyke，Port Canton and the Pearl River Delta，1690-1845，Chapters 3 and 4。

[37] 1761年瑞典人与行商德官（Tayqua）签署了一个打捞"弗里德里克·阿道夫王
    子号"（Prins Friederic Adolph）的类似合同，这艘船在普拉塔岛（Prata）附近
    沉没。行商同意打捞，以打捞上来白银的 7.5%（他要价 10%）和货物的 40%
    作为报酬。德官在澳门雇请了 40 名中国人（包括水手和潜水员），用两艘舢板
    把他们运到出事地点。另一艘船运送了 30 名欧洲人陪同他们前往。这次行动
    得到了粤海关监督的同意，由德官和外国官员一起安排。粤海关监督还颁发了
    打捞许可证，船舶回来的时候得到允许，经虎门溯江而上。National Archives，
    The Hague：VOC 4411，4556；"Bärgningen från Skeppet *Fredrik Adolphs* Vrak
    （1761-1762）"，GUB：H21.1，pp.1149-1150；"Dagbok för Skept *Rijks Ständer*på
    Resan till Surrat och Canton 1760-1762"，GUB：H22.4a，p.1200.

[38] National Archives，The Hague：VOC 4411，4556.

[39] "商馆附近一有火灾发生，通事必须立刻到场。"William Hunter，*The "Fan
    Kwae" at Canton before Treaty Days 1825-1844*，p.32.

[40] 这是英国人和荷兰人关于火灾的简要报告。Hosea Ballou Morse，*The Chronicles
    of the East India Company Trading to China，1635-1834*，vol.5，p.173；National
    Archives，The Hague：Canton 82，7-8 February 1773.

[41] National Archives，The Hague：Canton 86，8 February 1777.

[42] National Archives，The Hague：Canton 87，18 December 1778.

[43] National Archives，The Hague：Canton 87，21–22 December 1778.

[44] National Archives，The Hague：VOC 2438；Rigsarkivet（National Archives），Copenhagen：Ask 879a，999，1118.

[45] 丹麦人于 12 月 6 日得到消息，荷兰人 7 日得到消息。Rigsarkivet（National Archives），Copenhagen：Ask 879a；National Archives，The Hague：VOC 2438.

[46] 荷兰档案中的摘录显示法国人并不在场（alwaar meede alle de Cargas Excepto die de Franschen，zig meede Lieten vinden），然而丹麦人声称所有国家的人都在场，包括"Moorsche"。National Archives，The Hague：VOC 2438；Rigsarkivet（National Archives），Copenhagen：Ask 1118.

[47] 此次会面的描绘是由以下材料综合而来。"dagregisters"，National Archives，The Hague：VOC 2438；Rigsarkivet（National Archives），Copenhagen：Ask 879a，999，1118. 但丹麦人提到通事把所有内容都翻译成了"英语"。Rigsarkivet（National Archives），Copenhagen：Ask 1118.

[48] "dagregisters"，National Archives，The Hague：VOC 2438；Rigsarkivet（National Archives），Copenhagen：Ask 879a，999，1118. 这样充满感情色彩的会面并不普通。1811 年，威尔金森参加了两广总督的一次会面，会面最后他提道："总督忍不住流下眼泪，他最后说告辞了，我们理解他的意思是'英国人是伟大的、好样的'。"George Wilkinson，*Sketches of Chinese Customs & Manners，in 1811–1812*，p.161.

[49] 这一年也有好几个荷兰人擅离职守，但这种事情比较普遍，也许与参加这个仪式没有直接关系。National Archives，The Hague：VOC 2438；Rigsarkivet（National Archives），Copenhagen：Ask 879a，999，1118.

[50] "dagregisters"，National Archives，The Hague：VOC 2438，2–4 February 1739.

[51] Paul A. Van Dyke and Cynthia Viallé，*The Canton-Macao Dagregisters，1763/1764.*

[52] Samuel Wells Williams，*The Chinese Commercial Guide*，p.161.

[53] 广州体制崩溃之后通事的有关信息主要来自 John Robert Morrison，*A Chinese Commercial Guide*（1848）；S. Wells Williams，*The Chinese Commercial Guide*（1863）。

[54] S. Wells Williams，*The Chinese Commercial Guide*，p.169.

[55] 派遣一位到广州来的外国人或者某公司雇员教授英语并不会特别难，但是没有需求。一些行商，比如邱崑（Semqua），他 1729—1774 年活跃在广州，开设了义丰行，是当时最大的商行之一，但他并不愿意学习商业英语，靠伙计和秘书来翻译。Paul A. Van Dyke，"Cai and Qiu Enterprises：Merchants of Canton 1730–1784"，*Review of Culture*，Internatioanl Edition No.15（July 2005）：60–101.

第六章

行政措施及其弊端

　　海关设立之初，粤海关监督就改变了许多通关手续以帮助海关控制、监管走私与腐败。1731 年，军民府被转移至前山，并负责为引水人、买办、通事等发放执照，这些都是让管理更加严密的一部分措施。1744 年，首个澳门同知设立在澳门附近的望厦村。[1] 这些措施把澳门和整个珠江三角洲置于更密切的行政控制下，相应地也为调控商业带来了更多的安全性。

　　在后来的几十年里，粤海关监督与两广总督继续尝试其他方法与策略，以更好地控制贸易。海关监督知道一些海关官员如果有机会就会接受贿赂，让商品无须申报和"免税"。这是外国人规避某些类型丝绸出口数量和质量限制的途径之一。尤其是荷兰人、瑞典人和英国人，经常采用贿赂海关胥吏的方式以获得更多丝绸配额。[2] 那些售卖纺织品的中国商人则策划了这些买卖勾当。[3]

　　这种颠覆丝绸贸易规定的做法成为一个问题，以至于到了 1759 年税馆管理者采取了一项大胆的举措，即向所有外国人收费，即使他们并非走私货物，也要收取"每船 100 西元，以便获得船运丝绸的特权"。[4] 英国和丹麦大班向新总督投诉这种新做法。丹麦人那年没有走私丝绸，他们对缴纳这笔莫须有的纵容费感到愤怒。他们的投诉导致黄埔与广州之间的三个税馆所有的海关胥吏遭逮捕。一些胥吏设法逃到下游，但最终还是在澳门附近被抓。[5] 这次打击仅取得表面的效果，因为几个月后在对英国船只进行检查时，海关胥吏还是发现了船上装载有黄色和深红色的丝绸，这些颜色为中国皇室独享，都是严禁出口的。[6]

1759 年对腐败进行打击之后，外国大班重获利益，这又促使他们向两广总督呈递了一长串投诉清单。他们提出的要求除了不再向税馆胥吏缴纳这笔纵容费，还包括撤掉买办的佣金，废除给中国皇帝的规礼银（每船缴纳 1950 两），并解决中国商人的所有未清债务。除了逮捕所有税馆胥吏和解决中国商人的债务问题外，其他要求看起来最后并没有被采纳，因为这些费用都是合法的。

自贸易初期起，粤海关监督一直对官印船运送货物到黄埔进行密切监控，并更加严格地控制这些船只的往来。18 世纪 50 年代末18 世纪 60 年代初，丹麦人和荷兰人都试图获得每日可以从每艘船只卸货四趟到舢舨上的许可，但粤海关监督只允许两趟。[7] 限制载货舢舨是防止走私的一种方式。

1766 年 7 月，税馆胥吏抓到了一名同时拥有丹麦和英国国籍的船长，他试图用一只来自澳门的中国舢舨走私钟表等物品进入广州。这导致外国人提出了更多的抗议，他们呈送抗议信给两广总督，提醒他东印度公司官员很久以来就有权自由通过税馆而不受干扰。换言之，官府不必太在意走私，牢记大家的权利就好。[8]

18 世纪 60 年代后期，粤海关监督强制要求每艘官印船上必须有一位自己的亲信跟船。正如所料，这一新政策极大地阻碍了贸易的平稳和适时进行。外国人常常不得不等待数日，以待他的亲信空闲之后，他们才可以将货物运送至黄埔港，这又引发了诸多抱怨。目前无法确定这项新政策实施了多长时间，在以后的记录中这种情况并没有作为一个常规问题再次出现。这项措施可能只是暂时的，因为它缺乏时间效率。

18 世纪 70 年代粤海关开始采用其他规定，以确保所有进出口货物都缴纳了适当的关税，以及破产商人拖欠政府的款项得到征收。1772 年粤海关监督废除了过去的做法，即不允许处境窘迫的商人在下季度开始前缴纳进出口关税（即到期后五六个月），转而要求所有关税必须在发放船牌之前缴清。这当然把巨大的财政压力施加到了势力单薄的商人身上。自公行解除了垄断以后，行商一直忍受着降价的痛苦。为了按时缴清关税，有些行商被迫向外国人借高利贷或垫款，使他们陷入负债的境地。[9]

行商竭尽全力劝说粤海关监督回归旧政策，但未能成功。这一新措施与粤海关监督在 18 世纪 40 年代加强港口费征收的做法一致，也使得按时征收税费显得很合理。然而，这也导致在 18 世纪 70 年代后期出现了更多行商因巨额债务累积而破产。[10]

即使在最好的年份，生意对行商而言也充满风险，而粤海关监督从未设法提出有效减少行商生意失败的措施。行商在日常交易中能够预见一些费用，如付钱成为保商、代缴进出口关税，以及进贡无处不在的"珍稀物"等费用。

进献贡品的需求要求行商从外国人手里高价购买钟表及其他奢侈品，再将之以优惠价格或直接作为"赠品"提供给粤海关监督与清朝官员。这些物品的成本可能每年都会有显著差异，这取决于当年可以获得什么东西，或者主事的粤海关监督是否打算来一次北京之行。行商知道他们不得不购买这些赠品，一定程度上他们能够预料价格，但最终的金额总是一个问题。

行商面临的明显劣势之一是广州官员处理债务的方式。官方严禁中国人从外国人那里借贷，但由于贸易增长离不开资本，粤海关监督和两广总督对这些交易一般都视而不见。[11]当中国行商破产了，其个人债务会一并转嫁给他的生意伙伴、家人或行商群体。一个商人的欠债不会被免除或一笔勾销，这样做可能对贸易的增长产生负面影响，更重要的是会影响朝廷的收入，而且在中国遭受亏损的外国人不太可能返回。因此，如果没有其他解决债务的方法，行商群体就得为其承担责任。他们首先得缴纳官府的费用及关税，然后再还清外债。

在处理债务偿还的时候，粤海关监督对外国人比中国人要宽松且包容得多。处理债务的方式有多种，粤海关监督有时会以不同的方式和不同程度的忍耐力进行试验。一个奇异的例子很清楚地表明，在中国，外国人在强迫收债方面比中国人有更多的手段。

1779 年，英国散商亚伯拉罕·莱斯利（Abraham Leslie）无法从破产行商陈科官那里全额收债。于是他手持装有子弹的手枪，在几个来自孟加拉的摩尔人（印度水手）的协助下，带着三四只大狗强占了陈科官的商行和商行里存放的所有茶叶和瓷器。他把自己的名字写在门上方，并在门上悬挂一面蓝色旗子，上面用中英文写着"莱斯利，一位英国商人，接管了该商行直至债务还清"。[12]

莱斯利霸占了陈科官的商行达半年之久，直到如其所愿，陈科官清偿所有债务，但他仍持有其他商人的债务。1780 年，他纠集一伙人强占了泰和行，这是破产行商颜瑛舍的商行。颜瑛舍因负债累累被发配伊犁，官府查封了他的商行。[13] 莱斯利撕掉了禁止进入的官府封条，并再次贴出告示称，打算占领该行直到债务还清。他取下门前有"泰和"字样的灯笼，并挂上了写有他自己中文名字的灯笼。一位中国木匠帮他写了中文，后来这位木匠被官府戴上了镣铐。之后莱斯利挂出了一则英文广告招贴，上写"客房出租，价格合理"，称用租金作为赔偿金来抵颜瑛舍的债务，很快，一位英国散商船长租了其中一间房。[14]

莱斯利是英国东印度公司资深外科医生，但在收债问题上他没有得到英国东印度公司的充分支持。他早先一些过激的行为迫使粤海关监督安排偿还陈科官的债务，他现在又希望事情照旧解决。不过英国东印度公司并不同意他坚持的所谓"宣称比其他难兄难弟要满意十倍"的偿还。这一次他的要求超过了清朝官员可以容忍的程度，他被捕并被移送到澳门，成为葡萄牙人看管的囚犯。几年后莱斯利被流放到加尔各答，很不体面。在加尔各答，他会向任何愿意听他经历的人诉说自己在中国的遭遇。[15]

莱斯利可能认为他遭到了不公平和严酷的对待，但是，如果中国行商以这种方式对待任何一位外国人，粤海关监督和两广总督会毫不留情地处理。他们不仅会把这种行动看作是企图扰乱广州的秩序，更有甚者，他们会将之看成海盗行径或谋反。这种行动肯定会让该行商沦为阶下囚，甚至可能判处死刑或流放伊犁。

粤海关监督还会在西方大贸易公司向中国人讨债时进行调解。18 世纪 80 年代的债务危机中，荷兰东印度公司赊账给一些行商。虽然该公司在 1794 年破产后再没有派遣船只到中国，荷兰大班仍然每年到广州来收债。他们在淡季搬到澳门次年返回广州。从 1795 年到 19 世纪 20 年代，荷兰人仍然进行了一些贸易，但他们去广州的主要目的是收取行商未清债务的利息和本金，粤海关监督允许他们这样做。[16]

英国人的公司也是相当成功地通过广州传统的法律途径讨回了债务。有些公司，如英国东印度公司和荷兰东印度公司拒绝卷入追讨私债，但其他公司如瑞典、丹麦、法国的公司等经常强占行商财产"来解决其国民的私人债权"。[17] 有时散商出售其债权给公司，因为后者有更多的手段来追讨债务。

该体制的另一个缺点是地方官员的定期"敲诈"。如果行政经费和预算不足以满足眼前的需求，行商商馆则是当局找钱的首要选择。通过查看行商缴纳的进出口关税记录，粤海关监督就获得了解每位商人总收入的渠道。这些数值让他们可以大略推断每位行商能够"进贡"的数目。中国皇帝和广州的高官需要特殊贡品，如发生饥荒、洪水，或者建造、修缮沿江炮台，筹措军费等时，行商就会被如期传唤到粤海关监督、两广总督跟前。

这些进贡可以通过正常的政治策略和艰辛的讨价还价而有所降低，但是，如果行商认为他们能够一毛不拔地脱身是不切实际的。

粤海关监督有很多手段对付行商，每位行商都需要他们的审批才能做生意。如果粤海关监督不满商人的表现，他可能会收回交易特许权，或者只允许他们使用小型船只交易，降低其获利的可能性，从而迫使行商履行财政义务。大多数情况下行商在当地是无力对抗官府的。他们可以尝试上诉到朝廷，但这种举动若被当地官员发现，只会给他们带来更多麻烦。[18]

因此，当官员找上门来索要上贡费时，最好是与他们达成尽可能最佳的协议并和谐相处。如果商人设法达成的协议对他们来说比对官员更有利，在下一次危机来临时，商人可能要付出更多的上贡费。因此从商人的个人利益来说，应该服从当局要求，而不是让自己容易受到心存不满的粤海关监督或两广总督的恶意刁难。让商人破产对官员政治利益也没有好处，贸易受挫他们也会遭到谴责，这样商人也会有某些影响力。

公行垄断在 1771 年瓦解后，行商试图处理意料之外的规礼费和抽税。他们建立了一个商人组织，所有行商捐款开立一个名为"行用"的账户。公行时期就已经有类似的安排，但现在所有行商只需向账户捐资，而不是像从前那样对他们贸易的某方面进行规范。行用账户上的资金用于官方抽税、购买贡品等支出。有时，破产行商拖欠的债务、港口费、关税等也都由行用账户缴纳。这一政策有助于为行商的贸易建立一些保障和提供一定的可预测性，因为行用由所有行商平摊且金额固定，是能够从商品价格和预算中计算和运作出来的。

然而，行用的问题在于粤海关监督越来越依赖它。他们把它看作是他们所需资金的来源，一有需要就从中榨取，这意味着不用多久需求就会压倒供应，资金很快就会出现短缺。于是粤海关监督和两广总督就会被迫回到"进贡"的老路。18 世纪 70 年代后期，行商再次承担破产行商的债务，承担债务的问题一直持续到 19 世纪 30

年代。[19]

另一种降低风险的手段是捐纳，行商通过捐纳可以获得官衔。捐纳为行商提供了一定程度的尊严与安全感。当拥有某种官衔的行商由于债务问题等受到指控时，他能够以拥有的官衔恳求粤海关监督、两广总督或皇帝的仁慈。官衔本身可以抵消部分惩罚。如果行商设法从经济失败的处罚中恢复过来，挽回了自己的声誉，他还可以尝试再次捐纳。[20]

尽管有这些保障和降低风险的措施，但相比外国人来说，行商资本仍然缺少保护。中国人被禁止出国，他们不可能在外国债务人所属法院有效追讨外债。例如19世纪初期，潘长耀（Conseequa，崑水官）通过美国法院试图追回美国人欠他的款项。尽管他聘请了美国律师，甚至设法（非法）派遣了一些中国人到美国作为代理，但他还是未能追回任何款项。[21]

由于这些弊端的存在，行商很难在广州积累财富，遑论传之后世。行商未经允许不能私自退出贸易，倘若有幸获得官府批准退出，他们得向官府缴纳高昂的费用。[22]这种情况亟待有明确的政策来规范债务废除和抽税（包括行商退出费），这样行商才能够保护其利益，预测其未来的收益，并预留足够的资本来进行贸易。他们必须得到保证，无论他们的谈判能力如何，他们累积起来的资本不会毫无防备地被剥夺，而是可以允许一代一代地增长。但是，这种政策不适用于广州体制，缺乏其他有效的措施给予安全感，意味着充当行商总会冒一些风险。

1774年开始了另一项协定，强制要求每艘船的进口关税与出口关税保持平衡。这种做法早在18世纪初就已经是贸易的一部分，并且成为监控走私活动的有效方式。粤海关监督非常清楚，可以购买的出口商品数量受限于进口商品的数量（含白银）。如果进口超过出口，则表明有部分资金被用来购买未被记录在册的物品。如果出口大于进口，则表明一些进口商品（含白银）是通过走私进来的。出现这种情况，行商要为任何未能抵充的资金承担责任。[23]

即使在广州体制早期，粤海关监督就已经密切关注运上岸的白银了。把白银从船上转运到广州的许可证上列明了箱子的数量及其重量。从船上卸下来之前箱子要称重一次，到码头再称一次，以确保白银在途中没有被偷。粤海关保存了一份白银装卸数量的记录。[24]

在这项政策实施的最初几年，保商花费了许多时日去与粤海关监督交涉那些据说被拖欠的税款。行商不得不陪同粤海关监督的手下登船，请他们巡视船上绝对没有额外存放哪怕一个箱子的空间，以此证明没有任何东西是未申报的。然而，无论船上是否留有空间，这都与他们的货物平衡无关。虽然采取这一措施是为了对付走私，同时也确保进口量不超过出口量，以帮助中国保持对外贸易总体平衡（白银被认为是进口商品）。[25]

广州体制时期，或许没有其他政策被外国记录如此广泛地误解、歪曲和误报，而这就是对持平进出口量的理解。大多数外国人不知道粤海关监督为什么扣留他们的船牌，并索要更多的钱。他们抱怨不断，经常指责粤海关监督不公正地拖延他们。然而持平进出口量，扣留船牌直到外国人缴纳了差额，这是清理腐败的政策，而非增加腐败的措施。

1775 年，粤海关新增了一个程序，即要求引水人当着粤海关胥吏的面丈量外国船只的吃水深度，之后船才得到许可航向下游的虎门。显然，有些船只装载仅半满的时候便准备离开，粤海关监督对此现象持怀疑态度。[26] 如果船只通过了粤海关的查验，一两天之后就会获得离开的许可。这项要求后来改为只针对那些已经卸下了至少"六千担货物"的大型船只。[27] 这样便于粤海关监督找出哪些船只准备离开，因为这些船只有装载到船上的货物担数的流水账。

除了这些举措，粤海关在控制澳门和在华外国人方面也有了新的变化：定期发布禁止基督教传教的法令；如何处理那些被指控对中国人实施了犯罪的外国人的方式也发生变化，反之亦然。许多问题都与贸易行为的日常运作有关，因此不在此进行讨论，读者可以自行参考已有相关研究。[28]

随着来华外国船只越来越多，对粤海关监督来说要监察所有官印船变得困难。于是，粤海关逐渐发展出一种体制，即在某些特定的日期才发放牌照和发送舢板。进出口关税也要在每年和每月的固定时间缴纳。到了19世纪20年代，所有进口品的关税应在农历九月二十五日缴纳，出口品关税必须每5天缴纳一次（即农历每月的三日、八日、十三日、十八日、二十三日、二十八日）。

目前尚不清楚这一政策何时开始，但它的确很利于管理，三或八结尾的那天都要缴纳关税。每月的朔望，粤海关监督都会到天后宫进香，这个时间表很好地解决了与其他活动的冲突。其他工作，诸如发放牌照、称重、查验商品等，也安排在定期间隔的固定日子里。[29]粤海关监督制定了所有这些政策，增强了自己对海关网络下层的控制。

另一项举措是规定所有外国人必须通过西江水路前往澳门。广州体制最初几十年里，那些去澳门疗养或避开广州炎热夏天的外国人都可以作为一名船员或水手，搭乘任何外国船只离开黄埔锚地沿珠江顺流而下。然而到了18世纪中期，外国人要去下游的唯一合法途径是申请租用舢板的特别许可，他们不再允许搭乘舢板通过虎门，而只能走西江航线。[30]

西江上的行程需要花几天，舢板配有卧室、餐厅、厨房设施和存放行李的地方，设计得适合外国人居住。外国人可租用的运输舢板数量有限，这些舢板以广州为总部，粤海关监督可以了解它们的行踪。此外，经营这些运输工具的中国海员被严密监控。如果外国人想从澳门来广州，他们必须申请一个派遣舢板去下游接他们的许可。他们不能搭乘其他任何中国船只。

荷兰人给我们留下了在西江上航行的通关费及缴纳费用的最完整记录。数据涵盖范围从 1763 年至 1816 年，仅缺少其中几年的数据。这些数据为我们认识海关运作提供了独特视角。海关运作的记录并不总能在档案中找到，因为西江与主要商品的运输和进出口货物无关。表 6-1 列举出了 9 项必须缴纳的通关费。这些费用是根据珠江上行驶舢舨的数量确定的。

表 6-1　西江上澳门与广州间的关卡

顺序	关名
1	澳门（检察长）
2	关闸（Quan Sjap 或 Porto Cerco）
3	前山（也称白屋或 Chymie）
4	香山（也称"第四收费"）
5	Hatschap
6	紫泥口（也称"第三收费"）
7	丹麦收费（税馆在丹麦商馆的西边，也称"第二收费"）
8	小溪收费（"瓷器街"或"Sijlap"收费）
9	广州收费（也称"第一收费"）

注：几处关卡的草图和地图上的位置参见梁廷枏《粤海关志》第 5 卷；《（新修）香山县志》；印光任、赵汝霖《澳门记略》。

资料来源：Paul A. Van Dyke，Port Canton and the Pearl River Delta，1690—1845，p.46。

图 6-1 列出了荷兰人于 1765 年在每个关卡缴纳的金额。这份文件并没有全部显示上述列表中罗列的所有关卡，因为有时两个关卡会合二为一，例如 Hatschap 的收费包括在香山关卡的收费中，而长洲岛收取的通关费则包括在小溪关卡的收费中。[31] 除了这些收费，外国人还得在广州或澳门税口缴纳"行李税"。这是对每只舢舨非常简单的计算，取决于船的大小及其承载量。然而，有时行李是根据重量收税，给箱子称重会消耗更多时间，同时还要额外付酬劳给

称重的人及其随从。[32] 这种行李税在广州和澳门被称为"官吏费"，不过澳门的行李税有时也被称为"码头费"。

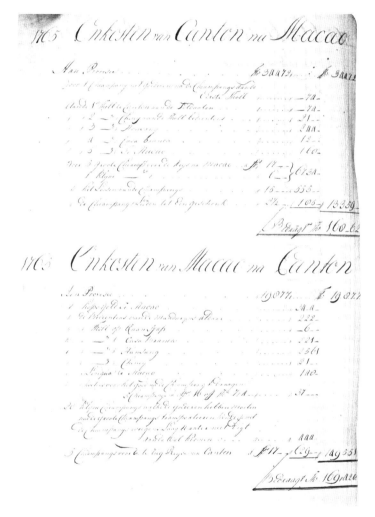

图 6-1　1765 年荷兰大班在广州与澳门间航行支付的西江通行费与其他
费用清单

资料来源：海牙国家档案馆藏，档案号：VOC 4398。

经由西江前往广州的通行证被称为"上省执照"。图 6-2 所示是 1792 年发给瑞典大班及其助手返回广州的执照，他们这群人的名字都写在通行证上，须盖有海关官印才算有效。外国人完成行程后，执照得上缴，海关胥吏会用红色墨水在执照上的特定部位写上一些文字，执照便不能再使用。

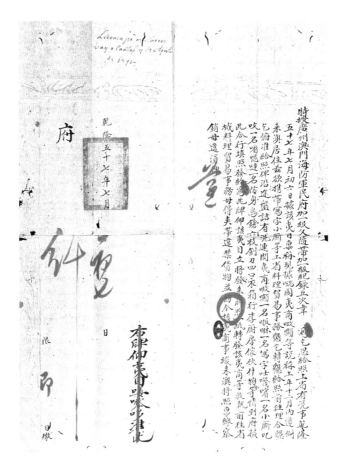

图 6-2　1792 年发给瑞典东印度公司大班及其助手的许可证

说明：这种通过西江去往广州的许可证通常称为"小船牌"。

资料来源：葡萄牙里斯本国家档案馆（东坡塔档案馆）藏，档案号：Chapas Sínicas，T164。

去澳门的通行证被称为"下省执照"。这些许可证通常被外国人称为"小船牌"，以区别于"大船牌"（尺寸要大得多）。亨特指出，海关胥吏会记录下外国人到达每个税馆的日期和时间，可能写在行程所需的其他三四个文件中的某一个文件上。[33]

西江上的海关胥吏偶尔会利用他们收取通关费的权力随意多收费用。法国人在1765年就已经抱怨这些敲诈行为，到18世纪70年代，越来越多的外国人开始抱怨。粤海关监督派遣一位官员跟随他们，以杜绝税馆收费过高。这项举措取得了一些效果。例如，1780年外国人必须缴纳一笔额外费用以支付官吏的开销，但是通关费的结余足以抵消这些费用。[34]但由于某种未知的原因，这项举措只在对西江沿途海关胥吏提出严重控诉时才会使用，只要海关官员不在场，就会多收通关费。

据丹麦人1785年3月报告，从广州到澳门的行程他们花费了600西元，比前一年增加了128西元。[35]1791年，英国人抱怨此行程的费用是他们1772年缴纳金额的9倍；1793年，在海关官员陪同下英国人进行了同样的旅程，与上一年相比他们节省了40%的费用。[36]1796年8月，当英国人准备返回广州的时候，西江沿途关卡收到粤海关监督的严厉指令不能敲诈他们。[37]但是荷兰的记录表明，尽管采取各种方法努力遏制，但税馆的收费仍持续上涨。[38]

要求外国人沿西江行驶，粤海关监督能够比旧政策时期更容易控制外国人。旧政策时期外国人可以随意地离开；新政策还让西江上的海关官吏有了一项新的收入，这可能有助于提高粤海关的整体预算。不过新政策也为敲诈提供了新的机会。

广州体制的另一个弊端是大船占据很多优势，而小船则备受歧视。东印度公司船只吨位通常至少450吨，后来的船只规模更大。到18世纪70年代许多船只都超过了700吨；18世纪90年代超过800吨；19世纪前十年则超过了1100吨。19世纪20年代，大多数公司船只载重为1200~1600吨。直到18世纪40年代，东印度公司船只和散商船只的规模差不多；而到了18世纪80年代，多数东印度公司船只的规模是散商船只的两三倍，甚至 4 倍。由于大船比小船更受益于广州体制，东印度公司的共同利益与散商的利益最终产生了分歧。

以 1799—1801 年这几年为例，我们来看看贸易公司和散商之间的差异有多大。在这 3 年里，到达广州的 66 只美国散商船只平均载重为 305 吨。[39] 德米尼估计这 3 年在广州的英国散商船只平均载重为 499 吨。[40] 美国商人与英国散商船只有 108 艘，总量是 41 310 吨。[41]

1799—1801 年，只有 54 艘英国东印度公司的船只在广州，但总容量有 60 426 吨，比所有散商船只的总容量还多 1/3。[42] 英国东印度公司对于散商的支配地位也持续到一些年之后。马士的研究揭示了 1818—1833 年美国和英国从广州出口的总量，美国是 103 255 875 西元，而英国是 265 273 865 西元。美国贸易总量始终大约只有英国的 1/3（39%）。这表明吨位估价与货物价值估算相当一致，而且这是一种可用来评估每个群体对广州贸易总量影响力的方法。[43]

1799—1801 年只有 15 艘其他公司的船只来广州，共有 17 490 吨。[44] 我们把这个数字添加到英国东印度公司这 3 年的数目上，得出了 77 916 吨的数量，同时期散商贸易总量则为 41 310 吨。显然，大型贸易公司在广州是影响广州夷务管理的主导力量，这种情况直至 1834 年英国东印度公司结束中国贸易为止。我们可以了解在大型贸易公司的保护下散商仍不断地减少的原因。

拿破仑战争后，英国东印度公司的大型船只主导了贸易。荷兰人、丹麦人、瑞典人及其他国家的商人在 1806—1820 年继续偶尔派遣私船到广州，但通常是小船（除了 1820—1833 年丹麦亚洲公司的船只）。[45] 荷兰公司被称为荷兰贸易公司（Nederlandsche Handel-Maatschappij），1825—1849 年派遣了许多船只到广州，但都是一些载重为 400 吨的船只。[46] 其他来广州贸易的外国人主要是印度和美国的散商，他们没有组织类似英国东印度公司这样的统一贸易公司，大部分船只规模很小。即使是荷兰贸易公司的船只，在广州由荷兰领事馆代表，而不是由公司主管代表，这与英国东印度公司或旧时荷兰东印度公司时期非常不同。

改变港口费并不符合英国东印度公司的利益，而是对小型船只有利。事实上，这些利益冲突直到1834年才结束，散商从此以后成了主导力量。我们分析这些数据时，这些差异体现的深度就会更加明显。

根据这些船只记录得来的数据，显示了小型船只和大型船只花费的巨大差异。小于250吨的船只每吨缴纳10~16两；400~500吨的船只每吨缴纳6~7两；900~1000吨的船只每吨缴纳约4两；1400~1600吨的船只每吨缴纳2.5~3两。

图6-3显示了1772年至1842年在广州的1470艘外国船（公司船或港脚船）的港口税。根据图6-3中的数据我们可以估算出该港口费占货物价值总量的百分比。货物的数据是从1730年至1833年在广州的172只外国船的记录中收集的。它们的出口总额高达31 601 969两，总吨位量为147 449吨。这表明平均每吨货物的价值为214两。[47]如果我们将这个数值应用到上面的数据中，那么对小于250吨的船只而言，港口费占出口货物价值的5%~7%；400~500吨的船只约为3%；900~1000吨的船只约为2%；而1400~1600吨的船只为1%~1.5%。[48]

显然，大型贸易公司的最大利益就是维持港口费的收费架构不变。减少规礼银（第二章已讨论）会让所有人受益，因为这项费用每艘船的金额固定，但使丈量费与船只容量更相一致，这只会使散商较之贸易公司更具竞争力。这就是为什么直到大公司船只不再派船来华之后，在广州的外商才最终就贸易所需的变化达成一致。1830年，英国东印度公司终于成功地通过谈判，把规礼费从1950两（2708西元）减少至1600.683两（2223西元）。[49]这能节省一笔费用，

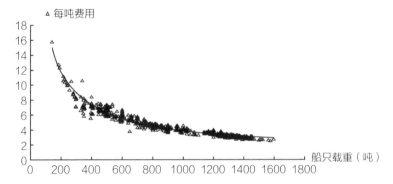

图 6-3　1722—1842 年 1470 艘外国船缴纳的港口费分布

　　说明：1774 年之前英国东印度公司的船只吨位不太准确，即使是那些规模更大的船，一般都常规地登记为 499 吨或更少。申报登记时刻意减少吨位是因为按当时规定，500 吨及以上规模的船必须搭载一位牧师。搭乘一位牧师的不便以及开销增多就促使公司把吨位数人为压低。1772 年这种规定被撤销，英国东印度公司立即列出了所有船只的真实吨位。因此，一些英国东印度公司船只的吨位一夜之间涨了50%。1774 年是实际吨位列入英国东印度公司广州记录的第一年，从那年开始数据更准确。1450 艘船的吨数和港口费的数据获取自笔者著作，其他 20 艘船的数值是从奥斯坦德贸易公司、荷兰东印度公司、丹麦亚洲公司和美国档案及其他各种参考资料中发现的，数量众多故不在此列出，详见本书参考文献。

　　资料来源：Hosea Ballou Morse, *The Chronicles of the East India Company Trading to China, 1635–1834*, vol.5, p.69 and vol.2, p.11; Christian Koninckx, *The First and Second Charters of the Swedish East India Company*（*1731–1766*）, p.159 n.26; F.S. Gaastra, J. R. Bruijn, "The Dutch East India Company's Shipping, 1602–1795, in a Comparative Perspective," in Jaap R. Bruijn and F.S. Gaastra, eds., *Ships, Sailors and Spices. East India Companies and Their Shipping in the 16th, 17th and 18th Centuries*, p.183; Paul A. Van Dyke, *Port Canton and the Pearl River Delta, 1690–1845*, appendix; GIC 7, VOC 102, DAC 105, EIC 1140, CFI 8, USA 48, SOIC 58, private 2.

但对于较小的船只来说却没有什么区别，因为税率随之增加了。[50]

　　直到 19 世纪 20 年代晚期，外国人是通过口耳相传的信息、信件、报告，以及阅读已出版的中国游记获得关于中国贸易的信息。大型贸易公司对自己的贸易数据保密，但正如本书第五章指出的，货物数据和一些其他因素可以从广州通事处获得。每位行商的价格数据更难以确定，因为特殊的私人安排会影响支付价格。每艘船的费用可能差别很大，大部分的细节没有公开，因此，一艘船或一位商人支付的费用比别人多还是少很难弄清楚。贸易公司清楚会有哪些成本，但往往不清楚其他公司船只缴纳了多少费用。这意味着每个人都有不同的贸易信息，而且每个人对作为一个整体的中国夷务管理体制如何运作有不同理解。

信息传播在 19 世纪初的中国发生了巨大变化，使外国人对于贸易是如何管理的理解渐趋一致。大清律例和法令的翻译由斯当东与马礼逊父子完成，使西方人对大清法律的结构了解得更加清晰。1806 年，英国东印度公司在澳门建立了一个图书馆，该公司职员可以在这里愉快地阅读杂志、回忆录、中国商业指南及其他趣味读物。几年后马礼逊图书馆成立，所有订阅者都能利用该馆馆藏。到 19 世纪 30 年代初，前者馆藏不少于 4300 卷，而后者拥有 2000 卷。图书馆给这一时期参与对华贸易的商人提供了译作和书籍，这些能够帮助他们更深入地了解控制商业的政治与商业结构。不过，使用这些馆藏是受限制的，并不是每个人都可以使用。

1827 年 11 月，随着中国沿海第一份商业报纸《广州纪事报》的发行，知识传播向前迈出了一大步。很快，其他出版物相继创立，关于中国和贸易的大量而广泛的信息可供任何有钱购买的人阅读。这是中国贸易史上第一次不分公私，让外商都可以相当清楚地了解其他人在贸易中所做的事情。[51]

这些出版物也定期登载其他外部资讯，例如《孟买政府公报》(Bombay Gov. Gazette)、《加尔各答政府公报》(Calcutta Govt. Gazette)、《直布罗陀纪事报》(Gibraltar Chronicle)、《新加坡纪事报》(Singapore Chronicle)、《加尔各答快报》(Calcutta Courier)、《马德拉斯快报》(Madras Courier)、《孟加拉信使报》(Bengal Hurkaru)、《爪哇报》(Javasche Courants)、《印度公报》(India Gazette)、《利物浦综合广告报》(Liverpool General Advertise)、《里斯本纪事报》(Lisbon Chronicle)、《京报》(Peking Gazettes) 等。曾在法国和英国

的学术期刊中出现的关于中国习俗、宗教、社会、政治和家庭观念的文章，都会在这些广州刊物上刊载。[52]

除了上述出版物，荷兰人和英国人保留了他们在广州贸易日记的副本以方便大班查阅。有了这些文件，广州这些刊物的编辑就可以让需要的人去查阅 50 年或 100 年前发生过的事情。过去贸易的一些细节都被翻译和出版以方便大家了解。随着能够知悉所有这些新信息，广州外国人群体对广州当地、北京朝廷和国际环境的情况有了更充分的认识。[53]

英文刊物上刊载的文字明确显示散商在三角洲的走私活动得到发展——在一定程度上是他们逃避广州沉重关税的一种手段。各级海关官员为了私利而纵容走私贩子，他们普遍都认为这种私利已经内化成广州税收结构一部分。在三角洲进行秘密交易并不难，因为清朝官员的纵容手段和方法都已经非常成熟，报刊媒体也可以让外国人群体随时了解到朝廷对走私的态度所发生的任何改变。另外，大型船只（大多是公司船）得到优待，能够承担继续沿江而上航行到达黄埔港的行动。报刊媒体将所有问题公开给大家讨论，有助于打破英国东印度公司对贸易的垄断。

在华从事贸易的最后两个大型公司是英国东印度公司和丹麦亚洲公司，两者都是在 1834 年停止向中国派船。到那时，所有外国人都成了"散商"，而他们至此已经非常了解广州贸易的发展史，也清楚了广州地方当局过去处理问题的方式和国际贸易的最新趋势。这种可用信息的开放很快导致了改变中国贸易新思路和新手段的产生。

但是，大清王朝并没有注意到外部环境的变化，而是继续依赖于广州体制。这些刊物大多免费提供给公众，甚至连行商也有订阅。外国人群体曾就出版其中一些卷刊的中文版进行过多次讨论，但除了行商外，这些问题在中国并没有引起多少兴趣。

事实上，常规和系统地记录外国人及其船只的唯一详细资料是船牌上登记的内容，以及那些在海关税馆之间来回传送的报告。不过，这些文件没有包括很多变化中的国际环境的重要信息。图 6-2 是 1742 年颁发给瑞典东印度公司"哥德堡号"船长本特·阿斯克伯（Bengt Askbom）的船牌的填写部分。

图 6-2　1742 年"哥德堡号"船牌的填写部分

洋船商亚氏梦	装载货物前往瑞国	
番稍壹百贰拾名 鸟桥叁拾支 乾隆六年十二月十一日	剑刀叁拾口 火药拾担	大炮叁拾门 弹子叁百个

注：目前保留下来的 1742—1837 年的船牌有 20 张以上，都列出了类似的信息。

资料来源：KBS：Kine. ms 14 "Grand Chop"。

其他一些我们可能认为重要的信息似乎被忽略了。例如，大炮和炮弹尺寸细节没有记录，仓库中猎枪的种类以及射击和装载设备的任何技术改进信息也没有记录。大多数各国东印度公司船只上大型的炮（10~20 磅）被放置在下层甲板，较小的炮（4~8 磅）则置于上层甲板。18~20 磅的炮几乎能够夷平所有珠江三角洲中国炮台的外墙，而 4~8 磅的炮则没有什么杀伤力。外国步枪有了更远的射程，有更快更容易的发射装置，质量稳定，越来越精准和致命。获取这些信息对于清朝维护有效的防御至关重要，但当时他们未曾收集。

位于珠江三角洲每个海关站点的工作报告会定期呈报到广州，但这些文件很多并不可靠。报告中定期并系统地删除了一些重要信息，而且其他信息也被修改以便写得好看。当我们把这些记录与外国文献中的信息进行互证时，我们会发现双方内容有着严重的出入。这些报告通常记载问题的处理方式，不过记载的处理方式都缺乏广度和深度。下一章将更详细地讨论海关官员报告中的各种遗漏。这里仍需指出的是，大部分会影响贸易的重要信息都没被收集或报告。

要了解 19 世纪中叶西方军事方面的优势到底有多强，只须阅读一些当时有关鸦片战争期间英方军队进攻的记述。在多次交战中，英国人能够轻易地挺进并经常迅速击败清朝军队，尽管清朝军队也曾竭尽全力仿制外国武器。[54] 不过，可能他们并没有感觉到威胁，因此西方军事优势的重要细节没有被记录下来。

西方技术进步加剧了他们的贪婪。1765 年精密计时器（航行表）的发明使船长可以确定船只所在的经度，大大辅助了其海上航行。除了有助于规避海难危险，寻找重要的淡水和补给地点外，这种仪器有助于他们保持航行方向。这样一来，远距离航行变得更加准时、有规律和可预见。所有这些都是重大的军事优势。[55]

船帆和光滑铜底船体的新式设计使西方船只更快、更灵活。[56] 特别是在浪涛汹涌的海域，使用了改进后的操控机械装置以及使用电镀铁（1815 年后）和铁锚链代替麻质绳缆，能够提高船只的安全性和机动性。19 世纪 30 年代，快船投入使用，其航行更接近风速，每年可以在印度与中国之间往返三次。[57] 18 世纪后期，发明不久的伸缩式望远镜很快成为往返中国的船只的标配装备。这成了西方势力在中国进行侦察行动的明显优势，在鸦片战争期间大炮在瞄准和射击方面也体现出明显优势。

汽船作为外国人最显著的优势之一也被中国人忽略了。这种机械船只使西方人能够穿行于浅水河和溪流，这些水道是大型帆船无法进入的。此外，汽船本身有动力，不用依靠风、水流或潮汐，而这些都是外国帆船和中国帆船航行必须依赖的因素。

1835 年英国人曾试图用"查顿号"（Jardine）在澳门与广州之间推出汽船客运服务，但粤海关监督不允许。所有在广州的中方上层主管——行商、通事甚至引水人都对这种侵略行为表示强烈的抗议。"查顿号"是长 85 英尺的小船，吃水浅至 6 英尺，它不需要澳门引水人协助就可以在河流上航行，也不必等待风或潮汐。[58]

"查顿号"到达虎门的情景非常奇特。该船虽然遭到清朝水师阻挡，但仍有约 100 位满怀好奇的清朝官员、士兵和随员借机登船并查看了发动机。"查顿号"第一次尝试航行至珠江上游被中国人阻止；第二次尝试也被挫败，中国船只在水面排列，珠江口的五个炮台也发射炮弹阻止。经过几个小时的炮击，"查顿号"及船上的 13 名船员放弃了航行。[59]

官府对"查顿号"是汽船这一事实没有异议，但它打算运载乘客通过虎门则必须被禁止。然而这个事件应该是明显的迹象，表明虎门炮台毫无作用，用不了多久外国人可能会使用一艘如同"复仇女神号"一样的汽船，强行向上游航行。汽船的另一个似乎被忽视的明显优势是它可以牵引风帆军舰，并将其迅速放置在战略射击的位置，使军舰不用靠自己的力量航行。只需一艘汽船的协助，一支帆船舰队在沿海战斗中就会变得更加有效。[60] 中国沿海防御系统没有任何战略措施来防止外国人运用这些策略。[61] "复仇女神号"于 19 世纪 40 年代初进行了大肆破坏后，清朝军官胡超坦言，他们之所以败给外国人，是"因为这些敌军拥有汽船、大炮及相关装备"。[62]

清政府对第一次鸦片战争的爆发迅速做出反应。朝廷迅速派遣官员去获取有关外国汽船的信息，并主动启动建造汽船的计划，用蒸汽动力改装帆船，以使这些船只拥有卓越的机动性和火力。清朝官员至此清楚地意识到水师无法抵挡这样的外来威胁。[63]

然而在"复仇女神号"攻击前很长一段时间，广州的官员就可以获得这方面的信息，但没有人注意。距离第一艘汽船"福士号"出现在广州已经过去十年了，其他数艘汽船也紧随而来，但粤海关和沿海海防官员将之等同于风力驱动的船只。到 19 世纪 40 年代早期，这些新的"追赶"举措开始采用时，外国人已经拥有一支汽船舰队可供差遣。清朝反应太迟缓，根本起不到效果，因此遭遇更大的损失。[64]

许多其他大型外国汽船也相继来到中国。"响尾蛇号"（Rattlesnake）是一艘载重 503 吨的汽船，吃水只有 10 英尺，参加了鸦片战争。单桅桨汽船"雌狐号"（Vixen）1842—1846 年行驶在中国海域，载重 1054 吨，吃水仅 8 英尺深。第一艘美国蒸汽纵帆船"麦得斯号"（Midas）1845 年来到广州，吃水仅 9.5 英尺。"麦得斯号"每天往返香港和广州，运行时间只需 16 个小时，有时它还要带上另一艘帆船。[65]蒸汽单桅桨帆船"愤怒号"（Fury）大概这个时候也在中国，载重 1124 吨，吃水仅 8.5 英尺。[66]

就利润而言，由于需要燃料，运行一艘汽船更昂贵。不过汽船航行风险较低，意味着保险费率也随之降低。例如运载鸦片的汽船缴纳其货物价值的 1% 作为保险费，而帆船则缴纳 2.5%。较低的保险费完全弥补了较高的运营成本。因此汽船在中国受到了鸦片贩子的欢迎。[67]但清政府没有注意到这个新动向。

汽船吃水浅使它们能够在中国沿海的浅水港口进行有效但非法的竞争。事实上，1857 年清朝水师封锁广州期间，一位外国人称："自从河道被封锁以来，与广州的全部贸易都沿着澳门后方的水道进行，这是众所周知的'大路'（Broadway）——这是西江的另外一个名称。"[68]这种转移到西江的贸易只能通过浅底船只来完成，因为西江水域对于大多数帆船而言都不够深。

在接下来的 20 年里，汽船控制了珠江三角洲大部分货运和客运服务，完全改变了传统的驳运货物模式和沿江上下的客运方式。[69]小型汽船吃水不超过 6 英尺，开发了珠江的许多支流，并开始服务于"两广地区的所有大城镇"。[70]汽船也改变了传统的亚洲海运贸易。印度与中国之间的鸦片贸易很快由汽船承担，这项贸易对货品到达市场的时效性非常依赖。[71]

19 世纪后期，香港、澳门与广东之间出现了运输货物和搭载乘客的浅底汽船队，吃水都少于 10 英尺。[72]到 1914 年，汽船可以在

9 个小时内完成澳门与广州之间的航行。[73] 汽船可以在吃水深的帆船也能行驶的河流上运送大量的商品，小型风力或桨驱动的船只无法在速度或经济规模上与之竞争。汽船很快就彻底改变了中国的水上交通。长期居住在广州的卫三畏后来评论到，曾经停泊着数以百计世界上最伟大帆船的旧黄埔锚地，"自从汽船开始了它们的珠江航程，这里就变得几乎荒芜了"。[74]

广州体制建立在吃水深的帆船运输基础之上，这些船的航行必须经过一条长而浅的河道。所有需要做的事情就是对其进行控制，控制了珠江的导航（澳门引水人）以及深入通道的入口（虎门），就控制了贸易。140 余年来，珠江自然条件的局限有利于粤海关监督的工作。然而随着第一艘汽船的到来，粤海关监督作为广州和谐支点的作用突然受到冲击。汽船成功地打破了权力的平衡，使之倒向对外国人有利的方向，部分原因在于它没有得到应有的重视。因此在战争爆发之前，清政府没有采取任何反对措施来消解它的战略优势。

如果从朝廷的角度来看广州体制的有效性，为什么如此细小的信息都要收集就更加明显了。从许多方面看，直至 19 世纪 30 年代中叶，广州体制的运作看起来仍很顺畅。贸易量和缴送给朝廷的收入年复一年地增长。1828—1832 年，进口税增长了近一倍，从 78 万两上升到 125.7 万两。[75] 征收的出口税和港口费也随着每 10 年到达的船只数量增加而上升，所以从账面来看广州体制的运作似乎符合预期的设想。

19 世纪最初二十年，清政府注意到白银的外流和中国鸦片上瘾人数的增加，因此开始关注那些潜在的"外来威胁"。不过，清朝官员的头脑中还远没有出现外国人会入侵中国的想法。重要数据的失实报告仍然让朝廷的大臣看不到日益严重的贸易问题。

关注这些问题会被看作是缺乏信心，甚至会被看作是批评皇帝的政策，对于珠江三角洲的粤海关监督、两广总督及其他高级官员来说，更安全的做法是继续编造谎言上报朝廷。即使他们清楚并理解问题的严重程度，然而他们可能宁愿保持沉默，希望在任期内没有什么事端发生。问题本身最终会让皇帝意识到有些事情是错误的，从而让朝廷更愿意修改其政策。当然，主管官员在事端发生时会被斥责为玩忽职守并可能被降职，但即使这样，还是会比被指责为批评皇帝的政策要好，因为那样做会导致皇帝质疑他们的忠心，即便不会丢掉性命，也会被革职查办。

小结

与历史书中经常描述的情况相反，广州地方当局对打击腐败和走私问题非常重视，以弥补贸易过程中的不足。贯穿整个广州体制时代，粤海关监督和两广总督采取了许多措施，以便更好地控制外国人和下层管理人员。官印船在广州与黄埔之间的往返被更加严格地管制；海关系统定期打击睁一只眼闭一只眼的情况，也能够对其他类似情况起到震慑作用。进出口持平为官员提供了标准，这样他们可以确保征收到所有税费。其中一部分措施成功地遏制了走私活动并保护了国库的税收。

粤海关监督协助外国人，帮助他们从中国人手里讨债。西方大贸易公司耐心等待债务的偿还，但它们在收回债务方面相当成功。外国散商比大公司的手段要少，但他们有其他方法来强行讨债。除了向粤海关监督投诉外，西方人可以通过强占违约者的商馆和商品，以此威胁当局，从而立即引起关注。

但是，中国行商向外国人讨债的手段则要少得多。每个商人的财富在很大程度上取决于其谈判技巧，因为当局有很多办法敲诈私人资金，结果行商财富被缓慢而持续地侵蚀。有关当局一直没有找到一种能够充分解决行商缺乏安全保障的办法。

其他启用的措施效果参差不齐。要求所有外国人搭乘特定和受监控的舢舨，通过西江水道往返于澳门，使粤海关监督能够更清楚外国人的人数及其所在位置。这一措施无疑很大程度上消除了随着来华的外国人人数从几百上升到几千甚至几万给清朝官员造成的恐惧。西江收取的通关费肯定也有助于增加粤海关的行政经费，不过这是以增加内部腐败为代价的。

其他缺陷可能因不太明显而被忽视，直到发展到积重难返而削弱了广州体制才会被察觉。港口费贯穿广州体制时期，明显对小型船只不利。港口费的计算结果并不能代表实际载货量；规礼银是固定的，对小型商贩而言则非常昂贵。散商利益在 1834 年成为主导力量以后，他们非常渴望结束这种不利局面并开放贸易。如果清政府早点解决这些问题，还能起到安抚散商的作用，或许可以使事态的方向发生改变。

与此同时，令人惊讶的是在中国没人关注到中国外部的国际环境发生了变化，以及外国军事能力大大增强。广州的外国人群体发生了一场信息革命，迅速改变了广州国际贸易的结构，但清朝方面完全没有注意到。粤海关和广东水师收集到的那些细微信息，不能让他们准确预测到潜在的威胁。

为了更清楚地了解粤海关管理的内部结构及其衰败的原因，我们必须关注走私的影响。下一章讨论将转向珠江三角洲违禁品贸易的扩张，以分析违禁品贸易在决定贸易发展过程中所起的作用。

注释

[1] 印光任、赵汝霖:《澳门记略》; Roderich Ptak, "Macau: Trade and Society, circa 1740-1760," in Wang Gungwu and Ng Chin-keong, eds., *Maritime China in Transition 1750-1850*, pp.194-195。

[2] Hosea Ballou Morse, *The Chronicles of the East India Company Trading to China, 1635-1834*, vol.5, p.70; Rigsarkivet (National Archives), Copenhagen: Ask 1141; National Archives, The Hague: Canton 25; Paul A. Van Dyke and Cynthia Viallé, *The Canton-Macao Dagregisters*, *1762/1763.*

[3] 关于这些暗中走私是如何运作的若干例子，参见 National Archives, The Hague: Canton 24-27, 73, 77-78。

[4] Hosea Ballou Morse, *The Chronicles of the East India Company Trading to China, 1635-1834*, vol.5, p.79; Rigsarkivet (National Archives), Copenhagen: Ask 1141.

[5] Rigsarkivet (National Archives), Copenhagen: Ask 1141.

[6] 黄色布料也严禁进口。Hosea Ballou Morse, *The Chronicles of the East India Company Trading to China, 1635-1834*, vol.5, p.70. 另见 Weng Eang Cheong, *The Hong Merchants of Canton* (Copenhagen: NIAS-Curson Press, 1997), pp.163, nn.141 and 142。

[7] Rigsarkivet (National Archives), Copenhagen: Ask 1141; Paul A. Van Dyke and Cynthia Viallé, *The Canton-Macao Dagregisters*, 1762, see entries on September 22 and 30。1784 年海关监督限制每艘大船每日官印船数量为 3 艘。Hosea Ballou Morse, *The Chronicles of the East India Company Trading to China, 1635-1834*, vol.2, p.98.1811 年，英国人每日却能有 12 艘官印船为其所有船只服务。Hosea Ballou Morse, *The Chronicles of the East India Company Trading to China, 1635-1834*, vol.3, p.168.1813 年，海关监督对几位商人的官印船数量进行了限制。Hosea Ballou Morse, *The Chronicles of the East India Company Trading to China, 1635-1834*, vol.3, p.200.19 世纪 20 年代，海关监督继续对官印船进行了严密监视。Robert Morrison, *Notices Concerning China, and the Port of Canton*, pp.31-33.

[8] National Archives, The Hague: Canton 75.

[9] National Archives, The Hague: Canton 81; Earl H. Pritchard, *The Crucial Years of Early Anglo-Chinese Relations 1750-1800*, pp.200-201.

[10] National Archives, The Hague: Canton 81; Hosea Ballou Morse, *The Chronicles of the East India Company Trading to China, 1635-1834*, vol.5, p.171.

[11] 很多文献都提到中国人是不能向外国人借贷的。相关例子参见 Dilip Kumar

Basu, Asian Merchants and Western Trade: A Comparative Study of Calcutta and Canton 1800-1840 (Ph. D. diss., University of California at Berkeley, 1975), pp.313-314; Hosea Ballou Morse, *The Chronicles of the East India Company Trading to China, 1635-1834*, vol.2, pp.56-57; vol.5, pp.89-90。

[12] National Archives, The Hague: Canton 89.

[13] 有关颜家生意与泰和行的历史，参见 Paul A. Van Dyke, "The Yan Family: Merchants of Canton, 1734-1780s," *Review of Culture*, International Edition No.9 (Janurary 2004): 30-85。

[14] National Archives, The Hague: Canton 89; Hosea Ballou Morse, *The Chronicles of the East India Company Trading to China, 1635-1834*, vol.2, pp.33, 39-40, 46, 54, 66, 85.

[15] Hosea Ballou Morse, *The Chronicles of the East India Company Trading to China, 1635-1834*, vol.2, pp.33, 39-40, 46, 54, 66, 85.

[16] National Archives, The Hague: Canton 96-101, 378.

[17] Weng Eang Cheong, *The Hong Merchants of Canton*, p.111. National Archives, The Hague: VOC 4385 中保存有一张荷兰文和中文两种文字书写的荷兰东印度公司标语牌，内容是公司不会对员工的私人债务负责。

[18] 海关监督也无权改变任何东西，他们在任期内别无选择。*Chinese Repository* (March 1834), Vol.2, p.527.

[19] 19 世纪初行用的概要，参见 *Chinese Repository* (Jan.1835), Vol.3, pp.424-425; John Robert Morrison, *A Chinese Commercial Guide* (1834), p.42。

[20] Kuo-tung Anthony Ch'en, *The Insolvency of the Chinese Hong Merchants, 1760-1843*, passim; Paul A. Van Dyke, "The Ye Merchants of Canton, 1720-1804," *Review of Culture*, International Edition, No.9 (January 2005): 6-47.

[21] 潘长耀在美国诉讼的有关情况，参见 Frederic D. Grant, Jr., "The Failure of the Li-ch'uan Hong: Litigation as a Hazard of Nineteenth Century Foreign Trade", *The American Neptune*, Vol.48, No.4 (Fall 1988): 243-260; Frederic D. Grant, Jr., "Hong Merchant Litigation in the American Courts," in *Proceedings of the Massachusetts Historical Society, 1987* (Boston: Massachusetts Historical Society, 1988), pp.44-62。

[22] 有关行商不得不缴纳巨额退休金的情况，参见 Kuo-tung Anthony Ch'en, *The Insolvency of the Chinese Hong Merchants, 1760-1843*; Kuo-tung Anthony Ch'en, *The Insolvency of the Chinese Hong Merchants, 1760-1843*; Paul A. Van Dyke, "The Ye Merchants of Canton, 1720-1804," *Review of Culture*, International Edition, No.9 (January 2005)。

[23] National Archives, The Hague: Canton 83. 目前我们还不清楚，在不知道哪些商品没上报的情况下粤海关是如何计算出关税的。同样不清楚的是这项政策持

续的时间有多久。有的贸易公司，如英国东印度公司在广州使用联合资金投资船只航行，在这样的公司之间实行货物平衡的措施应该更加困难，这可能就是马士和普里查德著作中很少提及这些事情的原因。但是，荷兰记录中清晰记录了粤海关监督使用这些货物来平衡荷兰东印度公司的船只和其他在黄埔港的船只的情况。参见"dagregisters"，National Archives，The Hague：VOC 2438；Hosea Ballou Morse，*The Chronicles of the East India Company Trading to China*，*1635–1834*，vol.2，pp.62–63，78–79；vol.5，pp.193–194.

[24] 粤海关监督仅通过箱子数量也可以获得大致的印象，因为箱子常装有同样数量的银币。例如在 18 世纪 20 年代至 18 世纪 30 年代，英国人一般都会在麻袋中装 1000 枚银币，每个箱子放 4 个麻袋，这样每箱装银币 4000 枚。Hosea Ballou Morse，*The Chronicles of the East India Company Trading to China*，*1635–1834*，vol.1，p.186，225 n.1；vol.2，pp.28–31. 丹麦亚洲公司、荷兰东印度公司及其他公司也会经常在箱子中装银币，数量大致相同。

[25] National Archives，The Hague：Canton 83.

[26] National Archives，The Hague：Canton 84.

[27] Robert Morrison，*Notices Concerning China*，*and the Port of Canton*，p.34.

[28] 具体请参见本书参考文献。

[29] Robert Morrison，*Notices Concerning China*，*and the Port of Canton*，pp.32–33.

[30] 这项外国人只能走西江路线的限制措施早在 1699 年就已经生效，但直到 18 世纪 50 年代中期才被非常不规则地强制执行。大约在 1756 年的时候，全是关于外国人搭乘押船艇通过虎门的记载，不过到 19 世纪头 20 年这种现象完全消失了。Hosea Ballou Morse，*The Chronicles of the East India Company Trading to China*，*1635–1834*，vol.1，p.89.

[31] 小溪关卡仅有两人在船上驻守。在 19 世纪初的某个时候（大概在 1822 年大火以后），这里搭建了一个小房子供两人使用。就贸易而言，这个岗位除了看守码头东端外，没有任何其他功能。到 19 世纪 30 年代初，税馆已经成为这些海关官员进行赌博活动的掩饰，也有外国商馆的中国仆人来这里活动。1836 年，这一建筑被烧毁，外国人集体强烈反对重建。他们抱怨这里太吵，是噪声、骚动和赌徒日夜喧嚣的源头。此外，由于这里靠近外国商馆，他们还担心如果再发生大火，定会蔓延过来。两广总督对这些抱怨做出了回应，他下令调查非法赌博活动。*Canton Register*（26 Jan.，2 and 9 Feb.，1836）. 马士复制了广州商馆平面图，其中标有小溪关卡的所在位置，但是未见丹麦人关卡。Hosea Ballou Morse，*The Chronicles of the East India Company Trading to China*，*1635–1834*，vol.3，facing page 1；Hosea Ballou Morse，*The International Relations of the Chinese Empire*：*The Period of Subjection 1834–1911*，vol.1，facing page 70. 梁嘉彬《广东十三行考》所复制的其中一张平面图显示了这三个关卡所在的方位（丹麦人关卡、广州关卡和小溪关卡，在平面图 G、H 和 J 处）。梁嘉彬：《广

州十三行考》，人民出版社，1999，图 9。

[32]　National Archives，The Hague：Canton 74.

[33]　William Hunter，*The "Fan Kwae" at Canton before Treaty Days 1825–1844*，pp.50–55. 有几个这样的西江牌照保存在葡萄牙，收入《清代澳门中文档案汇编》。

[34]　National Archives，The Hague：Canton 74，86，89；Hosea Ballou Morse，*The Chronicles of the East India Company Trading to China*，*1635–1834*，vol.2，p.29.

[35]　Rigsarkivet（National Archives），Copenhagen：Ask 1197，26 March 1785.

[36]　马士书中提到 1791 年的总成本是 9000 西元，1772 年还只有 1000 西元。在 1793 年成本下降之前，1792 年的成本明显上升到了 10 000 西元。Hosea Ballou Morse，*The Chronicles of the East India Company Trading to China*，*1635–1834*，vol.2，p.208；Earl H. Pritchard，*The Crucial Years of Early Anglo-Chinese Relations 1750–1800*，p.138.

[37]　Hosea Ballou Morse，*The Chronicles of the East India Company Trading to China*，*1635–1834*，vol.2，pp.286–287.

[38]　1763—1777 年，前山通关税从每只舢舨 0.142 两上升到 8.856 两。1786—1792 年，紫泥口通关费从每只舢舨 3.227 两上升到 20.835 两。荷兰的文献中有记录显示通关费减少了，这可能与荷兰东印度公司破产以及荷兰贸易重组有关。1796—1813 年，紫泥口通关费再次上升，从 4.440 两上升到 17.390 两。1841 年，紫泥税馆被"复仇女神号"摧毁。*Chinese Repository*（March 1841），Vol.10，pp.180–181. 荷兰 1763—1816 年缴纳的西江税费详细分析和清单，参见 Paul A. Van Dyke，Port Canton and the Pearl River Delta，1690–1845，Chapter 1 and appendix A/H.

[39]　1799 年的数值取自"Logbook ship Ann & Hope to Canton 1799–1800"，Rhode Island Historical Society，Providence：Mss 828。此处把日志中列出的吨位与许多船只文件记录进行了比较，并进行了相应调整，但总体而言吨位相当接近。1800—1801 年的数值取自 Lawrence H. Leder，"American Trade to China，1800–1802,"*The American Neptune*，Vol.23，No.3（July 1963）：212–218。研究发现，其中一些数字与船只文件记录不符。历史记录中的吨位数据肯定有很大差异。一个有关这三年编制的数据接近于莱斯·理查兹在 1994 年汇编的数据。Rhys Richards，"United States Trade with China，1784–1814,"*The American Neptune*，Vol.54，Special Supplement（1994）. 德米尼记录的这些年广州船只的吨位数据比较低，他仅仅简单估计了每艘船为 270 吨。Louis Dermigny，*La Chine et l'Occident. Le Commerce à Canton au XVIII Siècle 1719–1833*，vol.2，pp.521–525. 本书查询了美国港口登记文件，认为平均吨位会更高。马士汇编了 1818—1833 年在广州的 594 艘美国船只的吨位，得出平均值为 356 吨，但是他的数据并非获取自美国船只的记录，而是来自英国东印度公司官员的直观估算得出

的记录。Hosea Ballou Morse，*The International Relations of the Chinese Empire*：*The Period of Subjection 1834–1911*，vol.1，p.89.

[40] Louis Dermigny，*La Chine et l'Occident. Le Commerce à Canton au XⅧ Siècle 1719–1833*，Vol.2，pp.521–525.

[41] 对于这些数据的详细分析和解释，参见 Paul A. Van Dyke，Port Canton and the Pearl River Delta，1690–1845，Chapter 1。

[42] 这些数据来自 Hosea Ballou Morse，*The Chronicles of the East India Company Trading to China，1635–1834*，vol.2。

[43] Hosea Ballou Morse，*Far Eastern International Relations*，vol.1（Boston：Riverside Press Cambridge，1931），pp.89–91.

[44] 这些数据来自 Louis Dermigny，*La Chine et l'Occident. Le Commerce à Canton au XⅧ Siècle 1719–1833*，vol.2。

[45] National Archives，The Hague：Canton 99–101.

[46] W. M. F. Mansvelt，*Geschiedenis van de Nederlandsche Handel-Maatschappij*（Harlem：J. Enschedé and sons，192？），Bijlage Ⅱ. 曼斯维尔特没有记录荷兰贸易公司船只的规模，但我们从其他材料可以知道这些船通常是小船。例如，1846 年经常光顾广州的 16 艘荷兰船的容量总共为 2483 荷兰 lasts（1 last 约等于 2.5 吨），总容量为 6208 吨，平均每艘船为 388 吨。"Staat van den Handel in China onder Nederlandsche Vlag"，Massachusetts Historical Society，Boston：Bdses 1847 March.1825—1847 年荷兰人的进出口量清单载于 *Chinese Repository*（April 1848），Vol.17，p.208。

[47] 所有货物的数据都来自原始文献，通常是单个船只的文献（详情见本书参考文献）。多数船只吨位数据来自 Paul A. Van Dyke，Port Canton and the Pearl River Delta，1690–1845，appendices。1730—1833 年，172 艘在广州装载货物的船只容量在 239 吨至 1350 吨之间。关于这 172 艘船的细节内容来自 DAC 109，SOIC 55，CFI 4，VOC 3 and USA 1。出口货物的价值在每吨 97 两至 316 两之间。这种差异源于货物的不同价值，而不是船只的不同规模。例如，材料中规模最小的是一艘载重 239 吨的美国船，但按照比率该船载货价值为每吨 206 两。最小的比率（每吨 97 两）是一艘 1350 吨的丹麦亚洲公司船，而比率最大（每吨 316 两）的船是一艘 875 吨的丹麦亚洲公司船只。常规而言，所有船只离开之前都装满了中国货，因此这些数据是准确的。这个时期吨位和货物数据的准确性总是遭到质疑，源于这些数据的获取与收集方式不同，因此这些比例数据只能粗略参考。

[48] 这些数据值是通过前一段落的数据除以 214 两得出来的。外国人通常将广州的所有花费都附加到出口货物上，而不是附加到进口货物上。这些外国公司知道小型船只在广州获利不多，他们更愿意派遣大型船只来华。以英国东印度公司为例，公司派遣几艘小型船来华，却由于高昂收费而拒绝将其送往广州，参见

Hosea Ballou Morse，*The Chronicles of the East India Company Trading to China*，*1635–1834*，vol.5，pp.74–75。

[49]　1830 年规礼银减少后的最后数额有一些混乱。马士认为："对英国东印度公司的船只来说，规礼银由 1950 两减为 1718.52 两。至于法国、普鲁士和奥地利的船只，则平均多缴纳 100 两，而索拉（可能是英国散商或者马尼拉商人）船只，平均少缴纳 100 两。"Hosea Ballou Morse，*The Chronicles of the East India Company Trading to China*，*1635–1834*，vol.4，pp.230–231. 相反，马礼逊则提到费用降到了 1600.683 两。John Robert Morrison，*A Chinese Commercial Guide*（1834），p.22. 关于 1829 年和 1830 年减少规礼银的谈判，彼得·安柏（Peter Auber）犯了一个引用错误，他提到英国人尝试降低 "2780 西元的入境费"，实际上他指的是 2708 西元。英国东印度公司船只缴纳的规礼银金额为 1950 两，根据 0.72 两对 1 西元（英国人使用）的兑换率，金额即为 2708 西元。安柏还提到粤海关监督通知英国人入境费是 "固定的，不能减少"。安柏书中列举的所有英国东印度公司的记录，给我们的印象是英国人没有做任何事情要求减低收费。但正如本书第二章提到的，规礼银的确减少了。Peter Auber，*China. An Outline of the Government*，*Laws*，*and Policy*：*and of the British and Foreign Embassies to*，*and Intercourse with*，*that Empire*（London：Parbury，Allen，and Co.，1834），pp.319–321.

[50]　更详细地分析公司与私商之间的差异，以及 19 世纪 30 年代私商对港口费变化的反应，参见 Paul A. Van Dyke，Port Canton and the Pearl River Delta，1690–1845，Chapter 1。

[51]　《广州纪事报》之后的一些出版物有：《中国快报》（*Chinese Courier*）（1831），*Chinese Repository*《中国丛报》（1832），*Evangelist*《布道者》（1833），*Chronica de Macao*《澳门纪事》（1834），*Canton General Price Current*《广州市价表》（1835），*Canton Press*《广州周报》（1835）。

[52]　两个学术期刊是由广州的编辑负责，分别是法语版的 *Journal Asiatique* 和英语版的 *Asiatic Journal*。*Canton Register*（16 August 1828）.

[53]　举例来说，广州编译出版了 1762 年和 1803 年荷兰人的记载，参见 *Canton Register*（15 November 1830 16 February 1833）。荷兰领事所持有的 1754 年法国人记载被翻译和摘要出版在 *Canton Register*（18 and 25 March，1834；10 March 1835）。这些公司档案包含的信息在那个时候似乎能够相当自由地获得，可是在过去的几十年里，这种情况是不可想象的。

[54]　鸦片战争期间有关袭击的记录有多种。有几份详细的资料表明了中国人非常迅速地试图复制外国军备，也记录了外国人可以轻松取胜的情况，参见 Alexander Murray，*Doings in China. Being the Personal Narrative of an Officer Engaged in the Late Chinese Expedition*，*from the Recapture of Chusan in 1841*，*to the Peace of Nankin in 1842*；Michael Levien，ed.，*The Cree Journals. The*

Voyages of Edward H. Cree, Surgeon R.N., as Related in His Private Journals, 1837–1856。

[55]　到 18 世纪 80 年代，外国文献提到船只启航前会在广州或澳门校准计时器。

[56]　Hosea Ballou Morse, *The Chronicles of the East India Company Trading to China, 1635–1834*, vol.2, p.145.

[57]　Carl A. Trocki, *Opium, Empire and the Global Political Economy. A Study of the Asian Opium Trade 1750–1950*（London: Routledge, 1999）, pp.104–107.

[58]　*Chinese Repository*（Jan.1836）, Vol.4, pp.436–438. 到 19 世纪 20 年代，有许多外国人在华贸易，使粤海关监督无法继续控制他们的活动。许多人作为乘客搭乘本国或中国船通过虎门前往广州。Paul A. Van Dyke, *Port Canton and the Pearl River Delta, 1690–1845*, pp.44–45, 493–496；Suzanne Drinker Moran, ed., *A Private Journal of Events and Scenes at Sea and in India by Sand with Drinker. Commencing April 26th, 1838*（Boston: 1990）, pp.12–14；A letter dated 31 October 1835, Edward King Papers 1835–1842, Massachusetts Historical Society, Boston.

[59]　*Chinese Repository*（Jan.1836）, Vol.4, pp.436–438.

[60]　有一些非常详细的描述提到汽船如何实现了这一点，参见 Alexander Murray, *Doings in China. Being the Personal Narrative of an Officer Engaged in the Late Chinese Expedition, from the Recapture of Chusan in 1841, to the Peace of Nankin in 1842*。

[61]　在遭到"复仇女神号"的袭击后，一些当地中国人绘制这一汽船并附诗以感叹汽船之强大，此幅绘画他们在广州复制并售卖了多份。*Chinese Repository*（Sep.1841）, Vol.10, pp.519–522.

[62]　*Chinese Repository*（Aug.1842）, Vol.11, pp.454–455.

[63]　Alexander Murray, *Doings in China. Being the Personal Narrative of an Officer Engaged in the Late Chinese Expedition, from the Recapture of Chusan in 1841, to the Peace of Nankin in 1842*；William Dallas Bernard, *Narrative of the Voyages and Services of the Nemesis from 1840 to 1843*, Vol.1, p.215；Jonathan Spence, *The Search for Modern China*（New York: W. W. Norton & Co., 1990）, pp.157–158.

[64]　例如1842年6月初，英国战舰队由27艘船组成，包括汽船6艘、战船8艘、运输船13艘。6月末，舰队有75艘船，包括汽船10艘、战船12艘，其余为运兵船和运输船。Alexander Murray, *Doings in China. Being the Personal Narrative of an Officer Engaged in the Late Chinese Expedition, from the Recapture of Chusan in 1841, to the Peace of Nankin in 1842*, pp.152, 164–165.

[65]　Massachusetts Historical Society, Boston: *Midas*（steam schooner）Papers 1844–1845；*Chinese Repository*（May 1845）, Vol.14, p.248.

[66]   Michael Levien, ed., *The Cree Journals. The Voyages of Edward H. Cree, Surgeon R.N., as Related in His Private Journals, 1837–1856*, p.268.

[67]   Hunt Janin, *The India-China Opium Trade in the Nineteenth Century*, pp.169–173. 19 世纪 30 年代广州保险费率的情况, 参见 Alain Le Pichon, *Aux Origines de Hong Kong. Aspects de la civilisation commerciale à Canton: le fonds de commerce de Jardine, Matheson & Co.1827–1839*（Paris: L' Harmattan, 1998）, pp.269–270。

[68]   Laurence Oliphant, *Narrative of the Earl of Elgin's Mission to China and Japan in the Years 1857, '58, '59*（New York: Harper & Brothers, 1860）, p.59.

[69]   汽船在中国的经典史学研究著作是 Kwang–Ching Liu, *Anglo-American Steamship Rivalry in China, 1862–1874*（Cambridge: Harvard University Press, 1962）。

[70]   J. M. Tronson, *Personal Narrative of a Voyage to Japan, Kamtchatka, Siberia, Tartary, and Various Parts of Coast of China; in H.M.S. Barracouta*（London: Smith, Elcer, & Co., 1859）, p.75.

[71]   中国鸦片贸易中帆船被汽船取代的例子, 参见 Thomas N. Layton, *The Voyage of the Frolic. New England Merchants and the Opium Trade*（Stanford: Stanford University Press, 1997）。

[72]   19 世纪 90 年代至 20 世纪头十年服务于广州的汽船清单, 参见 Paul A. Van Dyke, Port Canton and the Pearl River Delta, 1690–1845, pp.179–180.

[73]   J. Arnold, *A Handbook to Canton, Macao and the West River*, 9th ed.（Hong Kong: Hong Kong, Canton and Macao Steamboat Co., Ltd., 1914）, pp.41–43.

[74]   Samuel Wells Williams, *The Middle Kingdom*, Vol.1（New York: Charles Scribner's Sons, 1907）, p.170.

[75]   John Robert Morrison, *A Chinese Commercial Guide*（1834）, p.44.

第七章

挂旗艇、白银、违禁品与大米

正如在任何重要海上贸易中心都可以见到的情况，珠江三角洲也存在活跃的走私贸易。18 世纪前几十年，像黄金、铁和铜这样的金属，以及盐、硝石和某类丝绸等受监管的产品，这些商品要么被禁止交易，要么受到数量和类型的限制。但是这并没能阻止某些商品在中国建立交易市场。走私商品进出中国的方式之一就是藏在外国挂旗艇的舱底。

挂旗艇、白银和违禁品

正如前文曾指出，外国官员获准乘坐悬挂其国旗的服务舢舨自由往返广州。这是粤海关给予他们的特别优待，能够提高办事效率，但这造成了一条走私贸易的途径。走私活动通过这些挂旗艇以两种方式进行：第一种，外国人将白银和奢侈品走私进中国，并用这些物品交换违禁品，这样他们能够逃税；第二种，把违禁品装到停泊在黄埔港的船上，可以逃避掉出口税。

1704 年，罗克耶建议英国东印度公司尽可能地利用这个机会偷运白银，英国东印度公司之后很多年都按照此建议行事。[1] 这种行为导致他们与粤海关官员之间发生了争端。沿途税馆的海关胥吏能够看到船底明显藏着违禁品，他们还能指出船上并无公司主管，但当这些海关胥吏靠近该船要求检查时，外国人通常都予以拒绝。

有一次英国挂旗艇开了火，准备吓走追逐他们的中国船，甚至还发生了肉搏，把一些海关胥吏丢出船外，或将之打得血肉模糊。[2]

另外一种做法则是当外国人见到粤海关胥吏靠近时，他们假装内讧，制造出混乱局面让中国人望而却步。[3]

尽管有这些转移目标的做法，但外国人走私白银或其他货物有时还是会被抓到，抓到了就当然会打乱他们正常的贸易，直到问题解决。[4]1725年奥斯坦德公司官员曾试图走私进口两张巨大的老虎皮被抓到了，粤海关官员就暂停了贸易。[5]几乎所有公司的挂旗艇都经常从广州走私出口丝绸。[6]粤海关胥吏有时会准许挂旗艇通过税馆时不停留，但还是会紧跟其后直抵广州，等艇上所有人都登岸之后再行检查。[7]这种税馆与外国挂旗艇之间的猫鼠游戏一直贯穿于整个广州体制时期。[8]

白银通常免进口税，只需要缴纳很少的牌照费（0.66两，而其他贸易商品则是每件10两）。通事收取少量费用以获取牌照，确实很少（5.92两）。向美国船收取的钱艇（也称为"币船"或"锭船"）费用甚至更少，每只艇3西元，这个费用已经包含了牌照费用和通事的服务费。[9]

钱艇通常是外国大船船载的小工作艇或小舢板。通常船上会委派8位甚至更多全副武装的士兵护送白银到广州商馆。外国人一般不让中国人登上钱艇。一些外国人，特别是英国人十分警惕，不让清朝官员知道他们到底带了多少白银。

在广州体制早期的几十年中，一些粤海关监督曾试图对白银征税，尽管他们曾答应过免税。例如1726年广州出现谣言，所有携带白银进口的商人都要被征10%的税。[10]1728年和1729年也曾有过类似的担忧，谣言使中国行商要求英国大班藏好白银，这样就不会引起粤海关监督收取多于已经达成一致的税费的想法。[11]这些已经习惯于偷运白银的英国人欣然接受了行商的要求。[12]

隐瞒白银数量的另一个原因是为了能够把黄金和其他违禁品顺利地偷运出中国。许多公司都参与了走私黄金，通常要求以现银购买。当然，外国人从行商处预订黄金，行商也会从中获利，因此双方都能从隐瞒白银运输中获利。如果粤海关能准确知道外国公司每年带进广州的白银数量，他们把这些数字与出口价值进行比较，就能够觉察有多少白银过剩。正如前一章谈到的，粤海关有时会追讨外国人（或中国商人）那些明显没有报关的商品的关税。

尽管中外商人抱怨征收银税就是勒索，但这项政策背后的道理是符合逻辑的。把白银当作进口商品而不是货币，就能够像其他贸易品一样监督和控制它。一方面，征收银税能够为皇帝和粤海关监督带来更多收入；另一方面，征收所有进口商品（包括白银）的税费，能够让粤海关监督了解哪些货物可能成为出口商品，这样反过来能够给他们提供一个判断，有助于监控走私。由此推理，对于进口商品而言，一船白银与一船棉花是没有区别的，都是根据其价值来获得回运货物。难道仅仅是因为外国人携带的是白银而不是棉花征收进口税就要受影响吗？

然而外国人总是明确指出他们不能忍受向其携带的白银征税，时常要求把这项税计入他们的贸易品中。他们发出的威胁可能是真实存在的，因为把白银当成一种商品的确会使中国的贸易方式区别于许多其他港口。这种政策无疑会让一些商人决定不来华贸易，也会让一些曾经来华的商人不再回头，这不利于粤海关监督的名誉或其个人收入。征收银税的主意在广州体制时期反复出现，但在日常运作中，粤海关监督就是通过记录白银和进口货物的数量来估算出口货物的大致状况。

粤海关会发出允许银币从船上转运到商馆的许可牌照，并记录每次运送的箱子数量。箱子在码头卸下时，粤海关胥吏负责称重和登记。通过记录白银的箱子数量、重量和登记所有进口物品，粤海关监督就能够知道每艘船装载的出口货物的价值。[13]外国人并不希望粤海关了解这些信息，否则会妨碍他们走私黄金和其他违禁品。[14]

各国东印度公司人员也许会反对他们的船走私鸦片到广州，但是他们却积极参与了各种非法贸易，正如澳门的葡萄牙人一样。[15]

到目前为止，我们只谈论了隐瞒携带白银的理由（用来购买违禁品），但是也存在一些外国人主动暴露自己所携带白银数量的理由。例如 1763 年法国大班炫耀了一番他们带来的 100 箱白银，这些白银从黄埔运到广州的行程中由他们的 3 只押船艇严密监视。每个人都能清楚看见数额巨大的白银被卸下来，使中国行商立即改变了策略，要求用白银来缴纳其货款，而不是以货易货。这当然使法国大班能够处于决策的主动位置，以此协商最好的价格，并购买到附近最好的商品。因此各贸易公司并不总是试图隐瞒其携带白银的事实。[16]

黄金贸易

购买黄金需要走私进口大量白银。早在 1704 年，英国人就已经在"官府"（海关官员）的纵容下进行非法的黄金交易。[17] 18 世纪20 年代奥斯坦德公司从中国出口了黄金，荷兰人也在 18 世纪 30 年代到 18 世纪 70 年代参与了贵金属的交易。澳门的葡萄牙人在整个18 世纪也活跃在黄金贸易中。[18]

瑞典东印度公司的大班在广州经常购买黄金。图 7-1 展示的是一张 1747 年陈镇官和蔡炎官与瑞典东印度公司大班查尔斯·欧文（Charles Irvine）的合同。欧文给两位商人白银 10 000 西元以支付黄金的价格。另一张保存下来的 1760 年黄金合同显示，蔡煌官（Tsja Hunqua）、三官（邱崑）、捷官（陈捷官）以及颜瑞舍与荷兰东印度公司交易了重达 4500 两（450 锭）的"南京金"。[19]

除了这些人外，其他行商也参与了非法贸易，比如陈寿官及陈登观；颜德舍和其生意伙伴黄锡满，以及颜家办事员（Writer）石

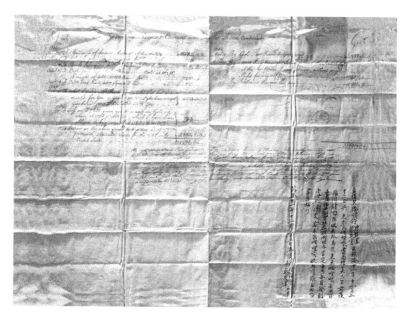

图 7-1　1747 年瑞典东印度公司大班查尔斯·欧文（Charles Irvine）与行
商陈镇官和蔡炎官签署的主要以白银支付的丝绸和黄金交易合同
资料来源：斯德哥尔摩北欧博物馆档案馆藏，档案号：Godegårdsarkivet F17。

梦鲸；蔡瑞官及其合伙人；黎开观及其合伙人；潘启官、其兄弟及
生意伙伴潘瑟官，及其办事员南官（Namqua）；还有瓷商李相公等。
所有这些出现在外国记录中的商人常常参与黄金交易，所以，安排
黄金出口并不困难。[20]

鸦片贸易

　　到了 18 世纪中叶，鸦片在广州也确立了一个稳定的市场。18 世
纪初，鸦片已经在亚洲各地广泛交易，包括亚齐（Achin）、苏门答
腊、婆罗洲和爪哇。相比较而言，鸦片到达中国的时间要晚一些。[21]
它能作为一种迷药吸食，也因其药用价值而被咀嚼食用，因此迅速
流行开来。[22] 鸦片在各口岸像其他商品一样交易。关于中国鸦片贸

易的研究一般都很少涉及 18 世纪晚期或 19 世纪早期鸦片在中国已经建立稳定市场的相关内容。[23] 但下文所使用的新信息，将显示 18 世纪 50 年代鸦片商在中国开拓市场以及 18 世纪 60 年代鸦片市场已在中国稳定建立起来的情况。

龙思泰（Anders Ljungstedt）提到"（1720 年）从科罗曼德尔海岸进口几大箱（鸦片）"到澳门，又由于这种毒品的需求"逐年上升，果阿当局努力确保澳门形成垄断性的市场"。[24] 到 1729 年，雍正帝意识到了鸦片的严重破坏性，明令禁止贸易，但这并未能阻止鸦片通过陆、海两路进入中国。[25] 到 18 世纪 30 年代早期，鸦片成为英国船长和大班从印度圣乔治堡（Fort St. George）带到中国的常规贸易商品。皇帝的禁令使英国东印度公司不准其公司船装载鸦片进口，他们有理由担忧如果英国船被抓到走私鸦片，会对其合法商品的贸易造成不利影响。[26] 其他东印度公司出于同样的原因，按捺着把鸦片带到中国的想法，但散商仍继续少量走私。龙思泰提到 1730 年鸦片在中国价格各异，每担从 70 两到 225 两不等，价格取决于鸦片的质量。[27]

18 世纪 50 年代鸦片大量倾销中国。1747 年瑞典东印度公司商船"阿道夫·腓特烈王子号"（Cronprintzen Adolph Friedrich）的伊斯雷尔·雷尼尔斯（Israel Reinius）提到，来自孟加拉的散商在中国进行鸦片交易。[28] 众所周知，鸦片是违禁品，但是如果碰上了一个"清朝官员"，买卖就能做成。[29] 1750 年，瑞典人克里斯托弗·布拉德（Christopher Bullard）在其商品清单中列出了鸦片，称鸦片能在苏拉特（Surat）买进并以每箱 300~400 两的价格在广州售卖。[30]

瑞典人、英国人、法国人、荷兰人和丹麦人清楚地在其记录中承认，在中国鸦片是违禁品。这些公司声称禁止鸦片买卖的命令看上去有些自相矛盾，事实上很多公司都常规地交易其他诸如黄金、非法丝绸等违禁品。在亚洲其他口岸，对英国、荷兰和丹麦的公司来说鸦片是常规与合法的贸易品，但在中国却不然。对于大型贸易公司来说，茶叶贸易远比走私几箱鸦片要重要得多，它们承担不起失去对华茶叶贸易的风险。

1750 年，英国东印度公司的保商得知一位英国散商企图在广州买卖鸦片后忐忑不安。行商也担心如果这次铤而走险的交易被揭发，他们会招致粤海关监督的怒火。大班立即调查了此事并向所有英国东印度公司的官员发出指示，要"采取最有效的措施阻止其（鸦片）在此上岸"。[31]

1752 年，丹麦人对他们的一艘船上装有少量鸦片非常担心。"丹麦国王号"（Kongen af Danmark）的船长里德·霍尔曼（Lyder Holman）在船只离开哥本哈根后不久便离世。根据大多数东印度公司的习惯做法，霍尔曼船长的个人财产在海上拍卖给了其他丹麦船员。有些东西没有卖掉，其中包括一些私藏的鸦片，这是船长自用的鸦片。鸦片被认为具有重要的药用价值，食用鸦片在许多外国人看来是很平常的事情，在许多国家鸦片不是非法物品。丹麦东印度公司的官员决定将船长遗留的物品在抵达广州后拍卖，但在与中国行商协商后作罢。[32]

然而到了 1757 年，鸦片却稳稳当当地进入了中国。一份当年广州的《时价》清单包含以下内容："鸦片，一等品，3 西元每斤。"[33]大约是 300 西元每箱。1762 年荷兰人报告，90 担（约 90 箱）鸦片在澳门以每担 400 两（约 540 西元）的价格出售。[34]1763 年鸦片未出现在葡萄牙人进口到澳门的货物列表中，但 1764 年一艘（可能是葡萄牙船只）"帝汶船"（Timor Ship）能够以每担 600~800 西元的价格在澳门购到大约 200 箱鸦片。[35]

同年的瑞典记录显示，鸦片在广州的价格是每市斤 4 西元（上等品约每担 400 西元，详情参看下文），比帝汶船在澳门出售的价格要少得多。这或许暗示澳门的需求量较大，但是也可能是由各种不同的风险因素所致，例如澳门当地的中国或葡萄牙官员提高了贿赂金额以从中获利。无论 1764 年的情况如何，鸦片的竞争将在中国市场出现，因为鸦片价格必须和官吏的灰色收入相协调。

下一章我们将展示，18 世纪 60 年代早期欧洲人的战争如何耗尽了中国的白银供给，更加推进了鸦片贸易。买卖鸦片对于中国商人而言是一种快速产生资本和获得急需白银的方法。他们需要用白银购买鸦片，卖之又得白银。这与出售茶叶一样，通过这种贸易能够增加资本积累。茶叶贸易中他们必须预支白银，在见到投资回报前，他们可能要等上 6 个月或更多时间。但是在好的年景，鸦片购进后能在几天内售完，白银供应很快就得到了补充。

在贸易季节开始时进行几次鸦片快速销售，能够使中国行商得到更多白银来购买茶叶，以减少向外商借高利贷。除贿赂官吏外，鸦片并不需要向官府缴税。因此在拓展茶叶贸易与减少高利贷支出两方面都能够增加茶叶利润，鸦片销售的获利方式在这方面有其独一无二的特点，这一切都没有新的债务产生（应归于不用缴纳关税）。18 世纪 60 年代中国鸦片贸易风险小，这意味着参与其中的获利远远超过参与其中而遭受的损失，于是鸦片贸易量不断增加。

18 世纪 60 年代，瑞典大班吉恩·亚伯拉罕·格里尔（Jean Abraham Grill）与他的同伴乔治·史密斯（George Smith，一位英国散商）和托马斯·阿诺特（Thomas Arnot，英国东印度公司的外科医生）在广州从事鸦片投机买卖。1765 年 3 月 23 日，格里尔账簿中两条记录显示，贷方史密斯有 488.400 两、借方格里尔有 545.750 两用于"未出售的鸦片"。[36] 不过他没有提及鸦片为什么没有卖出，也许是由于次品或破损的缘故。

1764 年，英国东印度公司怀疑英国皇家海军舰艇"亚哥号"（Argo）护卫舰和"库达洛尔号"（Cuddalore）单桅帆船把鸦片带到了黄埔港。[37] "皮特号"（Pitt）船长约瑟夫·杰克逊（Joseph Jackson）1764 年与 1765 年曾在中国进行鸦片贸易。图 7–2 所示是他 1765 年在广州的"鸦片销售单"。[38] 这份货物清单中提到的中国商人无法确认。诸如"Monqua"和"Tonqua"这样的罗马拼音表示的名字经常出现在 18 世纪 60 年代的外国记录中。后缀"qua"（官）意味着他们要么是商人，要么是通事。[39] 尽管这些材料含混不清，但至少说明 18 世纪 60 年代中期外国人能够在广州顺利地从事鸦片贸易。

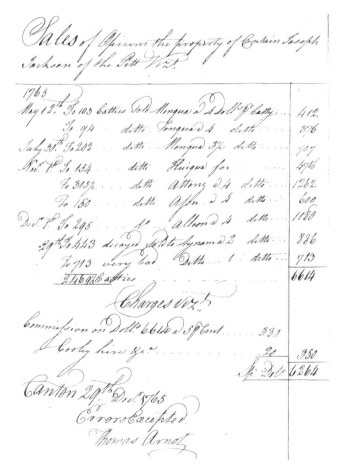

图 7-2　1765 年船长约瑟夫·杰克逊（Joseph Jackson）在广州销售鸦片的清单

说明：单子上注明了购买的商人姓名。

资料来源：斯德哥尔摩北欧博物馆档案馆藏，档案号：Godegårdsarkivet F17。

1767 年 5 月雅各布·哈尔（Jacob Hahr）报告称，英国"库达洛尔号"单桅帆船上运载了"大量鸦片"前往中国，但此船是由里奇满船长（Captain Richman）掌管的。哈尔提到"当年许多箱鸦片从各地海岸和仓库被运到了中国"。查尔斯·阿道夫·海伯格（Charles Adolph Heyberg）是"库达洛尔号"船上的一位乘客，哈尔安排他为格里尔运送 10 箱鸦片。哈尔付了运费并外加每箱 10 个印度金币作为船只抵押借款保险（bottomry insurance）。每箱鸦片他花费了 150 印度金币，保险合计达到其总价的 6.66%。海伯格为他的孟加拉和马德拉斯的货物投保了 20 000 印度金币。哈尔在同一封信中提到了葡萄牙货船把鸦片运到马六甲和澳门，他们都持有船只抵押借款合同。[40]

1767 年 6 月哈尔提到，他在"特里顿号"（Triton）上运送了 10 箱鸦片到澳门，此船由埃尔芬斯通船长（Captain Elphinstone）掌管，船只到达时（"相信上帝"）应该载有"120 箱"鸦片。[41]哈尔在同一封信中也提到他与安德鲁·罗西（Andrew Rossi）已订购了 20 箱来自孟加拉的公班土（Patna Opium），由哈德威克（Hardwicke）船长掌管的"林肯伯爵号"（Earl of Lincoln）运送。[42]哈尔支付每箱 10 印度金币的运费。假如鸦片每箱售价 190 印度金币，这样运费大概占总价的 5%。比起那些合法货物的运费率，这种比例对于违禁品来说已是非常合理。哈尔和罗西对于运送货物的船只抵押借款合同保价总数是 2000 印度金币，每箱保险费 10 印度金币，约占其总价的 5%。从哈尔交易的规律性及费用的标准化水平看来，可能有比这些记载所示多得多的走私贸易发生。

1767 年 6 月 13 日，荷兰人报告葡萄牙从孟加拉始航的"顺风号"（Bon Voyage）商船抵达澳门，船上货物"只有鸦片"。[43]这是首个清楚地提到一艘船只仅用于运载鸦片抵达中国的记录。鸦片贸易明显增长，1768 年布鲁内尔先生（Mr. Brunel）把孟加拉鸦片列为众多能在中国卖到"可观的利润"的受欢迎的进口商品之一。孟加拉鸦片是首选，其利润高于所有其他物品。布鲁内尔还提到，最好的鸦片应该是软而褐色，有一种"强烈恶臭气味"，那些"干燥、易碎、烧焦并混有泥土的产品是品质不好的"鸦片。这些说法表明中国的鸦片市场正在快速成熟，中国消费者密切关注产品质量。[44]

1770 年 6 月 13 日，荷兰人报告了葡萄牙商船"圣安东尼奥·诺沃号"（S. Antonio Novo）运载"31 箱鸦片"到澳门，船主是澳门议事会的理事官西芒·文森特·罗扎（Simão Vicente Roza）。[45]广州行商陈捷官从葡萄牙人手中购买了价值 430 西元（每箱或每担）的鸦片，此外还有很多诸如辣椒、木棉、檀香、安息香等其他商品。[46]在广州贸易体制初期，鸦片是作为普通商品与其他合法商品一样交易的。例如 1770 年 6 月 24 日，埃马努埃尔·佩雷拉（Emanuel Pereira）所有的"博阿·维亚任号"（Boa Viagem）到达澳门，船上货物包括"11 箱鸦片"；另外文森特·若泽·德·坎波斯（Vincente José de Campos）的"圣塞西莉亚号"（S. Cecilia）由英国人布朗船长（Captain Brown）掌管，到达澳门时船上有"62 箱鸦片"。[47]

1772 年荷兰人报告称"史密斯或克里森商行"（Comptoir of Smith or Christen）在澳门大肆进行鸦片贸易，而且可以免费通过葡萄牙船从孟加拉装载鸦片，尽管这在中国是"严厉禁止的"。[48]这个"史密斯或克里森商行"可能是英国散商乔治·史密斯（George Smith），他自 1758 年起在广州进行贸易，他的财政支持者之一是孟加拉总督。马士提到过他从此以后在广州和澳门"断断续续地居留长达 20 年"。[49]

上面例子显示，一些澳门和孟加拉高级政府官员直接参与了鸦片贸易，使得走私贸易的流程日渐标准化。有时葡萄牙人自己携带鸦片到中国，有时他们则与来自印度的其他散商合作。出于实用目的，当时鸦片在澳门是作为市场中的合法商品进行贸易的。1771 年一份澳门贸易报告中详细提到在中国销售了 800 箱鸦片，当年售价从每箱 260 两到 750 两不等。[50]

1772 年，荷兰人报告称鸦片进口发展迅速。他们记录每年有 600~800 箱鸦片进口到澳门。1771—1772 年，中国对鸦片的需求量很大，如果运抵的鸦片少于 600 箱，价格便会暴涨到每箱 1200~1400 西元（piasters）。[51] 巨大的潜在利润很快吸引了更多私掠船投入此项贸易。

现存的澳门进口货物清单显示，葡萄牙商人把鸦片看作投机商品，而不是主要贸易品。1773 年荷兰报称，在到达澳门的 13 艘葡萄牙船只上总共装载了 715 箱鸦片。1774 年 12 艘葡萄牙船只总共携带了 313 箱鸦片。[52] 在澳门卸货的产品数量单位有袋、捆、两、件和箱，这些都在荷兰文档案中分别列出，但未提及其价值，因此无法确定鸦片占船上货物价值的确切比例，不过对于很多船来说鸦片所占比重不大。[53]

其中一些货物可能是供个人消费。事实上，这些年里所有葡萄牙船只都携带过鸦片，这清楚地体现出 18 世纪 70 年代鸦片贸易的扩展程度。每艘去澳门的船只都要交税并经由粤海关官员严格检查，他们无疑都知道正在上岸的是违禁品。如果没有这些官员的认可和纵容，这种普遍存在的交易不可能顺利进行。[54]

鸦片贸易早期，葡萄牙人运来的鸦片看起来大多来自孟加拉和马拉巴尔。[55] 白皮土（Malwa）来自印度西部和中部，公班土来自孟加拉。英国东印度公司获得了对孟加拉的控制权后，它加强了对该地区鸦片的控制。公司提供奖励以提高公班土的质量，并通过散商扩大其在华贸易。英国东印度公司继续禁止公司船只装载鸦片来华，但鼓励散商从印度的公司购买，再走私到珠江三角洲。

英国东印度公司通过两种方式从鸦片贸易中获益，即在孟加拉售出鸦片获利，以及在华销售鸦片获取白银。购买茶叶需要大量白银，鸦片可能是唯一能便利地获取白银的商品。英国东印度公司出售其鸦片、印度纺织品等商品给港脚商人，换取银钱购买茶叶。[56]

1776 年丹麦人报告了鸦片的价格再次稳定在每箱 300 西元。丹麦人的记录使我们能一窥澳门鸦片贸易的结构，到此时已有完善的程序和进口"关税"。葡萄牙官员每箱征收 16 两（大约 22 西元）作为"通关费"（Toll）。[57] 一盒鸦片重 140 磅（略大于 1 担）。[58]

托梅·弗朗西斯科·德·奥利维拉（Thomé Francisco de Oliveira）和若泽·泽维尔·多斯·桑托斯（José Xavier dos Santos）很快成为澳门两大主要的鸦片贩子。[59] 奥利维拉是葡萄牙公民，桑托斯是一位使用葡萄牙语名字的中国基督徒。通过他俩就可以连接中国人和葡萄牙人两个群体，取个葡萄牙名字也许可以帮助桑托斯在从事鸦片贸易时免于清朝官员的检查。桑托斯在孟加拉和澳门之间稳定地贩卖鸦片，年复一年持续到 18 世纪 80 年代。丹麦人还提到一位安东尼奥·德·罗萨里奥（Antonio do Rosário），他也是一位深谙鸦片贸易之道的中国基督徒。[60]

鸦片走私的标准化促使其逐渐发展，到 1779 年鸦片供应明显赶上了需求，从而压低了价格。一艘小的英国港脚船当年装载着鸦片驶向黄埔港，由于鸦片价格太低无法从中获利，不得不停留到下一个贸易季节。1780 年 6 月荷兰报告称，澳门葡萄牙船上有 200 箱鸦片由于价格低无法出售。鸦片市场的饱和催生了在华仓储鸦片的做法，以便有时间等待价格的回升。[61]

1780 年一则资料记载了英国人把一艘船停泊在澳门附近横琴岛（Montanha Island）西侧的云雀湾（Lark's Bay），[62] 此举就是为了仓储鸦片。[63] 这些浮动掮客货舱被称为"仓船"（hulks）或"储藏船"（depot ships）。从这时起这种仓储形式成了在华鸦片贸易的固定组成部分。鸦片存储在仓船中（需另付费）并且保存到直至价格回升。之后要么在中国市场上销售，要么卖给任何想要的人（一些鸦片实际上是从中国出口的）。云雀湾只能停泊载重大约 300 吨或以下的船只，对其他船只来说这里海水太浅了，所以在这里经营的大多是私掠船。直到 18 世纪 90 年代末，鸦片贩子一直在使用该锚地。[64]

很多中国人在为鸦片贩子服务。中国渔民把外国船只引航到安全的走私锚地，在这些地方中国买办会给他们提供补给品。中国渔民、引水人和买办受雇把违禁品运到澳门和上游的广州。对珠江三角洲的人来说，包括粤海关的官员在内，云雀湾的鸦片走私是众所周知的事情。

粤海关监督每天都派遣快速舢版在珠江上下游巡逻。除了在岗哨之间派送士兵和传递消息，这些海关官员的工作是向粤海关监督汇报在该地区的所有外国人及其船只的活动和动向。粤海关监督常常会把这方面的信息传达给在广州的外国人，这样他们就会知道他们的某只船已经抵达。比如 1773 年 8 月 28 日，粤海关监督向荷兰人捎信，他的快速"三版艇"（Sappatin，即舢版）从澳门来了。报道称荷兰商船"荷兰号"26 日上午 8 时抵达，有一艘来自苏拉特的英国船只也来到了珠江三角洲。[65]

整个广州体制时代，这种对珠江三角洲船只活动的监控在中外记录中常常出现，给人的印象是粤海关监督严格控制了该地区的所有海事活动。[66] 然而事实上许多船只要么没有被报告，例如停泊在云雀湾的船只，要么只有在那些船被抓住并被成功地处置了违禁品后才被报告。清朝官吏有时会要求外国走私商贩暂时转移到其他地方经营生意，以便他们可以向粤海关监督汇报情况一切正常。[67] 粤海关人员经常隐瞒信息和（或）篡改报告，以掩饰其纵容行为。1792 年，粤海关监督发现有船只在云雀湾锚泊，因此向英国东印度公司发去了投诉。[68] 不过，这种非法交易当时已经持续 12 年了。[69]

葡萄牙人保存有一份详细清单，记录了 1784—1828 年运到澳门的鸦片情况（虽然我们知道鸦片贸易开始的时间要早得多）。其中尽管有不少年份贸易起起落落，但总体而言这些数据显示澳门的鸦片贸易从 1784 年的 726 箱相当稳定地增长到 1828 年的 4602 箱。[70]

美国的山茂召少校（Major Samuel Shaw）给我们留下了一份 18 世纪 80 年代早期违禁品走私网络的最好记录，提到当时每年增长"2000 箱"。他提到云雀湾鸦片趸船为 19 世纪初伶仃岛鸦片走私贸易打下基础。山茂召的记载称要付官吏每箱"20 西元"，这些人无疑就是海关胥吏和（或）巡逻的水师。[71]

1803 年的一份葡萄牙文件同样显示澳门买办参与了走私活动，每箱鸦片能收到"20 个帕塔卡"（patacas，西元）的利润，但他们不得不进献 15 西元给官吏，以让"他们睁一只眼闭一只眼"。[72]马儒翰在 1834 年写道，珠江三角洲的鸦片好处费仍然是每箱 20 西元，运费另计。[73]1836 年走私鸦片到厦门的好处费也是每箱 20 元。[74]我们在上文提到，澳门葡萄牙人 1776 年每箱收取费用 20 西元，18 世纪 60 年代鸦片被常规性地运到澳门和广州，说明鸦片贸易的流程和费率已经确定。[75]因此从 18 世纪 60 年代到 19 世纪 30 年代，鸦片贩子事先就清楚每箱鸦片进入中国他们得缴纳多少钱。[76]

1800 年至 19 世纪 40 年代的鸦片贸易发展留下了详细的记载，因此没有必要在此回溯。[77]不过，最新发现的一些材料揭示了鸦片走私程度和标准化水平的新亮点。1784 年 8 月丹麦亚洲公司的"迪斯科号"（Disco）到达澳门锚地，船上载有一些鸦片。尽管丹麦亚洲公司严禁公司船只携带鸦片，但是"迪斯科号"船长得到指令不能在澳门卸载鸦片，而是将其带到广州。我们下文引用了该船航海日志中的部分记录，显示该船在黄埔锚地卸载鸦片的情况。

> 9 月 14 日，粤海关监督上船测量船只。他来去之际，我们鸣炮 9 次向他致敬；大班与几位英国人在船上，鸣炮 3 次向他们致敬。几个中国人上船查验鸦片样品。

9 月 20 日，几个中国人上船查验鸦片样品。

10 月 17 日，按照商馆的订单，交付了 14 箱鸦片。

（与此同时，船上一份报告上称，发现船上的一些鸦片
质量很差。）

11 月 11 日，买办上船检查鸦片并查验了两块。

11 月 14 日，一些英国人、瑞典人上船，鸣炮 2 次致敬。
商馆下订单后，交付 12 箱鸦片。

11 月 16 日，交付 24 箱鸦片。

11 月 21 日，按照商馆的订单，交付 3 箱鸦片。

11 月 23 日，按照商馆的订单，交付 12 箱鸦片。

11 月 30 日，按照商馆的订单，交付 3 箱鸦片。

12 月 3 日，按照商馆委员会的订单，交付 56 箱鸦片。

12 月 12 日，按照广州的订单，交付 3 箱鸦片。

12 月 18 日，按照订单，交付 9 箱鸦片。

［12 月 25 日，该船驶向下游，到达狮子洋。］

12 月 29 日，按照广州的订单，交付剩余的鸦片 25 箱。[78]

必须记住，上述每个箱子都是在驻守船只每端的两位海关水上
稽查员的监控下从"迪斯科号"上卸载的。鸦片箱子重一担多，无
法将之夹于腋下或藏于大衣内运输。他们可能从船的桁端（yard
arms）下降放入等候的驳船中，这正是稽查员应该要阻止的情况。
"迪斯科号"的例子可能跟 18 世纪 60 年代其他将鸦片运往黄埔港的
船只上发生的情况一样，他们处理这些货物完全没有任何问题。丹
麦人的记录不够充分，无法确定收买稽查员需要多少钱，这些箱子
才能通过检查。

到 1798 年，黄埔港的鸦片走私常规化了，丹麦散商船"弗雷德
里克斯·纳戈尔号"（Fredriks Nagor）的船长竟有胆量在那里建立鸦

片仓储业务。不过，8月粤海关监督察觉到了这种违规行为，勒令船只离开。这种尝试很快被英国船只"南希号"（Nancy）效仿，它在黄埔锚地充当鸦片仓库，直到1804年3月才被卖给在澳门的葡萄牙人。这艘船被重新命名为"康塞桑圣母号"（Nossa Senhora de Conceição），配备精良，在沿海巡航，进行海盗掠夺（以及走私鸦片，详情见下文）。[79]

表7-1列出了一些在19世纪30年代的好处费标准。这些数据显示了走私其他违禁品也有固定的费率，能够提前预知。这些费用可能与几十年以前收取的数额没有太大差别。

表7-1　1834年海关水上稽查员在黄埔港和广州收取的好处费

货物	好处费
生丝	4西元/担
熟丝	2西元/箱
钢	5西元/担
大理石	10西元/100板
布匹	120西元/船
决明子、茶叶	10西元/船

资料来源：John Robert Morrison，*A Chinese Commercial Guide*（1834），P.30。

北美毛皮也由英国、法国、葡萄牙、西班牙和美国商人走私来华。[80]正如上文例子所示，从18世纪初起走私就一直是贸易的组成部分了。到18世纪中叶，许多商品通过当时完善的贸易网络非法进出口。只要向恰当的人缴纳了合适的费用，任何东西都可以在中国销售。

然而所有行贿以及从粤海关监督处分流的资金，都把外国人置于危险的境地。为了让粤海关官员满足，他们不得不无视港口法规并缴纳稽查员纵容费。遵守港口规定就会剥夺官员的"特权"，可能会有得罪这些官员的风险。这两种情况下，外国人都有破坏自身贸易的风险，要么被粤海关监督抓住他们舞弊，要么稽查员没有得到应有的报酬。以下摘自 1838 年美国广州领事报告，清楚地描述了当时这种做法如何根深蒂固。

> 通过勾结税务官员逃避税费，在黄埔是在被委任监管每艘船的粤海关监督的代理或稽查员的安排下进行在广州是在通事、商馆办事员和海关审查员之间的安排下进行。在前一种情况下，海关人员会同意从船上卸下某些货物，要么只缴纳一半或三分之一的税费，要么以远远高于市场价值的价格购买这些货物。在这种情况下，串通勾结行为也许就在珠江上雇用的最低级别的税务官员那里进行，最终没有钱流入国库……当船只要结算货物关税时，走私货物被压下来，真正需要缴纳的税费要直接缴纳给行商，如果通事是负责人，则由他来收取。[81]

很明显，贿赂金额是固定的，从一年到下一年都没有变化，这降低了风险，更易于获利与吸引投资者。早在 18 世纪初的几十年中，黄金和非法丝绸等产品的默许走私流程已经得到了充分建立。走私的正常化使走私贩子能够预测他们的支出，并以与合法商人一样清晰和可靠的方式计算他们的利润。[82]

事实上，走私贸易的风险在某些方面低于合法的茶叶贸易。茶叶如果被滞留一个贸易季可能会损失其原有价值的 50%；[83] 鸦片如果储存得当是不易变质的。此外中国出口商品的销售往往与买进外国进口商品相联系，如棉花和纺织品（采用称为 "truck" 的方式操作，类似 "采购订单协议制度"）。例如图 7-3 显示了瑞典东印度公司大班查尔斯·欧文（Charles Irvine）在 1744 年用洋红（cochineal）和布匹交换行商陈寿官（Tan Shouqua，亦名为陈寿观）的瓷器。

图 7-3　1744/1745 贸易年度瑞典东印度公司大班查尔斯·欧文与行商陈寿观的合同

说明：合同上写了通过被称为"truck"的操作方式进口洋红和布匹用于购买瓷器。

资料来源：美国明尼苏达大学詹姆斯·福特·贝尔图书馆藏，档案号：Charles Irvine Papers。

中国行商签订协议后，在 9 月或 10 月会将进口货物放进各自的商行，11 月中旬或 12 月前新茶到来时出售商品。出售进口货物所得的收入用来购买茶叶和瓷器，这便意味着货物必须在市场饱和、价格最低时出售。商人无法总是把进口货放在仓库中等待价格回升，对他们而言这样的处境很不稳定。

中国行商只有在同意购买一定数量的纺织品和其他进口商品后，才能够签订茶叶买卖合同，而他们只有等到出售了这些进口货物后才能支付茶叶货款。直到 19 世纪初，进口税还得在 10 月下旬或 11 月初缴纳，所以进口品必须立即出售。当时无法知道每年到底会有多少船只到达，也无法知道某种商品销售到市场上的数量。广州一些规模较大的商行试图买断某种商品来控制其价格，以确保更多的安全性，但这需要巨大的资本投入，大多数行商拿不出来这么多资本。因此，对于广州的许多行商来说，茶叶贸易是有风险的。[84]

如果价格暴跌，所有商人就只能亏损出售其进口货物，并希望通过茶叶销售来弥补支出，然而茶叶市场竞争也很激烈。这意味着即使在好年份，利润也非常少。此外，茶叶销售需要预付巨额货款，通常伴有高利率，因此茶叶的利润不太可能弥补进口损失。而鸦片是现款交易的商品，如果市场饱和，鸦片可以储存起来直至价格回升，因为它与出口商品的销售没有关联。

19世纪初，清政府为打击珠江三角洲的海盗行为采取了许多行动，其中一些措施可能助长了走私活动。1804年，清政府委托葡萄牙巡逻船帮助压制海盗。那一年7月，葡萄牙船只"欧维多·帕号"（Ouvidor Par）被派遣前去捉拿海盗，在此过程中它把"亚历山大号"（Alexander）上的鸦片转运到了澳门。[85] 1808年8月和9月，另外两艘葡萄牙武装巡逻船——"贝利萨留号"（Bellisarius）和"圣母·康塞桑号"（即前文提及的"南希号"）经由常规航线去泉州镇压海盗，并装载了一批鸦片卖给当地商人。[86] 这些沿中国海岸常规的巡逻旨在保护那些前往沿海港口的中国帆船免受海盗袭击，对它们来说是很好的服务。葡萄牙巡逻船在这些年里经常出巡，为帆船和小船引航并搜寻海盗，以此掩盖其所从事的鸦片贸易。有些帆船也肯定携带了鸦片，这都是在东南亚或从珠江三角洲的外国人手里购买的。[87]

1814年，嘉庆帝了解到澳门周边存在庞大的鸦片走私网络后，采取了新措施打击鸦片走私。香山知县在澳门逮捕了18个鸦片贩子，并要求严格检查所有葡萄牙船只。[88] 有关19世纪鸦片贸易的研究表明，这些局部的打击行动收效甚微，因为鸦片贩子只需简单地将其走私行动转移到珠江三角洲的其他地方。有关这一时期的鸦片贸易已经研究得很透彻，下面我们仅对新信息进行讨论，以揭示其迅速扩张的原因。

19世纪前二十年，走私的流程确立起来了，不再需要在黄埔锚地的船上出售货物。外国人可以把所有违禁品直接运往广州，他们开始把诸如鸦片等违禁品储存在广州并直接在商馆出售。中国买家可以去那里查验鸦片，不必前往黄埔，正如"迪斯科号"一样。违禁品贸易逐渐变得与合法贸易一样安全和稳定。合法贸易受清朝法令和政策的保护，违禁品贸易受到当地长期以来形成的做法和流程的保护。[89]

捐客商行在澳门和广州设立起来，它们安排鸦片销售并缴纳所有好处费，这些将在下一章讨论。这些代理商（commission merchant）也进行合法买卖，这是他们被允许留在中国的原因。可以有理由地假设，没有违禁品贸易产生的资金，140 年来合法贸易就不会如此广泛或持续地增长。因此，容忍这些非法活动符合粤海关监督的利益，茶叶贸易也不受影响。默许非法贸易可能是确保上缴给朝廷的收入能够不间断的最简单和最有效的方法。如果还没有必要在体制中采取行动，例如发动一场消除腐败和鸦片的运动，那么合法贸易的收入可能在每一任粤海关监督的三年任期内都会增加。这是最佳的结果。

到了 19 世纪 20 年代，走私贩子和清朝官员之间有太多勾结。一位外国人提到："针对走私的投诉很少能到达省城（广州），除非封口费已经封不住发现者的嘴巴。"[90] 正如马礼逊 1823 年指出，黄埔和澳门的情形相同。

> 自从鸦片被禁止以来，鸦片由于当地官员的纵容而走私，通过澳门和黄埔进入中国，他们中有一些人目睹每一箱的运输并收取好处费；而另一些人高居衙门，远离走私现场，每年都收到贿赂，默许在此问题上违反帝国法令。[91]

马礼逊提到了广州很多高官自己就是鸦片吸食者。"总督每时每刻都不能忽视有关鸦片的事情，因为他衙门中的办事员、幕友、军官和其他人吸食鸦片非常普遍。”不同品种和品质的鸦片价格相差很大，使收入水平不同的人都能负担得起。例如图 7–4 显示了 1823 年广州不同商品的价格，荷兰大班在底部记录了不同种类鸦片的价格。马礼逊认为政府官员“鼓励，实际上也保护了鸦片走私”。[92] 其他证据还表明，鸦片走私已经渗透到海关内部高层。例如，1829 年粤海关监督意外死亡，尸体被运回其家乡，此次旅程被当成向内地偷运鸦片的掩护。[93]

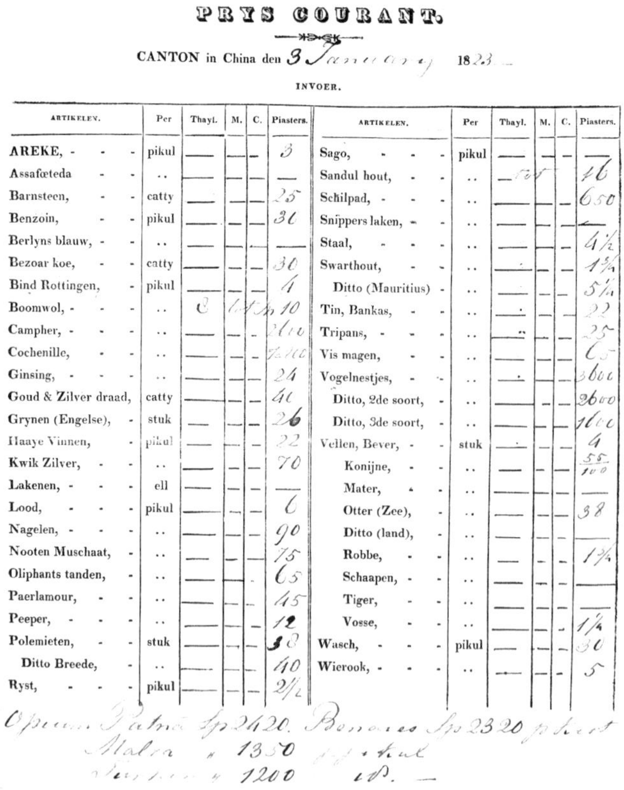

PRYS COURANT.

CANTON in China den 3 January 1823

INVOER.

ARTIKELEN.	Per	Thayl.	M.	C.	Piasters.	ARTIKELEN.	Per	Thayl.	M.	C.	Piasters.
AREKE, - - -	pikul	—	—	—	3	Sago, - - -	pikul	—	—	—	—
Assafœteda - -	..	—	—	—	—	Sandul hout, - -	..	[illegible]			16
Barnsteen, - -	catty	—	—	—	25	Schilpad, - - -	..	—	—	—	650
Benzoin, - -	pikul	—	—	—	30	Snippers laken, - -	..	—	—	—	—
Berlyns blauw, - -	..	—	—	—	—	Staal, - - -	..	—	—	—	4½
Bezoar koe, - -	catty	—	—	—	30	Swarthout, - -	..	—	—	—	1¾
Bind Rottingen, -	pikul	—	—	—	4	Ditto (Mauritius) -	..	—	—	—	5¼
Boomwol, - - -	..	8	[illegible]		10	Tin, Bankas, - -	..	—	—	—	22
Campher, - - -	..	—	—	—	[illegible]	Tripans, - - -	..	—	—	—	25
Cochenille, - -	..	—	—	—	[illegible]	Vis magen, - -	..	—	—	—	65
Ginsing, - - -	..	—	—	—	24	Vogelnestjes, - -	..	—	—	—	3600
Goud & Zilver draad,	catty	—	—	—	40	Ditto, 2de soort, -	..	—	—	—	2600
Grynen (Engelse), -	stuk	—	—	—	26	Ditto, 3de soort, -	..	—	—	—	1600
Haaye Vinnen, -	pikul	—	—	—	22	Vellen, Bever, - -	stuk	—	—	—	4
Kwik Zilver, - -	..	—	—	—	70	Konijne, - -	..	—	—	—	55/100
Lakenen, - - -	ell	—	—	—	—	Mater, - -	..	—	—	—	—
Lood, - - -	pikul	—	—	—	6	Otter (Zee), -	..	—	—	—	38
Nagelen, - - -	..	—	—	—	90	Ditto (land), -	..	—	—	—	—
Nooten Muschaat, -	..	—	—	—	75	Robbe, - -	..	—	—	—	1¾
Oliphants tanden, -	..	—	—		65	Schaapen, - -	..	—	—	—	—
Paerlamour, - -	..	—	—	—	45	Tiger, - -	..	—	—	—	—
Peeper, - - -	..	—	—	—	12	Vosse, - -	..	—	—	—	1¼
Polemieten, - -	stuk	—	—	—	38	Wasch, - - -	pikul	—	—	—	30
Ditto Breede, -	..	—	—	—	40	Wierook, - - -	..	—	—	—	5
Ryst, - - -	pikul	—	—	—	2½						

Opium Patna Sp 2420. Benares Sp 2320 per kist
Malwa " 1350 per pikul
[illegible] " 1200 [illegible]

图 7–4　1823 年荷兰人的广州商品价格列表

说明：列表底部记录了不同种类的鸦片价格。

资料来源：海牙国家档案馆藏，档案号：Canton 378。

中国走私船队被称为"蜈蚣""快蟹""爬龙"（根据船只有多少桨，外观看起来像这些动物而得名），为珠江三角洲的鸦片走私提供了驳船服务。每艘船最多可有60多位桨手（每边20~30位），使其具有速度优势。尽管这些装备精良的快艇在白天很远就会被发现，夜间船桨吱吱作响的噪声在水上也会有回声，但它们仍然能够如邮政服务般非常规律地携带违禁品进出中国。

图7-5显示了这些船只规模有多大和多招人注意。快蟹船每晚向珠江上游航行至广州或其他目的地。进入广州至少有四条通道和八条不同的河道，因此它们有若干途径可以躲过海关官员。[94]它们也走私货物到下游并卖给伶仃岛的外国人。违禁品贸易非常有竞争力，必须装载回程货物以缴纳费用。如果不装载某些能够顺利销售的回程货，外国人无法承担回到印度的行程。由于竞争激烈，快蟹船也无法承受空船行驶到下游。

图7-5 快蟹船

说明：19世纪初为伶仃岛鸦片贩子服务的一艘快蟹船。

资料来源：伦敦康希尔史密斯公司藏。

19 世纪 30 年代初，为珠江三角洲的走私商贩提供服务的特别船只有 35~40 艘。不管白天还是晚上，它们都可以将违禁品运到广州。[95] 此时，快速帆船也被使用到对华鸦片贸易中，这使鸦片能以更加规则和及时的方式运抵中国。[96] 这时，每年在伶仃岛和珠江三角洲其他港口的走私船，与那些行驶到上游黄埔锚地的合法贸易船只数量一样多。

散商也开始在中国沿海向北航行，把违禁品运往其他港口，他们去到任何地方都能发现市场。除了前文提到的葡萄牙人的巡逻船，19 世纪 20 年代散商船只，如"墨洛珀号"（Merope）、"尤金妮亚号"（Eugenia）和"格洛廖索号"（Glorioso）也在中国沿海一带出售鸦片及其他违禁品。[97] 19 世纪 30 年代初，怡和洋行和颠地洋行开始派遣船只在中国沿海航行以寻找新的市场。[98] 中国帆船几十年来一直为这些港口供应鸦片，因此收取好处费和走私流程也与珠江三角洲的一样标准化和充满竞争。[99] 由于鸦片买卖机会很多，任何地方的贿赂金额必须相同，否则鸦片贩子会转移到其他地点。

中国巡逻船赶不上正在承担运输鸦片任务的快蟹船，但偶尔能够伏击到一艘，以"显示保持着警惕忠诚的样子"。[100] 然而违法乱纪者更有可能被释放而不是受到惩罚，海关胥吏的个人利益是他们能够获得的"酬金"，因此为快蟹船放行才能够一次又一次地敲诈它们。[101]

繁荣的违禁品贸易似乎间接导致了澳门的贫困。澳门继续限制商业以保护葡萄牙居民，而不是保持其收取的好处费，以及其他口岸相比有竞争力的贸易条件。清朝官吏和葡萄牙官员要价较高，试图创造更多的收入却适得其反。[102] 尽管上文已经展现了从 1784 年到 1828 年澳门的鸦片进口增长了 600%，但整体经济由于贸易的丧失而受到严重影响。

1814 年和 1815 年对澳门鸦片贸易的制裁对其收入损失有一定影

响。由于压力陡增和费用高企，一些葡萄牙人将业务转移到伶仃岛，许多留在澳门的葡萄牙人则变得依赖中国商人和其他商人在其船舱底部替他们装载货物。澳门总口官员也抱怨有些船只还没有缴纳丈量费就离开了港口。

随着新澳葡总督的到来及其采取的新方法，1836 年 3 月 1 日，澳门取消了商业限制，成为一个自由港。澳门承诺给予有利条件鼓励鸦片贩子及其他商人返回澳门。但此时，由于广州开始镇压鸦片走私，并且其他地方仍可以提供更自由的环境，贸易重回澳门的希望只能化为泡影。澳门的不幸结局就是反映中国沿海一带这种非法贸易竞争激烈程度的一个例子。[103]

大米贸易

除了以鸦片换取白银，再用白银购买茶叶之外，另一种商品成为合法与违禁贸易网络之间的重要纽带，那就是大米。正如前文所述，对鸦片运输船而言在返程时获得回程货物很重要，以保持竞争力。大米为走私船提供了一种避开黄埔港高额税费的方式。

乾隆八年（1743），大米的进口关税减少。运载大米 1 万担或以上的船只税费减半，装载 5000~10 000 担的船只则可获 7 折优惠。[104]后来甚至出现最低要求降至 4500 担。

然而，该政策在大米供应短缺的年份会放宽。例如 1833 年小型船只不做最低额度的要求，因为小船装载不了 4500 担大米。只要满载大米，且无其他货物，小船就被认为是运米船。下面的例子将显示，小船早在 19 世纪 20 年代就按照这种方式处理了，所以新的"官方"政策可能是把既成事实用文字确立下来。只要装载数量达到最低量，运载超过 4500 担的船只也可以装运其他商品，并且会得到粤海关的批准。[105]

运米船并不是完全免税，也得向官吏缴纳一些象征性费用。事实上，它们到底应该缴纳多少费用经常是令人困惑的事情，因为每艘船的情况都不一样。1837 年广州总商会（Canton General Chamber of Commerce，外国运营机构）调查了此事，确定了运米船可接受的缴纳金额是 1189.5 西元，以进入港口并获得必要的牌照。平均来说一艘典型的运米船在正常港口费上可节省 2566 西元，这是一个重要的优势。[106]

走私贩子在珠江三角洲一带秘密获得大米后，可以获得允许驶向上游，到那里他们卸下大米，购买茶叶、丝绸、瓷器等返程货。一些散商，如位于美国普罗维登斯城外的爱德华·卡林顿商行（Edward Carrington & Co.）和来自波士顿的珀金斯洋行（Perkins & Co.）从事正规的大米贸易。大米在黄埔锚地卸下后，船长便购买出口货物。事实上，他们可以购买远远超过其船只运载量的货物，因为没有必要把所有的货物放在船舱里（往往取决于天气）。甲板、船舱和通道上全部可以堆满商品，这些多余的货物可以被转移到伶仃岛的走私船上。

走私贩子需要刚好足量的大米装满几艘大一些的船只，这些船只可以前往广州采购茶叶和其他回程货物，并把它们不需要的物品卸载到泊在伶仃岛的小船上。这便解释了散商之所以拥有几艘船的原因，正如帕金斯洋行（Perkins & Co.）有几艘船运送大米和其他走私违禁品。运米船协助其他船只获得回程货物，使之能在违禁品贸易中有效地参与竞争。

由于运米船的进出口货物量不平衡，无须担心粤海关监督会指出其出口货物超过进口货物，不会征收额外的关税来弥补差额。卸下大米后，只要不掉入水中或者船只失去平衡，外国人可以尽可能多地在甲板上堆积货物。在珠江三角洲卸下多余货物后，运米船驶回马尼拉、巴达维亚、新加坡等地，用船上的货物换取更多大米，然后鸦片船再回到印度用其货物换取更多的鸦片。

以下摘自广州的帕金斯洋行与"尼罗河号"船长福士之间的通信，更准确地显示了这种贸易是如何进行的。

> 1825 年 4 月 9 日，广州
>
> 我们派出帆船（Brig）——从伶仃岛到马尼拉——的目的是为了获得大米和稻谷，船上装载的东西足够你去装满半艘船的大米，并填满稻谷；当船只抵达黄埔时，应该看起来装满了大米和稻谷，你只需设法把你兄弟希望送来的其他货物放在客房、储藏室和船舱中，这样当船只到达黄埔时，除了前夹板、储藏室和船舱外，整艘船看起来装满了大米和稻谷。[107]
>
> 1826 年 12 月 21 日，伶仃岛
>
> 一旦"浩官号"抵达，你将会收到船上的 1000~2000 担的大米和稻谷。现在留在 ## ##（原文如此）船上的那么多数量的大米，你得派人找个引水人，然后立即前往黄埔……在你启程前往黄埔之前，你得重新装载一下大米和稻谷，使船只的主舱口处看起来满载大米。[108]

19 世纪 30 年代，福士兄弟和帕金斯洋行持续运大米到广州，帕金斯洋行用大米来掩盖其鸦片贸易。[109]

直至广州体制结束，大米贸易一直在合法贸易与违禁品贸易之间起到纽带作用。根据 19 世纪 30 年代唐宁（C. Downing）的记载："在现行法规环境下，大米进口成了许多秘密交易的载体，对外贸易的收入实质上是减少了。"[110] 所有这些活动在当时来华外国人看来是常识，报纸上公开发表相关文章供他们阅读。1863 年卫三畏写道：

满载大米的船只的红利，促使商人把商品装载到从伶仃岛和金星门（Cumsing-moon）锚地来的大船上进入港口，并从上述两地的固定商站获取大米，作为运米船前往黄埔。[111]

尽管所有这些非法活动都在珠江三角洲进行，但是我们推断粤海关监督和两广总督曾时不时地试图解决这个问题。如第二章和第六章所示，他们确实在珠江下游采取了制止官员和走私商贩之间勾结的措施。两广总督偶尔会逮捕罪犯，并对之进行严厉惩罚以杀一儆百，并以此作为其履行长官职责的表现。

以腐制腐

各国东印度公司停止广州业务后，两广总督试图撤销允许外国挂旗艇在黄埔与广州之间航行期间可不在税馆停留的特权。他认为这种特权是给公司的，并不是给个人的。[112]这种宽容的特别之处当然在于它提供了一种可以让粤海关监督进入各国公司个别官员内心和思想的方式。保持此项政策的非官方性，就在于需要的时候可以将其作为控制工具，不需要的时候可以随时取消。

这种由粤海关监督与两广总督赋予的特权并不像他们对清朝官员涉腐那样宽容。定期打击腐败是罢免公职或惩罚顽固官员的方法，而对之宽容则是奖励忠诚、服从和勤奋的有效方式，即使是以内部腐败作为代价。然而，纵使两广总督有此意图，他仍然发现难以取消这项已接受了135年的特权。

补救措施失败的原因之一就是官府试图用腐败的体制来消除腐败，这根本行不通。地方官员更有可能将走私内化到自己的网络中，以便能够控制走私并从中获利，事实正是如此。体制本身必须改变才能解决这个问题，然而采取相关举措的命令必须来自朝廷。

粤海关监督与两广总督只能对体制进行修修补补，使其运作得更加顺畅。[113] 他们的一些补救措施是刻意而为，但另一些则是并不情愿的尝试，只为了让上级看到一切都仍在其控制之中。不过，1835 年之前采取的措施（包括第六章指出的措施），都不足以在一定范围内遏制走私的发展。

朝廷考虑鸦片合法化

19 世纪 30 年代初，白银外流对朝廷预算造成了严重压力，使广州官员和朝廷官员开始考虑鸦片贸易合法化并对其征税的问题，以此作为遏制鸦片贸易的手段。朝廷可以通过鸦片销售获得新的收入，并认为如果严格监管鸦片的分销和使用，则可以控制鸦片贸易。当然，这些讨论的核心自然是白银。官员提出了许多建议，要么是将鸦片购买量限制为白银总额的 1/3，要么是仅仅允许鸦片用以货易货的方式进行交易。[114]

新环境下，广州的官员在考虑控制走私的多项措施方面显得更加活跃，他们向道光帝呈交了一份非常准确而全面的报告，说明走私的程度及其对国家的影响。[115] 道光帝在更全面地了解了情况后，意识到有大量官员参与走私，觉得局面已经无法控制。鸦片合法化只会导致更多问题，而不会解决白银危机。之后他开始向广州发出一系列法令禁止鸦片贸易。[116]

镇压开始

1835 年朝廷采取了严厉的措施，第一次痛陈与走私有关的各种问题。紧接着连续发出谕令，这些命令过去也曾多次发到广州，但收效甚微。但此时朝廷更好地掌握了情况，白银危机为改革提供了新的催化剂，朝廷决心从根本上消除这种威胁。以下是从一份两广总督发给粤海关监督，并转发给行商的法令。

> 澳门同知也收到了这份法令，他必须向引水人、买办等下达严厉命令，他们必须遵照执行。此后他们必须严格遵守皇帝谕令；引水人必须谨慎引导船只，如有夷船违章进出，或有夷人私乘小船前往沿海各地，于乡村游逛，引水人将被拘并受到严厉审问；如果有任何违禁品买卖或暗中偷运应纳税货物，而买办不据实报告，他将立即受到严惩，绝不姑息。[117]

该法令颁布之后到鸦片战争爆发之前所发生的事情，学界已经有了广泛的讨论，无须重复。我们只是简略指出改变贸易的一些重要举措。

朝廷下达了建造速度超过快蟹船的船只的命令，到1836年年底，官府已经拥有了这类船只并投入使用，在沿珠江水域进行突袭，抓捕携带违禁品和白银的走私贩子。那些没有船只在华的外国人，接到命令必须前往澳门；那些为违禁品贸易提供代理服务的外国代理行被列入必须离开广州的名单。[118] 外国人接到命令不准在澳门与广州之间开行客船或邮船（当时已是常见情形）。珠江三角洲一带的走私渊薮被下令关闭，所有想开展对华贸易的外国人收到指令，要么移步上游到黄埔，要么离开。在中国沿海其他港口从事非法贸易的外国人被勒令停止违法行为，屡教不改，将被逮捕、审判和严惩。

为了应对严打，外国人开始在中国沿海寻找一个安全的港口，如果事态恶化，他们可以撤退到这里躲藏。经过反复审视，他们发现香港是一个理想的地方，这里并不是新港口，早已被用于秘密交易，是众所周知的安全避难所。外国人对沿海地区的重新调查只是证实了他们再也找不到一个比香港更安全或方便的地方。1837 年清朝官府的水师巡逻队搞得外国船队无法继续留在伶仃岛、金星门等其他储藏处，伶仃舰队开始移师香港。[119]

这些新的举措以及对打击外国走私的措施升级，可能使中国帆船获得了赚钱的好机会，外国鸦片贩子在珠江三角洲遇到的困难给中国帆船提供了在中国鸦片市场上的战略优势地位。但由于文献缺乏，我们无法弄清楚他们是如何受到影响的。也许检视一下由中国帆船装载鸦片离开新加坡的情况，可能会让我们对此问题有所了解。

小结

走私贸易能够在珠江三角洲根深蒂固的原因有很多。一方面，澳门和广州的官员和社会各阶层人士都积极参与了这种有利可图的贸易。葡萄牙官员和一些中国基督徒卷入了澳门的鸦片走私活动。任何类型的鸦片都能够比较容易找到中国买家和卖家，海关官员很容易被贿赂，鸦片几乎可以"神不知鬼不觉地"通过。由于开辟鸦片市场比较轻松，18 世纪中叶中国就已经形成了稳定的鸦片市场，有标准的收费率和流程刺激贸易增长。

澳门葡萄牙人利用其特权从违禁品贸易中获得私利，这使鸦片贸易有了另一个发展渠道。葡萄牙人和其他散商之间的竞争，以及澳门和葡萄牙船舱底的鸦片优惠税率，确保了18 世纪末鸦片的低价。随着其他走私点，如伶仃岛、金星门等的建立，以及 1814 年清政府对鸦片的禁令，澳门失去了其战略优势，鸦片贸易被转至其他港口。竞争使价格持续走低，推动了更多消费。如果黄埔和厦门的官员企图从鸦片贸易中获利，他们必须提供比珠江三角洲下游地区更有竞争力的收费和条件。

买办、澳门引水人及快蟹船互相竞争，以获得在珠江三角洲与黄埔之间偷运违禁品的特权，码头上的海关水上稽查员、买办和驻守在西洋船只旁边的海关人员之间互相竞争。各种竞争导致费用（贿赂）标准化，这种标准化的流程也使鸦片贩运具有规律性、稳定性和安全性。违禁品贸易几乎与茶叶合法贸易一样，人们能够预测在哪些方面风险更低，由此吸引了更多商人和投资者。

18 世纪 90 年代末，珠江三角洲海盗活动再次猖獗，转移了官府对走私问题的注意力。在打击海盗的幌子下，澳门葡萄牙人利用他们的巡逻艇和护航舰保护和推进鸦片贸易。澳门及沿海的中国商人和官员，与葡萄牙人携手推进了这项工作。

另外，18 世纪和 19 世纪初，尽管中国禁止鸦片贸易，但鸦片在许多港口并不是非法货物，这使得鸦片贩子能够使其贸易合理化。众所周知，有两套规则规范中国商业：一套是官方政策，另一套是地方实践。清政府要严格禁止鸦片，需要两套规则得到统一，但这种情况直到 1835 年才发生。

在公司官员心中，茶和瓷器贸易太重要了，以致不能允许因白银短缺而减少或放弃。广州或珠江三角洲一带没有足够的威慑力来阻止散商或政府官员从走私贩运中获利，因此，白银的供求压力刺激了鸦片贸易的不断扩大。通过这种方式非法鸦片贸易的增长与合法茶叶贸易的增长是相辅相成的。

对大米的优惠待遇也推动了违禁品的进口。珠江三角洲的走私贩子可以通过在伶仃岛购入大米来规避黄埔的高额费用。在广州销售大米获得利润后，他们可以购买回程货物以支付他们的返航费用。所有这些因素都有助于维持鸦片价格的竞争力。

合法贸易和非法贸易交织在一起，中国各阶层都愿意接纳走私贩子，官员收取好处费和高抬贵手的实践相一致，商人需要大量白银以换取茶叶等，所有这一切都促成了鸦片贸易的蓬勃发展。由于非法贸易能支撑合法贸易，非法贸易很容易调整或至少可以容忍。因此，清朝政府在 1835 年之前打击走私活动的努力总是显得太少也太晚，往往与实际情况不符。

接下来，我们将目光转向影响贸易的其他重要因素，即澳门贸易、中国帆船贸易、资本市场与代理商。

注释

[1] Hosea Ballou Morse，*The Chronicles of the East India Company Trading to China，1635–1834*，vol.1，p.104；Malachy Postlethwayt，*The Universal Dictionary of Trade and Commerce*，Vol.1（London：H. Woodfall，1766），no page numbers. Charles Lockyer，*An Account of the Trade in India*，pp.105–106.

[2] Alfred Spencer，ed.，*Memoirs of William Hickey*（*1749–1775*），pp.215–217；Paul A. Van Dyke and Cynthia Viallé，*The Canton-Macao Dagregisters*，*1762*，entry on December 13.

[3] Tim Flannery，ed.，*The Life and Adventures of John Nicol*，*Mariner*，pp.109，162.

[4] Hosea Ballou Morse，*The Chronicles of the East India Company Trading to China，1635–1834*，vol.1，p.212. 还有外国人因走私而被抓的其他例子，但马士没有在其研究中提到。

[5] Stadsarchief（City Archives），Antwerp：IC 5689[bis].

[6] 奥斯坦德贸易公司和荷兰东印度公司的记录中提到许多船只涉及走私丝绸的内容，但是这些内容需要仔细辨认才能被发掘出来，因为办事员通常在文件中不会将其称为"走私"，而是这样表述："押船艇今天载着丝绸抵达。"按照规定，所有合法商品都必须由中国官印船运送，但实际上很多商品都被藏在押船艇底部送抵黄埔。一些明显关于广州到黄埔泊地之间丝绸走私的显著内容，参见 National Archives，The Hague：Canton 25，71。

[7] 1728 年，英国官员登陆广州后，广州抚院坚持跟踪和检查英国船只。British Library：IOR G/12/27.

[8] 诺贝尔介绍了一起 1747 年英国人与中国海关官员之间的争端。Charles Frederick Noble，*A Voyage to the East Indies in 1747 and 1748*，p.286. 这些例子清楚表明外国人声称的自己永远不会"欺骗中国政府的合法税费"之类的话是不能尽信的。Hosea Ballou Morse，*The Chronicles of the East India Company Trading to China，1635–1834*，vol.5，p.78.

[9] 散商所缴纳的这个费用较低，这是他们拥有的少数优势之一。美国船"国会号"（Congress）航海日志中列出了一只钱艇的费用是 3.60 西元。这里不太清楚的是，为何当其他美国船只缴纳 3.00 西元时，这些船要缴纳 3.60 西元。Phillips Library，Peabody Essex Museum，Salem：Log of Ship *Congress*1819–1820.

[10] Stadsarchief（City Archives），Antwerp：IC 5757.

[11] 几个有关英国人走私白银进入广州的例子，参见 Hosea Ballou Morse，*The Chronicles of the East India Company Trading to China，1635–1834*，vol.1，pp.187，192，194。

[12] Hosea Ballou Morse，*The Chronicles of the East India Company Trading to China*，*1635–1834*，vol.1，p.199.

[13] 荷兰人的"日志"清楚显示，在 1729 年之前，粤海关监督密切关注黄埔泊地与广州之间白银箱子的运送情况。National Archives, The Hague：VOC 4374. 在奥斯坦德公司的记录中也可以找到其他 18 世纪 20 年代的例子。

[14] British Library：IOR G/12/23–25. "港口每年都有大量黄金交易，这是政府明令禁止的，但由于某些原因这种交易又很容易实现。因此，欧洲人大多以私人名义经营白银，不是为了避税费，而是为了掩饰进口量，这样我们就无从推测黄金的出口量。"Anonymous，*An Authentick Account of the Weights*，*Measures*，*Exchanges*，*Customs*，*Duties*，*Port-Charges*，&c，&c.（London：C. Hendersen，1763），p.55.

[15] Paul A. Van Dyke and Cynthia Viallé，*The Canton-Macao Dagregisters*，*1763*，entry on 23 September 1763; A. J. R. Russel–Wood，"An Asian Presence in the Atlantic Bullion Carrying Trade，1710–50，"*Portuguese Studies*，vol.17（2001）：148–167.

[16] Paul A. Van Dyke and Cynthia Viallé，*The Canton-Macao Dagregisters*，*1763*.

[17] Charles Lockyer，*An Account of the Trade in India*，p.138.

[18] 有关外国人出口黄金的资料，参见 Paul A. Van Dyke and Cynthia Viallé，*The Canton-Macao Dagregisters*，*1762*; C. J. A. Jörg，*Porcelain and the Dutch China Trade*，p.38; A. J. R. Russel–Wood，"An Asian Presence in the Atlantic Bullion Carrying Trade，1710–50，"*Portuguese Studies*，vol.17（2001）; Stadsarchief（City Archives），Antwerp：IC 5753; Godegårdsarkivet.Ostindiska Handling.F17（hereafter referred as Nordic Museum Archive，Stockholm：F17），Nordic Museum Archive（Nordic Museum Archive，Stockholm），Stockholm。

[19] National Archives, The Hague：VOC 4387; Paul A. Van Dyke，"Cai and Qiu Enterprises：Merchants of Canton 1730–1784，"*Review of Culture*，Internatioanl Edition No.15（July 2005）：60–101.

[20] 英国人估计 1731 年外国人总共出口了 7000 块金锭。Hosea Ballou Morse，*The Chronicles of the East India Company Trading to China*，*1635–1834*，vol.1，p.204. 荷兰东印度公司的一则材料显示 1985 年在"捷达麦森号"（Geldermalsen）沉船上发现了 147 块黄金锭，这艘船于 1752 年 1 月在其返回荷兰途中沉没。C. J. A. Jörg，*The Geldermalsen. History and Porcelain*（Groningen，1986）。"捷达麦森号"上的黄金是每年通过广州和澳门运离中国的许多货物之一。到 19 世纪 30 年代，黄金仍继续走私出境。John Robert Morrison，*A Chinese Commercial Guide*（1834），p.68; Hosea Ballou Morse，*The Chronicles of the East India Company Trading to China*，*1635–1834*，vol.1，pp.172，176; Stadsarchief（City Archives），Antwerp：IC 5753; National Archives, The Hague：

VOC 4376，Canton 69；Paul A. Van Dyke and Cynthia Viallé，*The Canton-Macao Dagregisters*，*1762/1763*；Paul A. Van Dyke，"Cai and Qiu Enterprises：Merchants of Canton 1730–1784"，*Review of Culture*，Internatioanl Edition No.15（July 2005）：60–101；Paul A. Van Dyke，"The Yan Family：Merchants of Canton，1734–1780s，" *Review of Culture*，Internatioanl Edition No.9（Janurary 2004）：30–85；Weng Eang Cheong，*The Hong Merchants of Canton*，pp.56–57.

[21] Louis Dermigny，*La Chine et l'Occident. Le Commerce à Canton au XVIII Siècle 1719–1833*，vol.3，pp.1254–1256；Hosea Ballou Morse，*The Chronicles of the East India Company Trading to China*，*1635–1834*，vol.1，pp.136，215. 瑞典乌普萨拉大学图书馆存有一个贸易项目列表，上面列出了 18 世纪 30 年代亚洲许多港口包括鸦片在内的商品情况。"Misc. papers of Chr. Henr. Braad 1732–1762 to East India"，Uppsala Universitetsbibliotek（University Library），Sweden：L 181.

[22] Carl A. Trocki，*Opium*，*Empire and the Global Political Economy. A Study of the Asian Opium Trade 1750–1950*，pp.34–35.

[23] 几乎无一例外，鸦片和中国贸易的历史表明，鸦片市场在 18 世纪末或 19 世纪初开始形成，主要因为英国东印度公司和美国文献是这样说的。相关例子参见 Amar Farooqui，*Smuggling as Subversion. Colonialism*，*Indian Merchants and the Politics of Opium*（New Delhi：New Age International，Ltd.，1998），pp.12–13；Hosea Ballou Morse，*The Chronicles of the East India Company Trading to China*，*1635–1834*，vol.2，pp.74–78；D. E. Owen，*British Opium Policy in China and India*（New Haven：Yale University Press，1934；reprint，Hamden：Archon Books，1968），p.63. 当斯认为由于 1812 年战争，走私网络得以稳固地建立起来，并将之称为"新开发的营销体制"。但到 1812 年时，该走私网络已经存在了几十年了。Jacques Downs，*The Golden Ghetto. The American Commercial Community at Canton and the Shaping of American China Policy*，*1784–1844*，p.125.

[24] Anders Ljungstedt，*An Historical Sketch of the Portuguese Settlements in China*（1832，Reprint，Boston：James Munroe & Co. eds.，1836；Hong Kong：Viking Hong Kong Publications，1992），p.104.

[25] 最近几项关于中国国内鸦片生产和内陆鸦片贸易网络的研究，参见 Timothy Brook，Bob Tadashi Wakabayashi，eds.，*Opium Regimes. China*，*Britain*，*and Japan*，*1839–1952*（Berkeley：University of California Press，2000）；Carl A. Trocki，*Opium*，*Empire and the Global Political Economy. A Study of the Asian Opium Trade 1750–1950*，pp.118–125。

[26] Hosea Ballou Morse，*The Chronicles of the East India Company Trading to China*，*1635–1834*，vol.1，p.215；vol.2，pp.326–327.

[27]　Anders Ljungstedt，*An Historical Sketch of the Portuguese Settlements in China*，p.104.

[28]　Israel Reinius，*Journal hållen på resan till Canton i China*（Helsingfors：1939），p.223.

[29]　Israel Reinius，*Journal hållen på resan till Canton i China*（Helsingfors：1939），p.234.

[30]　C.H. Braad，"Beskrifning på Skeppet *Götha Leyons* Resa till Surat och åtskillige andre Indianske Orter 1750–1752"，GUB：Svenska Ostindiska Kompaniets Arkiv H22.3D.

[31]　Hosea Ballou Morse，*The Chronicles of the East India Company Trading to China*，*1635–1834*，vol.1，pp.288–289.

[32]　Rigsarkivet（National Archives），Copenhagen：Ask 896.

[33]　"Misc. papers of Chr. Henr. Braad 1732–1762 to East India"，Uppsala Universitetsbibliotek（University Library），Sweden：L 181.

[34]　Paul A. Van Dyke and Cynthia Viallé，*The Canton-Macao Dagregisters*，*1762*.

[35]　葡萄牙人在澳门的进口货物清单，参见 Paul A. Van Dyke and Cynthia Viallé，*The Canton-Macao Dagregisters*，1763，entry on 10 December。有关帝汶船的情况，参见 Paul A. Van Dyke and Cynthia Viallé，*The Canton-Macao Dagregisters*，*1764*，entry on 6 August 1764。

[36]　Nordic Museum Archive，Stockholm：F17；Hosea Ballou Morse，*The Chronicles of the East India Company Trading to China*，*1635–1834*，vol.5，p.101.

[37]　Hosea Ballou Morse，*The Chronicles of the East India Company Trading to China*，*1635–1834*，vol.5，p.129.

[38]　杰克逊船长 1761 年也搭乘 "皮特号"（Pitt）从马德拉斯来到中国。Anthony Farrington，*Catalogue of East India Company Ships' Journals and Logs 1600–1834*（London：British Library，1999）.18 世纪 60 年代有很多杰克逊船长在中国，所以具体指代哪位并不清楚。瑞典人提到有一位杰克逊船长 1772 年 11 月在澳门去世。Nordic Museum Archive，Stockholm：F17.

[39]　发货单上的其他买家姓名都有前缀 "A"，例如：亚东（Attoong）、亚苏（Assu）和亚龙（Alloon），这可能暗示他们是小店主、买办或下层小吏，而不是行商。到 19 世纪 30 年代，所有广州通事的名号中都有前缀 "A"，而不是后缀 "qua"；但是在 18 世纪，他们的名字中通常都是后缀 "qua"。18 世纪 60 年代，有一位通事和一位行商都以 "Monqua" 为名。Paul A. Van Dyke，Port Canton and the Pearl River Delta，1690–1845，Chapter 4；*Chinese Repository*（Jan.1837），Vol.5，p.432.

[40]　A letter dated 7 May 1767，Nordic Museum Archive，Stockholm：F17.

[41]　Nordic Museum Archive，Stockholm：F17.威廉·埃尔芬斯通（William Elphinstone）

船长 1766 年和 1769 年两次从印度马德拉斯搭乘 "特里顿号"（Triton）来华。参见 Anthony Farrington，*Catalogue of East India Company Ships' Journals and Logs 1600–1834*。

[42] 彼得·哈德威克（Peter Hardwicke）船长 1764 年、1767 年和 1769 年三次从马德拉斯搭乘 "林肯伯爵号" 来华。参见 Anthony Farrington，*Catalogue of East India Company Ships' Journals and Logs 1600–1834*。

[43] National Archives，The Hague：Canton 76.

[44] M. Brunel，"A Memoir on the Chinese Trade，"in *A Voyage to Madagascar，and the East Indies*，by Abbe Rochon，trans. from the French（London：Printed for G. G. J. and J. Robinson，Paternoster–Row，1792），pp.470–473.

[45] Paul A. Van Dyke and Cynthia Viallé，*The Canton-Macao Dagregisters*，1764；National Archives，The Hague：Canton 79. Simão Vicente Rosa 是 1745、1759、1761、1764、1771 年澳门议事会的检察官。Manuel Teixeira，*Toponímia de Macao*，Vol.1（Macao：Cultural Institute，1997），p.510.

[46] 捷官年纪最小的兄弟陈魁官（Quiqua）6 月 11 日到达澳门，调查葡萄牙人的货物。National Archives，The Hague：Canton 79.

[47] 埃马鲁埃尔·佩雷拉可能指的是 Emanuel Pereira da Fonseca。潘日明指出此人与 "顺风号"（Boa Viagem）有联系，但他没有提到具体年份。1770 年 Vincente José de Campos 由于持有英国人的货物而被澳门议事会调查。National Archives，The Hague：Canton 79；Ângela Guimarães，*Uma Relação Especial Macao e as Relações Luso-Chinesas 1780–1844*（Lisbon：Ediçao Cies，1996），p.292；Benjamim Videira Pires，S. J.，*A Vida Marítima de Macau no Século XⅧ*（Macao：Cultural Institute，1993），p.63.

[48] National Archives，The Hague：VOC 4556，entry under "Amphioen"。

[49] 1764 年史密斯是由孟加拉总督赞助的 "穆克萨达华号"（Muxadavad）船上的大班。Paul A. Van Dyke and Cynthia Viallé，*The Canton-Macao Dagregisters，1764*，entry on 21 December 1764. 另见 Hosea Ballou Morse，*The Chronicles of the East India Company Trading to China，1635–1834*，vol.5，pp.72，103。

[50] A. M. Martins do Vale，*Os Portugueses Em Macao（1750–1800）*（Macao：Institvto Portvgvês do Oriente，1997），Anexo No.20.

[51] "en wanneer den aanbreng slegts onder de 600 kisten beloopt，kan de prys tot 12 à 1400 piasters per kist monteeren"，National Archives，The Hague：VOC 4556，entry under "Amphioen". 荷兰文是 "piastres"，英语常常称这些为 "Spanishdollars"（西元）。这些货币在中国通常有相同的兑换率。

[52] "Lyst van den Generaalen Aanbring te Macao"，National Archives，The Hague：VOC 4411，4412.

[53] 葡萄牙人 1773 年和 1774 年进口澳门的货物清单，参见 Paul A. Van Dyke，Port

Canton and the Pearl River Delta，1690–1845，appendix Z。

[54] 一些可能参与这些走私的前山和香山的官员名单，参见邓开颂等主编《粤澳关系史》，中国书店，1999，第 637~642 页。

[55] A. M. Martins do Vale，*Os Portugueses Em Macao*（*1750–1800*），Anexo No.20.

[56] 魏斐德对鸦片与茶叶贸易之间的联系做出了最佳的论述。Frederic Wakeman，Jr.，"The Canton Trade and the Opium War," in Denis Twitchett，John K. Fairbank，eds.，*The Cambridge History of China*，Vol.10（Cambridge：Cambridge UP，1978；reprint，Taipei：Caves Books，1986），pp.163–212. 关于鸦片收入被存入英国东印度公司司库并在广州购买茶叶的例子，参见 Hosea Ballou Morse，*The Chronicles of the East India Company Trading to China*，*1635–1834*，vol.2，p.189。

[57] Rigsarkivet（National Archives），Copenhagen：Ask 1175；A. M. Martins do Vale，*Os Portugueses Em Macao*（*1750–1800*），Anexo No.20.

[58] D. E. Owen，*British Opium Policy in China and India*，pp.101，373.

[59] "Thome Francisco de Oliverya og Jose Xavier dos Santos，ere de sædvanlig Opium Handlere"，Rigsarkivet（National Archives），Copenhagen：Ask 1175，entry on 19 August 1776.

[60] Arquivo Histórico Ultramarino，Portugal（Arquivo Historico Ultramarino，Portugal）：Macau cx.6，no.48 microfilm CO412；Carl T. Smith Collection in Macao；Rigsarkivet（National Archives），Copenhagen：Ask 1175.

[61] National Archives，The Hague：Canton 89，VOC 4421；D. E. Owen，*British Opium Policy in China and India*，p.63. 欧文在此页提到 1779 年第一次"在广州出现实质上的鸦片贸易"，这说明了为什么不能仅仅依靠英国东印度公司的记录来分析中国贸易。鸦片贸易只是英国东印度公司记录没有全面提及或承认的诸多问题之一，但其他东印度公司的档案却多有透露。

[62] 也称为 Dirty Butter Bay，"肮脏的黄油湾"。

[63] D. E. Owen，*British Opium Policy in China and India*，p.63；Louis Dermigny，*La Chine et l'Occident. Le Commerce à Canton au XVIII Siècle 1719–1833*，vol.3，pp.1269–1270. 几张地图上都有标注云雀湾，一幅是由 Leal Senado 出版的 1912 年澳门地图，亦可参见 Samuel Wells Williams，*The Chinese Commercial Guide*，appendix 9。

[64] National Archives，The Hague：Canton 96，entry on 13 March 1795；Hosea Ballou Morse，*The Chronicles of the East India Company Trading to China*，*1635–1834*，vol.2，pp.188–189，199–200，258–260；Dick A. Wilson，King George's Men：British Ships and Sailors in the Pacific Northwest–China Trade，1785–1821（Ph. D. diss.，University of Idaho，2004），pp.241–244；*Canton Register*（19 Jan.，1836）；Carl T. Smith and Paul A. Van Dyke，"Armenian Footprints in Macau,"

Review of Culture，International Edition，No.8（October 2003）：50 n.39.

[65] National Archives，The Hague：Canton 82.

[66] 中文记录中有关这种监控活动的例子，参见刘芳、章文钦主编《清代澳门中文档案汇编》。

[67] *Canton Register*（19 January 1836）.

[68] Hosea Ballou Morse，*The Chronicles of the East India Company Trading to China*，*1635–1834*，vol.2，pp.199–200.

[69] 这就是贸易中幸存下来的中文文献不能直接使用，而需要与其他记录交叉参考以检查其准确性的原因。这方面的许多中文文献都收录在刘芳、章文钦主编《清代澳门中文档案汇编》。

[70] A. M. Martins do Vale，*Os Portugueses Em Macao*（*1750–1800*），Anexo No.11.

[71] Josiah Quincy，ed.，*The Journals of Major Samuel Shaw*，*the First American Consul at Canton. With a Life of the Author*，by Josiah Quincy，pp.238–239.

[72] Ângela Guimarães，*Uma Relação Especial Macao e as Relações Luso-Chinesas 1780-1844*，p.202. 非常感谢卫思韩博士给我指出这一点。

[73] John Robert Morrison，*A Chinese Commercial Guide*（1834），pp.29–30.

[74] *Canton Register*（12 January 1836）.

[75] 事实上，1747 年可以通过贿赂官吏在广州交易鸦片。因此到 1750 年，苏拉特的商人都清楚地知道，鸦片在广州成为很平常的贸易商品。1757 年，鸦片已经作为一种贸易商品列入了《广州价格报》。18 世纪 60 年代一些外国人把这种毒品带到中国，成百上千箱鸦片当着驻守在外国船旁边的两名海关水上稽查员的面从船上卸货，这一箱箱的鸦片从黄埔锚地，毫无障碍地经过三个税馆而被运输到广州。18 世纪 60 年代中叶，很多中国人能够轻易地购买到鸦片，1767 年葡萄牙船长情愿冒险将整船鸦片带到中国，源于鸦片在 18 世纪 60 年代就已经出现了安全的市场和高度的标准化。

[76] 特洛基的研究也显示鸦片每箱 20 西元是查甸收取的标准佣金数额。Carl A. Trocki，*Opium*，*Empire and the Global Political Economy. A Study of the Asian Opium Trade 1750-1950*，p.106.

[77] 鸦片贸易的相关研究，请见本书参考文献。

[78] Rigsarkivet（National Archives），Copenhagen：Ask 956. 其中一些条目文字很长，但书中所包含的只有那些提到了鸦片的条目。

[79] National Archives，The Hague：Canton 97–98；Paul A. Van Dyke，Port Canton and the Pearl River Delta，1690–1845，pp.455–456.

[80] 有关北美对华毛皮贸易的研究已经相当深入。毛皮贸易是把夏威夷带入对华贸易的重要一环，与中国走私网络密切相关。Samuel Eliot Morison，*The Maritime History of Massachusetts 1783–1860*（Cambridge：The Riverside Press，1921，1941，1949，1961）；Frederic W. Howay，ed.，*Voyages of the Columbia to the*

Northwest Coast 1787–1790 & 1790–1793（1941，1990）；John Leo Polich，John Kendrick and the Maritime Fur Trade on the Northwest Coast（MA thesis，University of Southern California，1964）；James R. Gibson，*Otter Skins*，*Boston Ships*，*and China Goods. The Maritime Fur Trade of the Northwest Coast*，*1785–1841*（Seattle：University of Washington Press，1992）；Jacques Downs，*The Golden Ghetto. The American Commercial Community at Canton and the Shaping of American China Policy*，*1784–1844*；Dick A. Wilson，King George's Men：British Ships and Sailors in the Pacific Northwest–China Trade，1785–1821（Ph. D. diss.，University of Idaho，2004）；周湘：《清代广州与毛皮贸易》，博士学位论文，中山大学，1999。

[81] *Chinese Repository*（March 1838），Vol.6，pp.511–512.

[82] *Chinese Repository*（March 1838），Vol.6，pp.511–512.

[83] *Canton Register*（3 May 1833）.

[84] 有一个事例，商人试图购买所有广州的锡以控制其价格，参见 Paul A. Van Dyke and Cynthia Viallé，*The Canton-Macao Dagregisters*，*1763*。

[85] National Archives，The Hague：Canton 98. 约翰逊在1804年也提到澳门的主要商品是鸦片。James Johnson，*An Account of a Voyage to India*，*China*，*&c. in His Majesty's Ship Caroline*，*Performed in the Years 1803–4–5*，*Interspersed with Descriptive Sketches and Cursory Remarks*，p.85.

[86] National Archives，The Hague：Canton 98.

[87] 克劳福德和郭士立都提到了中国帆船走私鸦片的情况。John Crawfurd，*Journal of an Embassy from the Governor-General of India to the Courts of Siam and Cochin China*（London：Henry Colburn，1828；reprint，New Delhi：Asian Educational Services，2000），pp.511–519；Karl F. A. Gützlaff，*Journal of Three Voyages Along the Coast of China in 1831*，*1832 and 1833 with Notices of Siam*，*Corea*，*and the Loo-Choo Islands*（London：Westley and Davis，1834），pp.68，74，88–89，113.

[88] 刘芳、章文钦主编《清代澳门中文档案汇编》（上），242–247 号文件；Hosea Ballou Morse，*The Chronicles of the East India Company Trading to China*，*1635–1834*，vol.3，pp.236–239；National Archives，The Hague：Canton 101。

[89] 许多材料中都提到鸦片贸易比合法贸易更安全。欧文引用的一个材料称违禁品贸易是"中国最安全的贸易"。D. E. Owen，*British Opium Policy in China and India*，p.117.

[90] Phillips Library，Peabody Essex Museum，Salem："Log of Frigate *Congress* 1819–1820".

[91] Robert Morrison，*Notices Concerning China*，*and the Port of Canton*，p.67.

[92] Robert Morrison，*Notices Concerning China*，*and the Port of Canton*，p.68.

[93]　*Canton Register*（3 October 1829）.

[94]　*Canton Register*（4 April 1837）.

[95]　*Canton Register*（20 December 1832）.

[96]　Carl A. Trocki，*Opium，Empire and the Global Political Economy. A Study of the Asian Opium Trade 1750–1950*，pp.104–107；Alain Le Pichon，*Aux Origines de Hong Kong. Aspects de la civilisation commerciale à Canton：le fonds de commerce de Jardine，Matheson & Co.1827–1839*，pp.73–74.

[97]　Hosea Ballou Morse，*The Chronicles of the East India Company Trading to China，1635–1834*，vol.4，pp.62–63，77. "昂宿星号"（Merope）的航海日志最近在萨福克的洛斯托夫特档案馆（Lowestoft Record Office）Halesworth Parish Collection 中被发现，上面有各种港口的详细信息，记载了 19 世纪 20 年代造访当地的情况。

[98]　Carl A. Trocki，*Opium，Empire and the Global Political Economy. A Study of the Asian Opium Trade 1750–1950*，p.102.

[99]　*Canton Register*（12 January 1836）. 有一些中国帆船在新加坡和其他东南亚港口购买鸦片，或者从珠江三角洲的外国人处购买鸦片，然后运送到中国其他港口的事例，参见 *Canton Register*（10 June，2 September，1829；3 February，3 March，1830；7 April，3 and 17 September，17 October，3 November，1832；15 July，5 August，24 October，1833；16 December，1834；19 January，1836）。

[100]　W. S. W. Ruschenberger，*Narrative of a Voyage Round the World，during the Years 1835，36，and 37；including a Narrative of an Embassy to the Sultan of Muscat and the King of Siam*，Vol.2，p.210.

[101]　国外记录中有很多关于快蟹船的描述。关于一次快蟹船遭伏击的生动记录，参见 C. Toogood Downing，*The Fan-Qui in China*，vol.1，pp.121–132；*Chinese Repository*（Jan.1837），Vol.5，p.391。

[102]　19 世纪初，澳门收费较高的原因之一是为了报复英国人在加尔各答对葡萄牙船只征收附加费。费成康：《澳门 400 年》，第 168 页。

[103]　*Canton Register*（18 Aug.，1832；7 Sep.，13 Apr.，1833；6 Oct.，1835；15 Mar.，1836）；Hosea Ballou Morse，*The Chronicles of the East India Company Trading to China，1635–1834*，vol.4，pp.107–108；Ângela Guimarães，*Uma Relação Especial Macao e as Relações Luso-Chinesas 1780–1844*，Chapter 5，"Macau 1810–1820. Os Anos Tranquilos"。

[104]　刘芳、章文钦主编《清代澳门中文档案汇编》（上），382 号文件。《中国丛报》翻译并刊登了有关大米的法令，规定大米免税政策早在乾隆年间就是有效的，一直持续到嘉庆和道光年间。*Chinese Repository*（Jan.1842），Vol.11，pp.17–20. 根据官方政策，每艘船只必须携带至少 5000 担大米才有资格获得折扣，但从《清代澳门中文档案汇编》收录的档案及其他资料来看，此项规定并没有被

严格遵守。

[105] *Chinese Courier*（3 August 1833）；*Canton Register*（5 August 1833）．

[106] *Canton Register*（15 September 1835；7 November 1837）．

[107] Massachusetts Historical Society，Boston：Forbes Papers．

[108] Massachusetts Historical Society，Boston：Forbes Papers．

[109] Jacques Downs，*The Golden Ghetto. The American Commercial Community at Canton and the Shaping of American China Policy*，*1784–1844*，p.128；*Chinese Repository*（Dec.1838），Vol.7，pp.439–441．

[110] 唐宁在书中提到 1834 年英国船和美国船进口了 22 818 吨大米。大米来自马尼拉、巴达维亚和新加坡。C. Toogood Downing，*The Fan-Qui in China*，vol.2，p.24；*Chinese Repository*（March 1838），Vol.6，pp.509–510．

[111] Samuel Wells Williams，*The Chinese Commercial Guide*，p.167．

[112] *Canton Register*（29 December 1835）．

[113] 外国文献中有很多资料提到，粤海关监督和两广总督无法对贸易的基本结构做出任何改变。有关事例参见 Hosea Ballou Morse，*The Chronicles of the East India Company Trading to China*，*1635–1834*，vol.5，p.79。

[114] *Canton Register*（17 Sep.，1832；26 July，2 Aug.，13 and 20 Sep.，1836）．

[115] 现在很多中文档案都已经影印并系列出版。

[116] 除了上述注释中提到的中国鸦片问题的有关参考材料之外，还可以参见 1836—1837 年的《广州纪事报》与《中国丛报》相关卷。这些刊物刊登了法令翻译副本和外国人的答复。

[117] *Chinese Repository*（April 1835），Vol.3，p.579．

[118] 1836 年和 1837 年的《广州纪事报》上广泛而详细地刊登了这些事件。

[119] 这方面讨论参见《广州纪事报》。

第八章

澳门贸易、中国帆船贸易、资本市场与代理商

从过去的研究中可知，澳门在许多方面都是广州市场的延伸。[1]
现存 18 世纪的中葡文献显示了两个口岸在行政层面上是如何密切合
作的。[2] 但是由于缺乏历史数据，我们很少看到关于两个城市联合
管理对市场影响的描述。随着近年来一些欧洲档案的发现，我们现
在可以更清楚地看到这两个城市之间的关系。因为澳门与中国帆船
贸易、资本市场以及代理商的关系密切，我们将在本章讨论这些方
面的内容。

从许多方面看，从澳门到广州的整个珠江三角洲是一个拥有许
多可变因素的完整大型市场。从某种层面上说，澳门贸易、中国帆
船贸易和对外贸易是三个相互独立且具有不同运行规则的系统。但
当我们关注其各自的资本市场、代理商及投入、产出时，它们之间
的区别将会消失而成为一个整体。所有部分都错综复杂地互相依赖，
若彼此之间没有互相渗入，那将无法进行有效的运作。

澳门贸易

澳门对广州的商业环境有重大影响，澳门大部分贸易都是广州
贸易的直接延伸。[3] 当葡萄牙船只到达澳门时，来自广州的中国商
人就会来采购其货物。本书最后一章，我们会看到陈捷官跟其他行
商一样到澳门购买葡萄牙人的货物。

中国行商一般会安排一个儿子或合伙人负责澳门的业务，商行
的其他合作伙伴则被安排负责帆船贸易，或者负责去内地订购及采

购商品。商行中也有一些合作伙伴则负责对外贸易。这便构成了商行主要的四个业务部分：澳门贸易、帆船贸易、内地贸易和对外贸易。

澳门维持着一套单独的标准，这使其在某些方面占据优势。这些优势包括低关税、有利的汇率和使用不同的计量单位，从而能够弥补往返广州运输商品的费用。事实上，如果澳门没有这些优势，贸易便会转移到上游。如果不是走私基地开始出现在珠江三角洲，其他地方是无法与澳门竞争的。

荷兰人一直监视着进入澳门的货物的价格。这些产品的计算单位为每担 50~75 千克，相同产品可能在广州是以每担 50 千克来计算的。白银在澳门的汇率也低于广州。在澳门，不同的执行标准使商品价格一直有下降的压力。到了 18 世纪 60 年代中期，荷兰人发现了"所有商品"在澳门的价格都便宜 52%（但得考虑计算单位的不同）。[4]

自 17 世纪 80 年代末，清政府在澳门设置了海关总口和官员来监管贸易和征税。[5] 18 世纪 60 年代，葡萄牙船只缴纳的税款比去往黄埔的船只缴纳的税款低 6%。如此优惠的待遇使葡萄牙船只比其欧洲竞争对手拥有更大的优势。来自马尼拉的广州帆船和西班牙船只也享有同样的优惠税率，因此，葡萄牙船只也有竞争对手。[6]

鉴于上述有利条件，荷兰人发现澳门这个地方交易锡和胡椒更有利可图。他们自己不派遣船只，而是雇用葡萄牙船只从巴达维亚运载锡和胡椒。秘密运送胡椒溯江而上，每担运费只需 0.04 两，这样低廉的成本使得大量胡椒通过澳门走私到珠江三角洲。[7]

粤海关监督逐渐意识到澳门对广州的一些影响，并试图采取措施平衡两个市场。18 世纪 80 年代初期，这些规则变化通过立法确立下来，旨在使澳门船只与那些停靠在黄埔的船只处于同等地位。此时亚美尼亚人的船只也在澳门展开贸易，还有一些葡萄牙人船只是提供给中国人运输货物的，所以贸易不一定是"葡萄牙人的"。[8] 规则改变之后到 1836 年澳门成为自由港之前，两地的外国人都要"缴纳相同的关税"。

我们无法确定规则改变到何种程度，或者关税提高后是否影响了两地之间的货物流通。事实上一些商品已经处于平等的地位，所以这些变化并不会影响全部产品。澳门继续拥有白银上的较有利汇率以及不同计量单位产生的优势，因此这些措施也许并不能如预期那样做到"平衡"两个口岸。[9]

葡萄牙大班定期前往上游的广州，其船只能停靠在澳门。他们向中国商人购买或托运他们的出口货物，并将货物运往下游。[10] 进口货物和出口货物在澳门或广州都没有双重征税，唯一的附加费便是上下珠江的运输费用。

例如，1772 年，荷兰人购买了葡萄牙船"圣西芒号"（S. Simão）以替代在中国华南沿海沉没了的"瑞恩斯堡号"。[11]"圣西芒号"根据荷兰东印度公司的标准被重新组装，然后更名为"赫斯特尔德号"（Herstelder）。该船在澳门注册，造成了税官之间关于其在何处缴纳港口费和关税的混乱。澳门的海关监督当然不想失去这只船的收入。他向粤海关监督和两广总督投诉并指出，一旦此船离开澳门，那么澳门就仅剩下 10 艘葡萄牙船只了，他认为这意味着关税收入会大大减少。

广州官员不想与澳门方面起冲突，也不想引起朝廷的怀疑。他们很清楚，朝廷可能会将"赫斯特尔德号"从一个口岸转移到另一个口岸这件事看成是企图把资金从皇帝荷包转移到地方手中。澳门与广州之间经过几个星期的联络，最后决定这艘船应该去黄埔。澳门失败了，"赫斯特尔德号"在广州缴纳了港口费和关税。[12] 至于珠江三角洲的中国帆船则被允许在澳门内港得到庇护，但必须在广州之外运营。

中国帆船贸易

中国帆船运载的货物占了广州贸易总量相当大的比例，外国文献中记载了 18 世纪 60 年代 37 只中国远洋帆船频繁出港的信息，不过并不是所有的中国帆船都常驻广州。瑞典和荷兰的文献显示 18 世纪 60 年代至 18 世纪 70 年代初，每年有 27~35 只中国帆船在广州之外运营。

图 8-1 显示了瑞典人 1768 年的记录，记载了这些帆船中 28 只的名称，他们由 5 个不同的商行经营。我们又从其他材料得知，除了这些帆船和商行以外，还有其他帆船和帆船商行。[13] 参考资料通常是模糊、分散且很不完整的，但仍然表明至少直到 19 世纪 40 年代，30 只以上的帆船可能驻扎在那里，由 9 个不同的帆船商行经营。[14]

（a）　　　　　　　　　（b）　　　　　　　　　（c）

图 8-1　1768 年 28 艘广州帆船名称及其经营者

说明：登记有中文姓名及其粤语和闽南语发音。

资料来源：斯德哥尔摩北欧博物馆档案馆藏，档案号：Godegårdsarkivet F17。

远洋帆船的容量通常至少 150 吨，但有些船只的容量可达 1000 吨。多数广州帆船载重 250 吨左右，平均货物装载量为 2500 担。根据这些信息，我们可以估计这些帆船在整个口岸贸易中所占的比例。[15]

表 8-1 和表 8-2 列出了 6 年时间内广州出口贸易总量。这些数据大多来自粤海关监督关册的通事报告，反映了大致的出口量（不

包含走私）。中国帆船及其货物的数量是根据从荷兰和瑞典文献收集的数据推测，澳门葡萄牙船只数量取自瓦尔的记录。前往马尼拉的西班牙船只往往是很小的船（舢舨），其数量和规模仍不清楚，这些船内的货物没有被包括在内。荷兰东印度公司的货物估计是基于1763 年的数值，但应该相当可靠，因为根据详细的计划，该公司每只船的装载量差不多（图 8-2、图 8-3）。

表 8-1   1763—1764 年和 1766—1769 年广州出口货物量

单位：担，%

公司名	1763 年	1764 年	1766 年	1767 年	1768 年	1769 年
英国东印度公司	58 297	79 959	101 598	48 243	77 329	100 568
英国散商	6493	—	—	21 507	21 129	31 305
法国东印度公司	20 432	19 031	23 488	21 222	23 897	22 331
法国散商	—	—	—	—	—	—
丹麦亚洲公司	28 487	23 815	12 562	25 091	12 456	11 903
瑞典东印度公司	25 746	13 646	14 494	27 368	12 463	25 355
可能是荷兰东印度公司	32 268	37 700	37 700	37 700	37 700	37 700
可能是葡萄牙船	25 000	32 500	30 000	37 500	37 500	25 000
可能是广州帆船	75 000	75 000	70 000	75 000	75 000	67 500
总计	271 723	281 651	289 842	283 631	288 810	321 662
广州帆船与英国东印度公司货物每年所占百分比的比较						
广州帆船	0.28	0.27	0.24	0.26	0.26	0.21
英国东印度公司	0.21	0.28	0.35	0.17	0.27	0.31

说明：由于文献缺失的缘故，没有 1765 年的数据。

资料来源：NAH: Canton 73、74、76、77、78、79, VOC 4387、4403、4411、4556；NM: F17. A. M. Martins do Vale, *Os Portugueses Em Macau*（1750–1800）, Anexo No. 21；Paul A. Van Dyke, *Port Canton and the Pearl River Delta*, 1690–1845, Chapter 5 and appendices。

表8-2　1763—1764年和1766—1769年广州出口货物量分布

公司名	总担数	占总贸易量百分比	总船数	平均担数
英国东印度公司	465 994	26.82	70	6657
英国散商	80 434	4.63	14	5745
法国东印度公司	130 401	7.51	18	7245
法国散商	1336	0.08	1	1336
丹麦亚洲公司	114 314	6.58	10	11 431
瑞典东印度公司	119 072	6.85	10	11 907
可能是荷兰东印度公司	220 768	12.71	23	9599
可能是葡萄牙船	167 500	9.64	67	2500
可能是广州帆船	437 500	25.18	175	2500
	1 737 319	100.00	388	4478

资料来源：NAH：Canton 73，74，76，77，78，79，VOC 4387，4403，4411，4556；NM：F17. A. M. Martins do Vale，*Os Portugueses Em Macau*（1750-1800），Anexo No. 21；Paul A. Van Dyke，*Port Canton and the Pearl River Delta，1690-1845*，Chapter 5 and appendices。

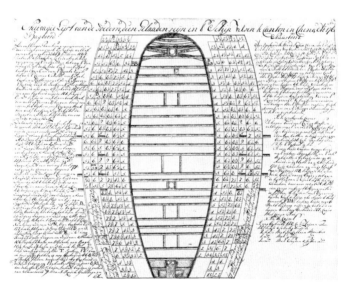

图8-2　1761年荷兰东印度公司"费尔森号"（Velsen）
商船的排货示意图（荷兰文撰写）

资料来源：海牙国家档案馆藏，档案号：VOC 4387。

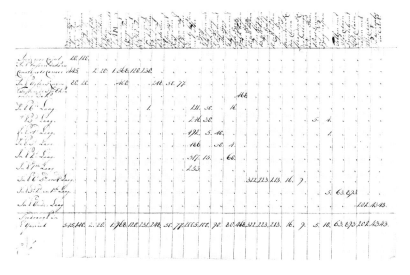

图 8-3　1761 年荷兰东印度公司的排货图表

说明：显示船舶内部每层放置箱子的数量。

资料来源：海牙国家档案馆藏，档案号：VOC 4387。

　　这 6 年里，英国东印度公司贸易货物占总量的 27%。在广州体制的大部分时间里英国人都在主导着贸易，但 18 世纪 60 年代中国帆船的贸易货物量占 25%，差距并不大。因此，在货物量方面，中国帆船与英国东印度公司同样重要。瑞典、丹麦和法国的公司各占 7%，荷兰东印度公司占 13%，共占总出口量的 34%。这些公司和中国帆船在贸易发展中发挥了不同的作用，对结果有各自的影响。除去西班牙的出口量，澳门贸易也占了 10%。

　　此处需要重点指出的是，我们从过去的历史研究中得到的有关中国贸易的大部分内容，其赖以分析的基础，还不到影响其贸易因素的一半。这些研究特别强调贸易中的 1/4，即英国东印度公司的贸易内容。当然这个结果是由几乎没有多少中文文献留存下来造成的。研究者只能利用外国文献重组历史，英国东印度公司档案是唯一涵盖了整个 140 年历史的资料，但在我们形成一个不偏不倚的历史叙述之前，我们需要考虑贸易的所有组成部分，特别是中国帆船的贸易内容。

直到 1784 年美国人来华贸易，散商贸易才开始与中国帆船贸易竞争。虽然已有的美国贸易总量的数值出入很大，我们仍可以将之与中国帆船货物量做一个粗略比较。如果我们把 75 000 担（约 1000 万磅）作为中国帆船的年度标准，我们看到 1784—1805 年中国帆船的总容量超过了美国的出口量；1805—1833 年中国帆船的贸易量每年都超过或相当于美国的贸易量。[16]

跟澳门葡萄牙船只一样，这些中国帆船把船舱内的空间委托给外国人，所以货物不必须是"中国的"。外国人自己承担所有进口关税、驳船运费和劳动力成本，但在广州的税费则是按中国帆船的折扣缴纳。优惠的待遇使中国帆船比其外国竞争对手更有优势。[17]

例如 18 世纪 60 年代，瑞典大班安排中国帆船"瑞兴鹏号"（Sihing）把檀香木和桃花心木从巴达维亚运往广州。图 8-4 显示了他们为使用这项服务而缴纳的费用和税费。广州的中国商行收取货物价值的 5% 作为佣金，巴达维亚收取另外 5% 作为佣金。檀香木的运费为每担 0.72 两（1 西元），桃花心木的运费为每担 0.6 两。

图 8-5 显示了荷兰人委托中国帆船"万顺鹏"（Maansand）运到巴达维亚的瓷器，图 8-6 显示的是一艘悬挂荷兰国旗的帆船。荷兰东印度公司经常委托中国帆船运送荷兰货物往返于巴达维亚。事实上，表 8-1 和表 8-2 中包含的两种或三种帆船货物，应合理地添加到荷兰东印度公司的贸易数据中，因为这是荷兰人的货物。可惜我们并没有文献显示确切的数量。

1761 年荷兰人发现，通过中国帆船往巴达维亚运送商品的费用平均为商品价值的 12%。[18] 1769 年，他们报告称通过中国帆船或澳门（葡萄牙）船运送锌等货物去巴达维亚，比将其作为西洋船的压舱物运送更划算。然而那一年，荷兰人没有找到可租用的运输空间，

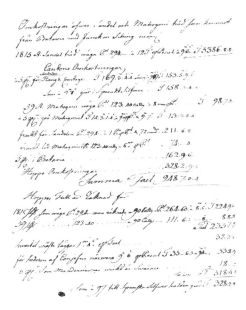

图 8-4　瑞典东印度公司大班格里尔（Jean Abraham Grill）的私人贸
易账单计算结果（瑞典语撰写）

说明：显示 18 世纪 60 年代中叶中国帆船"瑞兴艍号"从巴达维亚运送檀香木
和桃花心木到广州的费用。

资料来源：斯德哥尔摩北欧博物馆藏，档案号：Godegårdsarkivet F17。

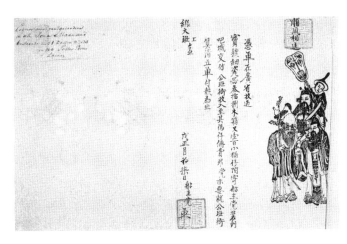

图 8-5　帆船"万顺艍"（Maansand）为荷兰人从广州运瓷器往巴达维
亚的提货单（1788 年前后）

资料来源：海牙国家档案馆藏，档案号：Canton 296。

图 8-6　1747/1748 贸易年度瑞典游记中两艘中国帆船的绘画

说明：其中一艘是悬挂荷兰国旗的远洋帆船。

资料来源：斯德哥尔摩皇家图书馆藏，档案号：M 280。

不得不把货物作为自己公司船只的压舱物运送。[19] 这表明中国帆船总是如预期的那样满载货物。

一些中国帆船从东南亚为中国本土市场进口货物，而其他一些中国帆船进口的货物直接或间接用于出口贸易。帆船运输各种类型的木材和香料用于制造家具和香，还有不同类型的草药和其他药物，以及槟榔、肉干、鱼、燕窝、鱼翅、鲨鱼皮、海参等。这些物品大部分是供应给中国市场的。

其他产品如藤条、烧酒和西米则用于外贸。广州的外国人大量购买这些物品，装载上船并作为消费品。瓷器经常放在由帆船运回广州的西米中。[20] 帆船进口的锡和铅也用于包装茶，中国对这些物品需求量巨大。内陆批发商每年都订购锡，广州的锡器匠也会订购。大部分外国船上用来出口的茶叶都用衬有铅的木箱包装，这意味着每年还需要大量的铅薄片。锡也用于制造出口物品和锡镴器。

中国帆船进口蜡和蜡油，外国人大量使用蜡烛和灯笼。外国人购买了帆船运来的动物皮革维修他们的索具装备，进口了染料、油漆和清漆用于制作外销画、漆器和许多不同种类的新奇物品。这些产品还用于重漆、修理和翻新那些停泊在黄埔锚地的外国船只。进口象牙所制作的新颖之物也供应外国市场。

出口贸易严重依赖这些中国帆船的进口。行商需要确保每种物品都充足，他们才能够有足够数量的物品包装货物。18世纪，外国人在瓷器包装中大量使用西米，西米短缺会限制瓷器销售；铅短缺会限制茶叶出口的数量（木箱很耐用，也可以堆叠许多层，但需要铅薄片做衬垫以防止弄脏茶叶）；锡短缺会影响行商与内陆茶商的交易，他们需要锡罐将茶送到广州（锡罐很轻，比其他材质的罐子能更好地保护茶叶不受到污损）。放在一层一层茶叶箱之间的藤条缺乏，也会影响茶叶销售（藤条薄、柔韧、坚固并且没有味道，不会影响茶叶质量）。

重要的是船上摆放货物需要有合适的间隔、衬垫等物料。例如，藤条在每层箱子之间只占了约半英寸空间。如图8-3所示，具有8层的货物藤条衬垫所占空间约为4英寸。如果用更厚的材料代替，例如0.75英寸的材料，那么衬垫间隔就会多出2英寸。如果发生这种情况，每艘船顶层的箱子尺寸必须缩小。如果我们将2英寸体积损失乘以每艘船顶层所需放置的几百箱货物，会发现船只的有效承载明显减少了。

船只在欧洲卸货后，船上的藤条还能够销售。如果商人使用的衬料厚度一致，就不太适于销售，这会降低船只的有效承载价值。劣质的铅也有类似的情况，因此不得不切割得更厚一些，并且保持一整块。每个茶箱占用了更多的空间，减少了有效承载，还增加了根据箱子总重量计算的关税。替代西米的一些物品，比如不太合适的诸如谷壳或稻草之类会增加瓷器的损毁，导致产品不易销售从而降低了利润。如果替换垫料导致正常承载利润减少，外国商人会要求商行赔偿或威胁换一家可提供他们想要材料的商行。

东南亚产品和广州出口贸易之间的关联，使得大商行都有必要拥有自己的帆船队。同样重要的是，这些商行在东南亚都有代理商为其购买这些材料，以便在帆船抵达时能够确保各种物品数量足够。大商行在中国内陆有自己的代理订制和购买其所需茶叶、瓷器和丝绸，那些人还会将内地供应商每年需要锡的数量信息传回广州。[21]来自巨港的锡直接用于中国内陆的茶叶采购，因此这些进口产品也会影响出口利润。由于这种关联，行商必须密切关注运到中国其他口岸的锡，这些口岸进口的锡也会供应给内地商人。[22]

在广州的中国帆船由许多不同的人入股，这些人私下投资中国的资本市场。

资本市场

广州拥有一个活跃的私人资本市场，而且这个资本市场只受到习惯做法和市场供求的限制。据《大清夷务管理条例》，中国人从外国人那里借钱是非法的，有些外国公司也禁止其职员向中国人放贷，但这些限制并不妨碍资本市场的发展。金融交易通常是私底下进行的，如果没有这些资本交易，贸易的增长会受到极大的阻碍。

一些欧洲贸易公司的官员担心，如果允许公司职员私下投资贸易，可能会对公司的贸易价格和条款产生不利影响；如果中国商人

获得了外国人提供的优惠私人贷款，他们也许会同意降低货物价格
或加大货物数量。虽然这可能在短期内增加公司的利润，但这种交
易造成的长期弊端远远超过了其短期优势。

中国商人可以说服外国公司职员，在私人贸易中给他们更好
的价格和更优质的产品，或者给他们提供低息或者无息贷款，或者
给他们提供为公司签约的每件商品的回扣，让他们以更高价格接受
公司出口货物，或者接受不太理想的公司出口货物。欧洲公司的官
员非常注重这种情况的负面影响，指示在船只离开黄埔之前，公司
职员必须严格审查船长、大班及所有船员的私人箱子。私人贸易是
允许的，但通常都对其采取严密监视和监管的措施，以免公司利益
受损。

正如制度出台后，总会有人想方设法打擦边球。散商很想帮助
那些将其资金投资在广州或澳门的人。例如，图 8-7 显示 1797 年行
商蔡文官的债务，债权人有英国散商、穆斯林、巴斯人、亚美尼亚

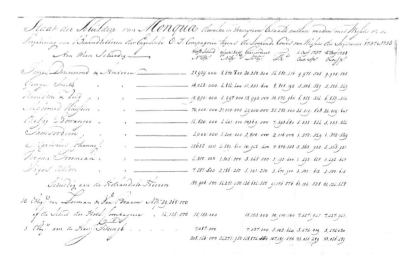

图 8-7　1797 年破产行商蔡文官的公告（荷兰文撰写）

说明：该公告提及的债权人包括英国散商、穆斯林、巴斯人、亚美尼亚人等。

资料来源：海牙国家档案馆藏，档案号：OIC 197。

人及其他人。图 8-8 显示 1798 年（爪哇与澳门）亚美尼亚人和荷兰人在中国的银钱交易。许多法国、西班牙和葡萄牙商人在广州和澳门都开展了广泛的私人交易。

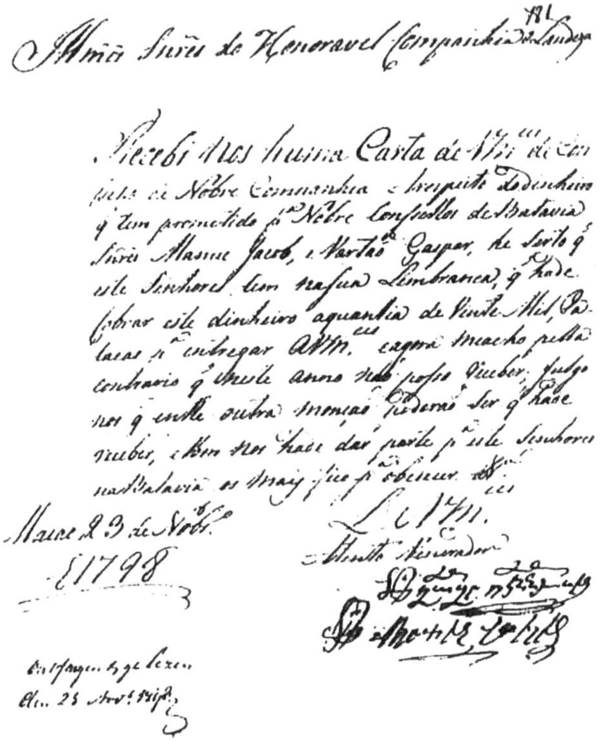

图 8-8　澳门的亚美尼亚人拉扎罗·约翰内斯（Lazaro Johannes）
与马卡特斯·巴西利奥（Macartes Basilio，有时拼写成 Macatish
Vasilio）1798 年 11 月 23 日用葡萄牙语撰写的信件

说明：信件提到在巴达维亚的亚美尼亚人马奴克·雅各布（Manuc Jacob）与瓦尔塔·加斯帕（Vartao Gaspar）安排向荷兰人放贷，信件有约翰内斯与巴西利奥两人的签名。

资料来源：海牙国家档案馆藏，档案号：Canton 60。

只要员工有心从事这类私人交易，公司不可能阻止。为禁止员工从事这些不正当交易，大贸易公司的官员无可奈何之下只好要求员工庄严宣誓，希望以此约束其行为而使员工专注于公司利益。[23]

当然这只能对那些以诚信正直为荣的人奏效。

并非所有外国公司都反对其职员参与这种资本投机市场。事实上，瑞典东印度公司和丹麦亚洲公司使用洋利（也称 respondentia）定期投资航海。这些公司接受任何想投资的人的洋利，包括其他公司的官员、澳门葡萄牙人、在华散商和中国商人（图 8-9）。

图 8-9　丹麦亚洲公司的日志（丹麦文撰写）

说明：两份文献均出自 1748 年 12 月 22 日丹麦亚洲公司的日志。左是"克里斯蒂安·洛特号"（Christiansborg Slott）船长里德·霍尔曼（Lyder/Ridder Holman）的声明，提到瓷器、茶叶及其他货物都很好，在离开虎门航道前都堆放得很正确。右是一份从行商颜德舍处以 30% 的利率贷款 946.973 两的洋利合同，以资助船只"菲英号"（Fyen）和"克里斯蒂安·洛特号"准备回程货物。如果"克里斯蒂安·洛特号"及货物都安全抵达哥本哈根，按照合同，在它再次返回中国时再偿还本息。

资料来源：丹麦哥本哈根国家档案馆藏，档案号：Ask 1126。

洋利是 18 世纪所有商人广泛使用的一种信贷手段，包括中国商人。这是一种简单的保险单和商业贷款组合。预付款的人（保险人）承担了他们投保的船只及其装载的货物在海上的所有风险。保险单由被保险方缴纳保险费，只有在提出索赔时才收到报销，而在洋利中，原则是预付，如果提出索赔，不用赔付（假设损失等于或超过保险金额）。

合同条款使洋利不同于商业贷款，后者不管发生任何损失都必须偿还。如果被保的船只安全到达目的地，则合同上的本金和利息在规定期限内到期，根据协议会有很大的不同。在合同中一艘船从其离开口岸到其返回的时间内投保，合同通常在到达后 1~3 个月到期。这种延迟缴纳使被保方有时间出售一些货物以偿还贷款。

开往东南亚或印度的外国船只（包括葡萄牙船）的洋利比率，每次航程的保费都不同，少的只有 16%，多的则高达 40%。这些比率在广州体制开始前已经确立，且根据目的地港口的不同而变化。这是说得通的，因为一些航行路线比其他路线更危险。当然船长和船员的航海经验以及船只的适航性在航行安全方面起着关键作用，但这些因素在广州没被考虑进去，正在装运的货物类别也被忽略了。[24]

奥斯坦德公司、澳门葡萄牙商人和马尼拉西班牙商人等经常通过洋利的方式为航行提供资金。[25] 英国东印度公司还向来华贸易的散商发行债券。[26] 这样，每年的洋利交易有很多，但广州的其他商人并不知情。

与外国船不同，中国帆船的洋利不会因其目的地不同而变化（马尼拉除外）。无论目的地在哪里，合同条款通常设定为每次航程的 40%，这表明中国帆船被认为比外国船更易遇险。在 18 世纪 60 年代外国记录提到的 37 艘中国帆船中，至少有 24 艘从外国人那里获得了洋利。[27]

由于保险人可能损失掉洋利合同的本金和利息，他们往往将资本分散到几艘船上。例如 18 世纪 60 年代，瑞典大班格里尔每年定期向十几艘甚至更多的帆船发行债券，他的同事也这样做。风险分散帮助格里尔收回了他遭受的不可避免的损失。

1766年"恒泰号"（Hing Tay）帆船在交趾支那（越南）被烧毁，"瑞兴鸹号"（Sihing）在海上失踪。格里尔对这两艘船都发了债券。由于这两艘帆船没有返回口岸，被保险方不负责还款，因此这两份合同被保存在瑞典档案中（图8-10和图8-11）。[28]

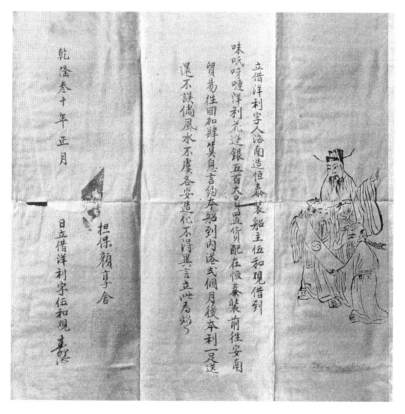

图8-10　1765年1月或2月的一份洋利合同

说明：伍和观的开往交趾支那的"恒泰号"帆船向瑞典东印度公司大班借款500银元的合同，合同上有颜享舍的担保签章。

资料来源：斯德哥尔摩北欧博物馆藏，档案号：Godegårdsarkivet F17。

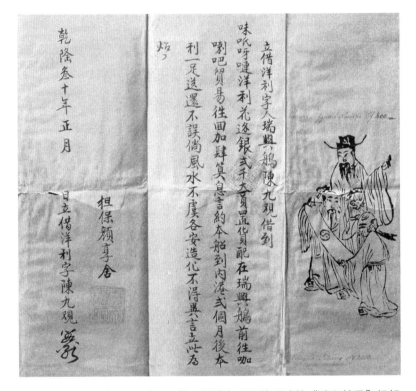

图 8-11　1765 年 1 月或 2 月的一份陈九观开往爪哇的"瑞兴鹘号"帆船向瑞典东印度公司大班借款 2000 银元的洋利合同

说明：这份合同颜享舍提供担保，其中 400 银元由澳门的亚美尼亚人伊格纳茨·纳西皮（Ignace Narcipe）提供。

资料来源：斯德哥尔摩北欧博物馆藏，档案号：Godegårdsarkivet F17。

　　这两个洋利都承担了本金 40% 的利率（保险费）。这些文件没有标明涵盖的期限，但格里尔个人账簿显示这些文件是为"单次航程"签发的，它可以在任何地方持续 8~11 个月。被保方有超过此期限两个月的时间偿还本金加利息，因此合同总期限应该是 10~13 个月。无论航程是 8 个月或 11 个月利息到期，这种合同不是"年度"合同，而是"航程"合同。如果帆船耽搁的时间超过 11 个月，贷款可以延期并增加相应的利息。

　　两份合同都有一个共同签署人颜享舍。颜享舍是 18 世纪 60 年代广州重要的帆船贸易商人之一，文献中经常可以看到他的名字，到东南亚的广州帆船，他投资了一半。颜享舍经常与瑞典人（也可能与其他国家的人）签订洋利合同，他在广州经营大商行的颜氏家族则担保这些贷款。但共同签署人只是针对被保险方在帆船安全返回口岸后未能付款而提供担保。

其他行商在 18 世纪 60 年代也担保或投身帆船洋利，例如潘启官、邱崑、蔡玉官、蔡文官、陈捷官以及叶义官。有时合同并没有共同签署人。图 8-12 是格里尔与马国护之间为开往越南的"三广兴号"帆船签订的洋利合同，合同上只有马国护的签名。[29]

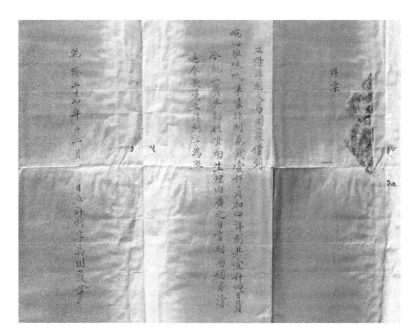

图 8-12　一份瑞典东印度公司大班 1763 年 2 月 3 日给马国护的洋利合同
说明：缺少担保人，这份合同为开往越南的"三广兴号"帆船航行的合同。
资料来源：斯德哥尔摩北欧博物馆藏，档案号：Godegårdsarkivet F17。

比较常见的情况是外国人集资与中国商人签订一份针对几艘中国帆船的合同。个别欧洲人也通过他们在华的联络人投资这种交易。

每艘帆船获得的金额必须在合同上清楚列明，这样做的好处是，如果将来提出索赔就不会混淆。

18 世纪 60 年代（我们可以找到这些年份的数据），与外国人频繁签署这种贷款协议明显表示中国帆船缺乏本地资金支持。考虑到行商是大多数中国帆船的所有者和运营商，而大多数行商需要持续的资本投资，出现这个结果是可以理解的，但这并没有阻止中国行商贷款给外国人，资助他们回欧洲的航程。即使这种做法可能使行商的资本储备紧张，帮助外国人投资其贸易仍有助于保持他们对中国行商的忠诚和惠顾（loyalties and patronage）。[30]

单程洋利（而不是完整航程）的结构不同。1761 年 1 月李华官支付给瑞典人 695 墨西哥银元，利息 25%，帮助商船"索菲亚·阿尔贝蒂娜号"（Sophia Albertina）的航程融资。该船安全到达目的地哥德堡，当下一艘瑞典东印度公司船只出现在中国并且带来"苏菲亚·阿尔贝蒂娜号"安全到达的消息后，（1764 年 1 月）李华官获得了本金加利息（总数为 867.5 银元）。李华官的资金每年赚 $8\frac{1}{3}$ 的利息，这显然是为了赢得瑞典人青睐而给予的优惠贷款。如果他把这笔资金借给广州的某人，可以多赚两到四倍的钱。[31]

李华官在贸易中的角色还不太清楚，但瑞典文献中记载他曾从事丝绸贸易和瓷器贸易。我们知道他并不是行商，也知道在那个时候与外国人的所有贸易和交易都必须经过公行，因此，他必须私底下从事这种交易。这种安排使得我们难以对广州的商品价格进行有意义的比较，因为支付的高价往往被这种优惠协议抵消了。[32]

图 8–13 所示是丹麦亚洲公司与行商颜瑛舍的洋利合同。丹麦人经常从颜家借钱来投资航程，这个合同涉及的是名为"丹麦王子号"（Cron Printzen af Danmarck）的船。1764 年 12 月颜瑛舍以 30% 的利息贷给丹麦人 1000 两白银。当下一艘丹麦亚洲公司的船抵达中国时

（1776年8月），带来了"丹麦王子号"安全抵达哥本哈根的消息，
颜瑛舍就收回了本金和利息（总数1300两）。这种类型的贷款通常
秘密进行，不让其他中外人士知晓（亦见图8-9）。[33]

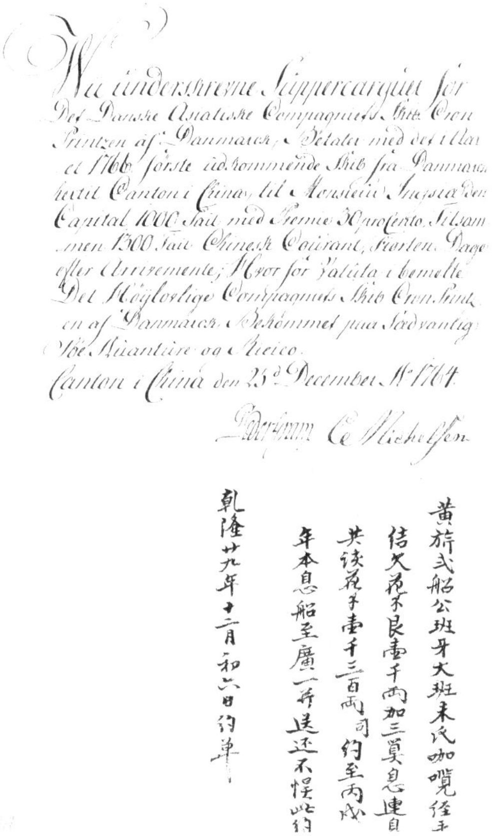

**图8-13　1764年12月25日行商颜瑛舍与丹麦亚洲公司商船"丹麦王
子号"的洋利合同（丹麦文撰写）**

说明：由1766年第一艘抵达中国的丹麦亚洲公司船只负责偿还。

资料来源：哥本哈根国家档案馆藏，档案号：Ask 1156b。

除了洋利以外，广州和澳门还有很多私人贷款。图8-14显示
丹麦亚洲公司1765年和1766年从葡萄牙人手中借贷资金用于公
司贸易。丹麦人从澳门的若亚敬·若瑟（Joachem Joseph）和米兰

达·达·索萨（Miranda da Sousa）以13%的年利率借到4000银元，从路易斯·马丁（Louis Martin）以15%的年利率借到16 000银元，他们把总共17 280银元的资金分别支付给了广州的颜瑛舍、陈捷官和邱崑。这些都是下一季采购800箱新武夷茶的预付货款。这种类型的交易在中国非常频繁，许多人参与其中，这是澳门在贸易中发挥的重要作用之一。所有贸易公司和散商在澳门能不时地为其贸易获得融资（图8-15）。对于一年或一年以上的长期贷款，外国人通常可以从在华其他外国人手中获得年利率为10%~12%的贷款，有时利率可能会高一些（图8-14）。一些外国人获得贷款后，转手将这些资金以18%~36%的年利率再借贷给中国商人，或者向帆船发行洋利，每次航程收取40%的利息。[34] 对外资持续强劲的需求使中国的贷款利率保持高位（图8-16和图8-17）。

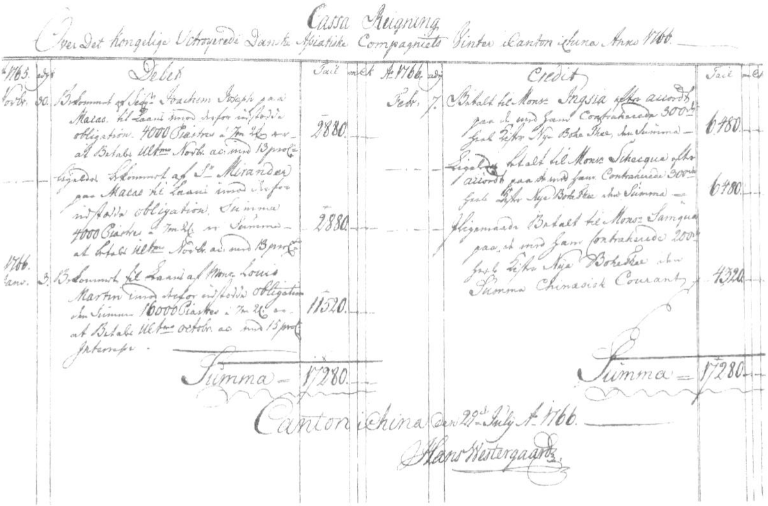
Cassa Reigning

Debet	Tail	Credit	Tail
	2880		6480
	2880		6480
	11520		4320
Summa	17280	Summa	17280

Canton China den 29. July A. 1766.
Hans Westergaard

图8-14　1765—1766年贸易年度丹麦亚洲公司资产负债表（丹麦文撰写）

说明：登记了丹麦商人从澳门葡萄牙人手中借贷资金，以及在广州支付给中国商人购买武夷红茶的资金。

资料来源：哥本哈根国家档案馆藏，档案号：Ask 1156b。

All Sig.r D. Giovanni Abraham Grill Abraham in Cantone
Per Piastre 2000

A vista di questa prima e sola Lettera di cambio vi contenterete pagare all'ordine del Sig.r Mattheus Joannes Mercante Armeno piastre nuove Messicane due mila del danaro che avete in vostra mano appartenente a questa Procura, per simil summa dallo stesso qui ricevuta; mentre a vista della di lui Ricevuta sarà una tal summa bonificata nei nostri conti. Addio.

Macao 21. di Novembro 1765.

Emiliano Palladini Proc. della S. Cong.e di Prop.a Fide

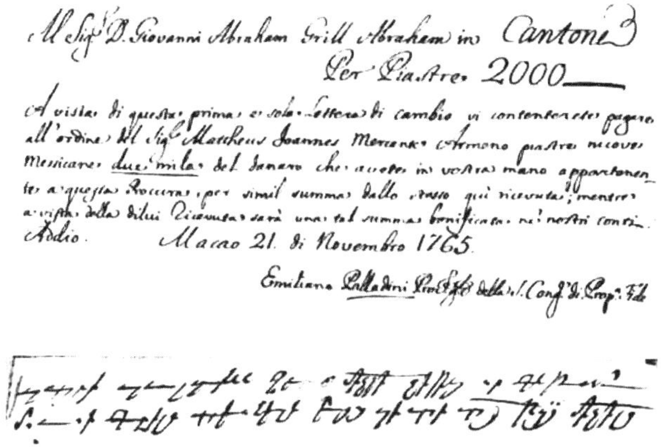

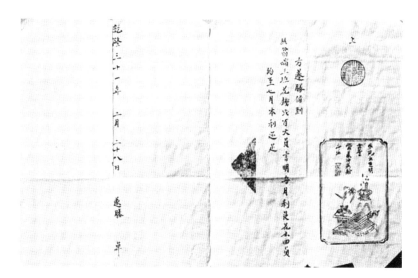

图 8-15　1765 年 11 月 21 日有关支付给澳门亚美尼亚人马修斯 · 约翰内斯（Mattheus Joannes）2000 新墨西哥银元的信函（意大利文撰写）

说明：这封信是写给在广州的乔万尼（Giovanni）的，有澳门检察官埃米利亚诺 · 帕拉迪尼（Emiliano Palladini）的签名。背面有亚美尼亚文的书写。这是约翰内斯不仅涉及商人还涉及神职人员在内的众多交易之一。

资料来源：斯德哥尔摩北欧博物馆藏，档案号：Godegårdsarkivet F17。

方遂勝借到
[illegible]瑞[illegible]三班花旗[illegible][illegible]大員言明每月利[illegible]花[illegible]四員
約至七月本利還足
乾隆三十一年二月二十八日
遂勝　押

图 8-16　一份日期为 1766 年 4 月 7 日的短期贷款合同

说明：刺绣工方遂胜向瑞典第三大班贷款 200 银元，月息为 2%（即每月 4 piastres）。贷款在农历七月船只抵达的时候偿还。

资料来源：斯德哥尔摩北欧博物馆藏，档案号：Godegårdsarkivet F17。

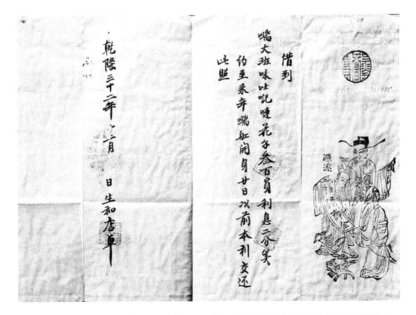

图 8-17　一份日期为 1768 年 1 月或 2 月生和店商人 Suchin 向瑞典大
班贷款 300 银元的短期贷款合同

说明：利率为 20%，在下一贸易季度瑞典东印度公司船只离开中国前的 20 天偿
还，贷款的总期限约为一年。

资料来源：斯德哥尔摩北欧博物馆藏，档案号：Godegårdsarkivet F17。

表 8-3 所示是两位瑞典公司官员在 1768 年和 1769 年所安排的
商业贷款的个人财务状况表（非洋利），"借方"条目显示了资金来
源。大多数资金来自其他外国人（葡萄牙人或英国人），每年利息
10%~12%。瑞典大班格里尔和哈尔（Jacob Hahr）的个人份额（1769
年 12 月 31 日的记录）大约只占总数的 7.5%。澳门葡萄牙人提供了
大部分资金，英国人罗伯特·戈登（Robert Gordon）和中国买办亚华
（Ava）提供了剩余资金。"贷方"条目显示了分配资金的中国商人每
年贷款利息 20%。这些数据呈现了每年在广州进行私人交易总数的
一小部分，可以想象有多少巨额资金参与其中。[35]

很多资料提及，对中国人短期商业贷款的月利率为 1.5%~3%，
长期贷款年利率为 18%~36%。[36] 如图 8-18 所示为丹麦亚洲公司

表8-3 1768—1769年格里尔和哈尔账户借贷状况

借方						
日期	姓名	本金	利率	利息	总计（西元）	总计（两）
1768.9.30	Ant. Joze da Costa	14 520.000	10%	1452.000	15 972.000	11 819.280
1768.12.1	Jernad Salgado	3008.666	12%	361.050	3369.716	2493.776
1768.12.1	Miranda da Sousa	4029.576	12%	483.424	4513.260	3339.880
1768.12.8	Ava（买办）	2000.000	12%	240.000	2240.000	1657.600
1768.12.21	Ant. de Liger Correa	2500.000	12%	300.000	2800.000	2072.000
1769.1.21	Robert Gordon	5226.480	12%	627.144	2853.624	4331.844
总计					34 749.120	25 714.380
1769.12.31	格里尔（Grill）				1396.454	1033.494
1769.12.31	哈尔（Hahr）				1396.454	1033.494
总计					37 542.288	27 781.368
1769.9.30	Ant. Joze da Costa		10%		15 972.000	11 819.280
1769.12.1	Jernad Salgado		12%		3369.716	2493.776
1769.12.1	Miranda da Sousa		12%		4513.260	3339.880
1769.12.21	Ant. de Liger Correa		12%		2800.000	2072.000
总计偿还					26 655.236	19 724.936

（续表）

日期	姓名	本金	利率	利息	总计（西元）	总计（两）
贷方						
1768.12.08	蔡煌官	3000.000	20%	600.000	3600.000	2664.000
1768.12.08	蔡玉官	3000.000	20%	600.000	3600.000	2664.000
1768.12.11	陈世积	1000.000	20%	200.000	1200.000	888.000
1768.12.13	颜瑛舍	5000.000	20%	1000.000	6000.000	4440.000
1768.12.15	陈捷官	4000.000	20%	800.000	4800.000	3552.000
1768.12.17	蔡文官	2000.000	20%	400.000	2400.000	1776.000
1768.12.17	李相公	2000.000	20%	400.000	2400.000	1776.000
1768.12.18	邱昆	2000.000	20%	400.000	2400.000	1776.000
1768.12.18	潘启官	9285.240	20%	1857.048	11 142.288	8245.368
总计					37 542.288	27 781.368
1769.12.08	蔡煌官		20%		3600.000	2664.000
1769.12.08	蔡玉官		20%		3600.000	2664.000
1769.12.13	颜瑛舍		20%		6000.000	4440.000
1769.12.15	陈捷官		20%		4800.000	3552.000
1769.12.17	蔡文官		20%		2400.000	1776.000
1769.12.18	潘启官		20%		6255.236	4628.936
总计					26 655.236	19 724.936

注：这些数字无法精确计算，因为使用了不同的汇率（每西班牙元元等于银 0.72 两或 0.74 两），或因为利率多用"两"而不用银元。

资料来源：NM：F17。

**图 8-18　1762 年 7 月 5 日丹麦亚洲公司与行商颜瑞舍、陈捷官签订的
贷款合同（丹麦文撰写）**

说明：贷款 12 000 两，6% 的利率（每月 1.5%），为期 4 个月。

资料来源：哥本哈根丹麦国家档案馆藏，档案号：Ask 1148a。

1762 年给予颜瑞舍与陈捷官（表 8-2、图 8-16、图 8-17）两位行商
一项 4 个月的贷款，贷款利率为 6%，月利率为 1.5%。

　　同年，荷兰人的 3 位保商承认欧洲人对资金比中国人有更多的
保护，这就是荷兰人能够以较低利息借贷到资金的原因。商人希望
以此理由说服荷兰人，以每月 1.5% 的利息贷给他们 15 万两白银，
而不是荷兰人提出的 2%，但市场需求占了上风，他们不得不接受每
月 2% 的利息率，否则贷不到款。[37] 19 世纪 30 年代后期，行商再
次承认他们依赖外国资本来为贸易融资。[38]

随着贸易继续扩大，各种类型的金融和掮客服务需求同样在增长，促使中国出现了中介或代理商。

代理商

为了提供某些金融服务，澳门和广州的一群人充当起了中介（或者称掮客）。其中一些代理商在亚洲各地建立了庞大的联系网络，他们把大量来自亚洲、美洲和欧洲各地投资者的私人资金引导到对华贸易中来，成为中国市场流动资本的最佳来源。[39]

代理商可以将运送到中国的商品安排用中国帆船、澳门葡萄牙船、马尼拉西班牙船、东印度公司船只，或无数来华的私人船只装载，涉及法国人、英国人、比利时人、普鲁士人、丹麦人、瑞士人、穆斯林、巴斯人、亚美尼亚人、美国人等。代理租用仓储空间用于放置购买的商品，然后与广州的中国商人签订销售合同。如果由于资金短缺而无法完成交易，他们可以安排贷款或洋利合同，所有服务都有一套完善的佣金标准。[40]

有些代理商在广州和澳门租了自己的商馆和房屋，用自己的船只从事交易。有些人则只是简单地从其他商人处租房，并为自己搭乘别人船只支付交通费，为其白银和货物支付运输费用等。直到18世纪末，为了能够获得居留中国的许可，所有代理商都不得不进行一些贸易。他们通常收取货物价值的 2%~5% 作为佣金，具体金额取决于合同时间长短、服务内容以及投资金额。[41]

在那些抵达中国的船只比预期少的年份里，代理商填补了资本缺口。外国贸易公司经历了重大重组，影响了他们派往中国的船只数量；台风和逆风在一些年份更频繁，造成了一些船只沉没，或者不得不在其他港口多逗留一个贸易季度。例如，1745 年两艘瑞典东印度公司船"斯德哥尔摩号"（Stockholm）和"斯维比尔号"

（Swerige）在来华途中沉没，它们的失事导致了好几家行商的财政紧张。两船规模都很大，能装载多达 4 艘英国或法国船所能够承载的货物，这是一次损失巨大的贸易。

欧洲爆发战争期间，交战国为了伤害对手，彼此在亚洲埋伏和攻击敌国船只，阻碍其来华贸易。1745 年 9 月台风袭击华南造成了严重破坏，淹没了广州所有商行和商馆，导致沿海一带许多船只沉没。当瑞典人返回中国时，他们发现只有陈寿官的商馆依然屹立不倒。[42] 代理商在一些困难年份，如 1744 年和 1745 年，力图确保商人不至于破产。

欧洲各国之间的战争给中国贸易带来了许多困难，但也给这些代理商提供了新机会。危险期间商船的航行信息必须严格控制，以防止其位置被敌人发现。这促使一些外国人精心编制了密码，表明了船只航行来华受到的威胁有多严重（图 8-19）。然而风险增加刺激着私人投资者可以提出更高的利息要求。

一旦西方船只没有出现，中国人就会积压大量库存货物，也没有资金来还清债务。战争会消耗白银储量，战争年份抵达中国的船只往往缺乏足够资本购买回程货物。一些私人代理商如亚美尼亚人、穆斯林、巴斯人和美国人，他们往往在国有公司和殖民地之外经营，通常不会卷入这些冲突。他们的"中立"状态使其在中国常常被当成寻求贷款的对象。

七年战争（1756—1763 年）提供了一个很好例子，可以说明战争如何影响中国贸易。这几年里没有法国船只到达广州，蔡瑞官商馆累积了大笔债务。从 1762 年至 1764 年，英国人攻击西班牙人并占领了马尼拉，导致潘启官的马尼拉贸易中断。由于抵达中国的银币短缺，洪官、茂官与陈捷官等被迫缴纳较高的贷款利息。[43]

战争耗尽了英国东印度公司的白银，使 18 世纪 60 年代初公司大班很难获得足够的资金来预付茶叶订单。英法船只枯竭的白银供

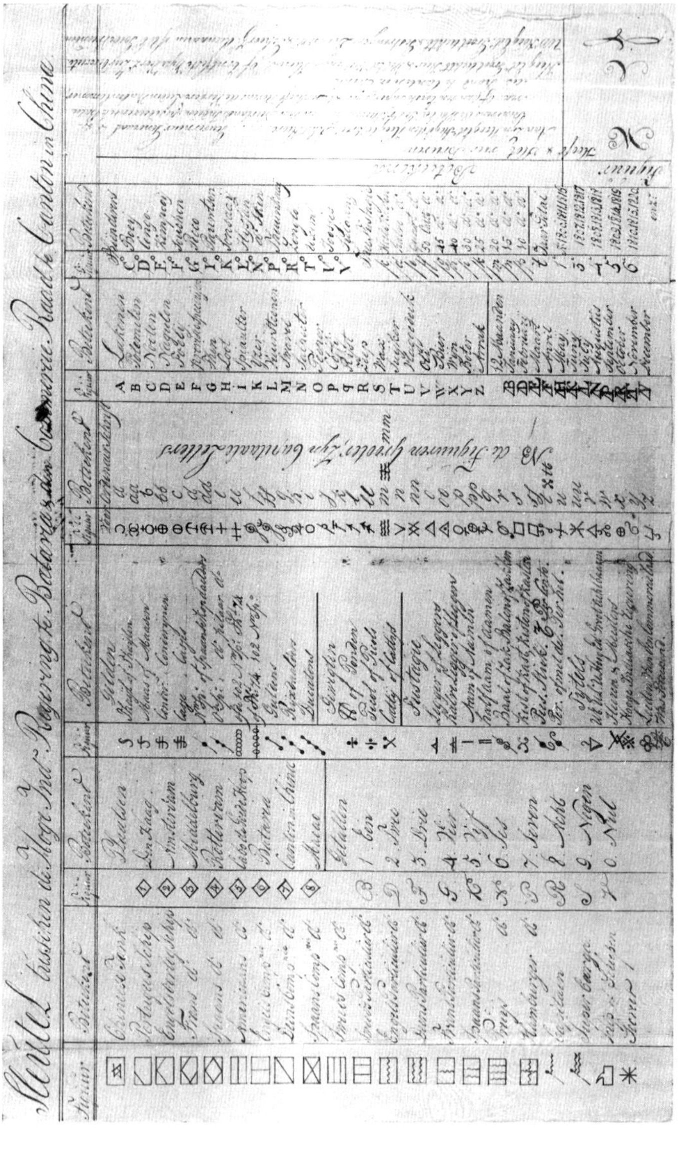

图 8-19　19 世纪初拿破仑战争期间荷兰人在巴达维亚设计的保护中国贸易的密码（荷兰文撰写）

资料来源：海牙国家档案馆藏，档案号：HRVB 131。

应，使荷兰、瑞典和丹麦公司在与英法商人谈判贷款和贸易时具有战略优势。[44] 到 1764 年 1 月英国东印度公司由于为战争提供军费耗尽了资金，公司大班不得不跑去澳门找私人投资者紧急贷款 72 000 西元。[45] 如同最后一章将讨论的，也就在这一时期鸦片贸易变得更具竞争性和广泛性。

其他战争年份也一样。18 世纪 80 年代初蔡相官商行已经处于贫困状态，荷兰东印度公司的船只由于敌方的攻击没有抵达中国，直接导致了蔡相官的破产。[46] 正如图 8-7 和图 8-8 所示，在资本短缺的年份私人代理商往往是行商和外国贸易公司的唯一资金来源。紧急贷款可以帮助他们度过困难时期，但也导致了一些中国商人深陷债务泥淖。

借贷者有几位变得相当富有而对贸易起到举足轻重的作用。一个突出的例子就是亚美尼亚人马修斯·约翰内斯，他在 1761 年与其他三位亚美尼亚人一同从印度来到澳门。马修斯为各国东印度公司、散商、葡萄牙商人和中国商人提供了广泛的金融和贸易服务（图 8-14）。他每年都去广州管理自己的生意，淡季时再迁回澳门。[47]

当马修斯于 1794 年在广州去世时，他的财富已经远远超过了澳门的年度预算（1797 年为 215 390 西元）。澳门葡萄牙政府多个部门非常依赖他的资金，澳门城市管理者拒绝批准他的财产离开澳门，唯恐经济崩溃。他的兄弟拉扎罗（Lazaro）继续留在澳门照顾那些未完成的生意，当然也试图收回他的遗产（图 8-8）。马修斯的房产文件中提到了许多私商、中国商人、公司与机构，我们可以由此看出这个家族对澳门和广州有着举足轻重的影响。他的商业王国覆盖广阔，对马尼拉、印度诸地以及整个东南亚各地港口的商业产生了深远的影响，而且影响远不止商业领域。[48]

1802 年，拉扎罗及其家人搬到加尔各答。他的儿子约翰内斯·拉扎罗（Johannes Lazaro）出生在澳门，由两位中国基督徒抚养成人并教其汉语。在加尔各答，约翰内斯对汉语相当熟悉，英国政府聘请他担任翻译。几年后威廉堡学院的布朗牧师（Reverend Brown）了解其汉语水平后，便雇请他将《新约》译成汉语，他为完成此事忙碌了好些年。所有这一切都是因为他那位有上进心的叔叔。[49]

其他代理商却没有这么成功，但对贸易同样非常重要。19 世纪初几位东印度水手已经在澳门开拓为贸易服务的业务。他们是穆斯林水手的经纪人，借钱给失业水手并提供房间和寄宿，任何船只需要水手的时候，他们就会安排这些水手去工作。此时，澳门葡萄牙政府放宽了对私人的居住限制，很多外国人可以居留在澳门（比如画家乔治·钱纳利），不必从事贸易或去广州。所有这些私人经纪人和代理商填补了珠江三角洲的金融、商业和劳动力市场之间的缺口，推动贸易向前发展。[50]

小结

葡萄牙人在澳门的贸易以及广州的帆船贸易对中外贸易至关重要，这些内容必须包含在任何有关广州对外贸易史的研究中。18 世纪 60 年代帆船出口量占广州贸易总量 25%，澳门贸易又占 10%，其他较小的东印度公司占 34%，但在历史著述中却很少提及帆船贸易和澳门贸易。

许多广州帆船上装运的货物是用来制造包装箱和打包出口产品的。澳门的进出口贸易很多实际上是广州市场的直接延伸。将货物运送到澳门，然后将之"走私"或转运到上游所占的优势，对广州的价格形成了持续压力，也保持了贸易的竞争性。随着走私窝点的出现，澳门越来越难与这些窝点竞争，最终只好把贸易让给了这些地方。

中国人支付的利率与外国人支付的利率之间的巨大差异表明，广州资本市场在很大程度上被外国人控制。对中国人和欧洲人的私人贷款会影响商品的最终价格，促使一些公司禁止其员工卷入资本市场。中国帆船和葡萄牙船只的私人贸易也影响了最终价格。即使是最著名的商人也经常从外国债权人处获得贷款并支付很高利率，证明没有更便宜的其他资金可用。18 世纪 60 年代，行商承认外国人对他们的资本有更多的保护，19 世纪 30 年代行商仍然在很大程度上依赖外国人为其贸易提供贷款。

中国人经常以 18%~36% 的年利率借款（或者每月 1.5%~3% 的利率），以每次航程 40% 的利率获取帆船洋利；而外国人可以从其他外国人那里以 10%~15% 的年利率（或每月 1%~1.25% 的利率）借入相同的资金，然后转手将钱借贷给中国人，以赚取丰厚利息。

我们至此已阐明了控制、影响和指导商业的主要结构和因素，我们将转而分析整个贸易。下一章将把所有因素结合起来分析第一章至第八章讨论的不同部分如何相互作用，以决定贸易将走向何方。

注释

[1] George Bryan Souza，*The Survival of Empire. Portuguese Trade and Society in China and the South China Sea，1630–1754*（Cambridge：Cambridge University Press，1986）；Ângela Guimarães，*Uma Relação Especial Macao e as Relações Luso-Chinesas 1780–1844*；A. M. Martins do Vale，*Os Portugueses em Macao*（*1750–1800*）.

[2] 关于澳门贸易及其管理的一些中文和葡萄牙文文献现在可以找到整理本或影印本。刘芳、章文钦主编《清代澳门中文档案汇编》；《明清时期澳门问题档案文献汇编》；Jin Guo Ping，Wu Zhiliang，comps.，*Correspondência Oficial Trocada Entre As Autoridades de Cantão e Os Procuradores do Senado. Fundo das Chapas Sínicas em Português*（*1749–1847*），8 vols.（Macao：Macao Foundation，2000）；《清宫广州十三行档案精选》。

[3] 索萨 1986 年提到 "澳门起到广州市场附属地的作用"。George Bryan Souza，*The Survival of Empire. Portuguese Trade and Society in China and the South China Sea，1630–1754*，p.143.

[4] National Archives，The Hague：VOC 4556，Gewigten，Macao.

[5] 费成康：《澳门 400 年》，第 116 页。

[6] National Archives，The Hague：VOC 4556，Jonken，（13 Oct.1763）and Natien（Vreemde），（18 Oct.1763）；Weng Eang Cheong，*The Hong Merchants of Canton*，p.28. 对广州帆船在东南亚贸易的细节分析，参见 Paul A. Van Dyke，Port Canton and the Pearl River Delta，1690–1845，Chapter 5。

[7] National Archives，The Hague：VOC 4556，Gewigten，Macao.

[8] Carl T. Smith and Paul A. Van Dyke，"Four Armenian Families，" *Review of Culture*，International Edition，No.8（October 2003）：43.

[9] Hosea Ballou Morse，*The Chronicles of the East India Company Trading to China，1635–1834*，vol.2，pp.85–86；Samuel Wells Williams，*The Chinese Commercial Guide*，p.281.

[10] 荷兰文、丹麦文和瑞典文的记录通常会提及葡萄牙人到达和离开广州的情况。

[11] "圣西芝号"（S. Simão）是柯斯达（Antonio Josè da Costa）的。他也是表 8-1 中提到的向瑞典人借款的商人之一。National Archives，The Hague：Canton 35.

[12] National Archives，The Hague：Canton 81.

[13] 图 8-1 中也列了一些帆船商行，《粤海关志》卷 25 中也有提及。

[14] 在广州的荷兰人提到 1764 年和 1770 年有 33 只帆船抵达，荷兰人与瑞典人在 1769 年都列出不少于 27 只帆船。每年通常都有一些帆船出现在东南亚地区，实际数量可能会更多。National Archives，The Hague：Canton 78，127，VOC

3333；Nordic Museum Archive，Stockholm：F17. 米尔本 1813 年列出了 32 只帆船在广州的进口记录，因此帆船数量似乎比较确定。William Milburn, *Oriental Commerce*, vol.1, pp.487–488. 克劳福德认为，19 世纪 20 年代初期，在暹罗与广州之间往返的帆船超过 50 只，不过其资料来源不明确。John Crawfurd, *Journal of an Embassy from the Governor-General of India to the Courts of Siam and Cochin China*（London：Henry Colburn，1828；reprint，New Delhi：Asian Educational Services，2000），pp.409–410，512–513. 我们无法准确计算出每 10 年的帆船数量，但有充分证据表明，广州至少有 30 只帆船在经营贸易，一直持续到 1840 年第一次鸦片战争的时候。关于帆船贸易的其他研究，参见 C. Toogood Downing, *The Fan-Qui in China*, vol.1, pp.55，108–114；Paul A. Van Dyke，Port Canton and the Pearl River Delta，1690–1845，Chapter 5 and appendices O，P and Q；Paul A. Van Dyke，"The Ye Merchants of Canton，1720–1804," *Review of Culture*，International Edition No.13（January 2005）：6–47；Paul A. Van Dyke，"The Yan Family：Merchants of Canton，1734–1780s," *Review of Culture*，Internatioanl Edition No.9（Janurary 2004）：30–85；Paul A. Van Dyke，"A Reassessment of the China Trade：The Canton Junk Trade as Revealed in Dutch and Swedish Records of the 1750s to the 1770s," in Wang Gungwu and Ng Chin-keong，eds.，*Maritime China in Transition 1750–1850*，p.153.

[15]　C. Toogood Downing, *The Fan-Qui in China*，vol.1，pp.55，108–114；John Crawfurd, *Journal of an Embassy from the Governor-General of India to the Courts of Siam and Cochin China*，pp.409–410，512–513. 有关广州帆船以及与外国船舶的更详细分析，参见 Paul A. Van Dyke，Port Canton and the Pearl River Delta，1690–1845，Chapter 5；Paul A. Van Dyke，"A Reassessment of the China Trade：The Canton Junk Trade as Revealed in Dutch and Swedish Records of the 1750s to the 1770s," in Wang Gungwu and Ng Chin-keong，eds.，*Maritime China in Transition 1750–1850*；范岱克：《从荷兰和瑞典的档案看 18 世纪 50 年代至 70 年代的广州帆船贸易》，丁峻译，《广东社会科学》2002 年第 4 期。

[16]　这个与美国贸易的比较是在当斯著作中列出来的不同数据的基础上做出来的。Jacques Downs, *The Golden Ghetto. The American Commercial Community at Canton and the Shaping of American China Policy，1784–1844*，appendix 2.

[17]　National Archives，The Hague：VOC 4556，"Jonken"，（13 Oct.1763）and "Natien（Vreemde）"，（18 Oct.1763）；Weng Eang Cheong, *The Hong Merchants of Canton*，p.28. 当 1699 年澳门的贸易与浙江、福建的标准一致时，6% 的优惠可能已经实施了。参见费成康《澳门 400 年》，第 116 页。

[18]　National Archives，The Hague："Goederen en Koopmanschappen"，VOC 4556.

[19]　National Archives，The Hague：VOC 4556，"Grynen".

[20]　British Library：IOR G/12/26.

[21] 有关行商前前后后尽力保持国内外市场联系的各种例子，参见 Paul A. Van Dyke, "The Yan Family: Merchants of Canton, 1734–1780s," *Review of Culture*, Internatioanl Edition No.9（Janurary 2004）: 30–85。

[22] Paul A. Van Dyke, "The Yan Family: Merchants of Canton, 1734–1780s," *Review of Culture*, Internatioanl Edition No.9（Janurary 2004）: 30–85; Paul A. Van Dyke, *Port Canton and the Pearl River Delta, 1690–1845*, Chapter 5; Paul A. Van Dyke, "A Reassessment of the China Trade: The Canton Junk Trade as Revealed in Dutch and Swedish Records of the 1750s to the 1770s," in Wang Gungwu and Ng Chin-keong, eds., *Maritime China in Transition 1750–1850*; 范岱克:《从荷兰和瑞典的档案看 18 世纪 50 年代至 70 年代的广州帆船贸易》, 丁峻译,《广东社会科学》2002 年第 4 期。一位广州帆船船长有位兄弟 Tsey Pinqua（蔡姓商人, 名字不详）是巨港锡的贸易代理。Paul A. Van Dyke and Cynthia Viallé, *The Canton-Macao Dagregisters, 1764*.

[23] 比如大班柯林・坎贝尔（Colin Campbell）在 1732 年提到，第一个荷兰大班苏尔兹（Schultz）正秘密投资洋利市场。Paul Hallberg and Christian Koninckx, eds., *A Passage to China*, pp.166–167.

[24] 当代研究者已编辑出了许多 18 世纪亚洲洋利比率的列表。参见 Charles Lockyer, *An Account of the Trade in India*, pp.17–18; Uppsala Universitetsbibliotek（University Library）, Sweden: L 181–182; National Archives, The Hague: Canton 80。

[25] Jan Parmentier, *De holle compagnie. Smokkel en legale handel onder Zuidnederlandse vlag in Bengalen, ca.1720–1744*（Hilversum: 1992）, pp.53–55; George Bryan Souza, *The Survival of Empire. Portuguese Trade and Society in China and the South China Sea, 1630–1754*, pp.60–63; Anders Ljungstedt, *An Historical Sketch of the Portuguese Settlements in China*, p.49.

[26] 有关英国东印度公司洋利的事例，参见 Hosea Ballou Morse, *The Chronicles of the East India Company Trading to China, 1635–1834*, vol.5, pp.73, 111, 149。

[27] 瑞典档案记录中的洋利列表及其他与帆船相关的交易，参见 Paul A. Van Dyke, *Port Canton and the Pearl River Delta, 1690–1845*, Chapter 5。

[28] 有关这两份合同的解释与失效，参见 Paul A. Van Dyke, *Port Canton and the Pearl River Delta, 1690–1845*, Chapter 5。

[29] Nordic Museum Archive, Stockholm: F17; Paul A. Van Dyke, *Port Canton and the Pearl River Delta, 1690–1845*, Chapter 5 and appendices O, P and Q; Paul A. Van Dyke, "The Ye Merchants of Canton, 1720–1804," *Review of Culture*, International Edition, No.13（January 2005）: 6–47; Paul A. Van Dyke, "Cai and Qiu Enterprises: Merchants of Canton 1730–1784", *Review of Culture*, Internatioanl Edition, No.15（July 2005）: 60–101; Paul A. Van Dyke, "The Yan

Family：Merchants of Canton，1734–1780s，" *Review of Culture*，Internatioanl Edition，No.9（Janurary 2004）：30–85.

[30]   Paul A. Van Dyke，Port Canton and the Pearl River Delta，1690–1845，Chapter 5 and appendices.

[31]   Nordic Museum Archive，Stockholm：F17.

[32]   "早在 1734 年"瑞典东印度公司便使用洋利。Christian Koninckx，*The First and Second Charters of the Swedish East India Company*（*1731–1766*），p.295. 丹麦亚洲公司至迟在 1737 年或许更早已在中国使用洋利。Rigsarkivet（National Archives），Copenhagen：Ask 1116.

[33]   Rigsarkivet（National Archives），Copenhagen：Ask 1156a；Paul A. Van Dyke，"The Yan Family：Merchants of Canton，1734–1780s，" *Review of Culture*，Internatioanl Edition，No.9（Janurary 2004）：30–85.

[34]   Paul A. Van Dyke，"The Yan Family：Merchants of Canton，1734–1780s，" *Review of Culture*，Internatioanl Edition，No.9（Janurary 2004）：30–85. 关于广州高利贷的相关内容，参见 Hosea Ballou Morse，*The Chronicles of the East India Company Trading to China*，*1635–1834*，vol.1，passim；Hosea Ballou Morse，*The International Relations of the Chinese Empire*：*The Period of Subjection 1834–1911*，vol.1，p.68。

[35]   Nordic Museum Archive，Stockholm：F17；Hosea Ballou Morse，*The Chronicles of the East India Company Trading to China*，*1635–1834*，vol.5，p.108. 有关中国人18世纪20年代缴纳的月利率为2%的情况，参见Stadsarchief（City Archives），Antwerp：IC 5695，5740。更晚的时间参见Paul A. Van Dyke，Port Canton and the Pearl River Delta，1690–1845，Chapter 5；Paul A. Van Dyke，"Cai and Qiu Enterprises：Merchants of Canton 1730–1784"，*Review of Culture*，Internatioanl Edition，No.15（July 2005）：60–101；Paul A. Van Dyke，"The Yan Family：Merchants of Canton，1734–1780s，" *Review of Culture*，Internatioanl Edition，No.9（Janurary 2004）：30–85。有关广州时期信贷市场和利率问题更广泛深入的讨论，参见Paul A. Van Dyke，Port Canton and the Pearl River Delta，1690–1845，Chapter 5；陈国栋著作中关于"行商财务困境"的章节，Kuo–tung Anthony Ch'en，*The Insolvency of the Chinese Hong Merchants*，*1760–1843*，pp.139–175。

[36]   马士提到他也发现中国人以每月 5% 的利息借贷，每月 2% 或 3% 的利率也是常见的。Hosea Ballou Morse，*The International Relations of the Chinese Empire*：*The Period of Subjection 1834–1911*，vol.1，p.68.

[37]   Paul A. Van Dyke and Cynthia Viallé，*The Canton-Macao Dagregisters*，*1762*. 关于颜家与蔡家在贸易和信贷方面问题的详细论述，参见 Paul A. Van Dyke，"Cai and Qiu Enterprises：Merchants of Canton 1730–1784"，*Review of Culture*，

Internatioanl Edition，No.15（July 2005）：60–101；Paul A. Van Dyke，"The Yan Family：Merchants of Canton，1734–1780s，"*Review of Culture*，Internatioanl Edition，No.9（Janurary 2004）：30–85。

[38]　*Chinese Repository*（Jan.1837），Vol.5，pp.385–390. 陈国栋对行商的债务问题进行了深入研究，在其著作的"广州市场现金紧缺"章节中进行了探讨。Kuo–tung Anthony Ch'en，*The Insolvency of the Chinese Hong Merchants*，*1760–1843*，p.162.

[39]　关于外国商人带着少数几箱货物，雇用中国帆船和外国船进出广州和澳门的事例，参见 Carl T. Smith and Paul A. Van Dyke，"Armenian Footprints in Macau，"*Review of Culture*，International Edition，No.8（October 2003）：20–39。

[40]　M. Greenberg，*British Trade and the Opening of China 1800–1842*（Cambridge：Cambridge University Press，1951），pp.144–174；Dick A. Wilson，King George's Men：British Ships and Sailors in the Pacific Northwest–China Trade，1785–1821（Ph. D. diss.，University of Idaho，2004），Chapter 6；Jacques Downs，*The Golden Ghetto. The American Commercial Community at Canton and the Shaping of American China Policy*，1784–1844；郭德焱：《清代广州巴斯商人》，博士学位论文，中山大学，2001；Guo Deyan，"The Study of Parsee Merchants in Canton，Hong Kong and Macao，"*Review of Culture*，International Edition，No.8（October 2003）：51–69；Shalini Saksena，"Parsi Contributions to the Growth of Bombay and Hong Kong，"*Review of Culture*，International Edition，No.10（April 2004）：26–35；Carl T. Smith，"Parsee Merchants in the Pearl River Delta，"*Review of Culture*，International Edition，No.10（April 2004）：36–49；Madhavi Thampi，"Parsis in the China Trade，"*Review of Culture*，International Edition，No.10（April 2004）：16–25。

[41]　5% 的经纪费是常见的，但根据具体协议比率会有所不同。Alain Le Pichon，*Aux Origines de Hong Kong. Aspects de la civilisation commerciale à Canton：le fonds de commerce de Jardine，Matheson & Co.1827–1839*，pp.265–266；M. Greenberg，*British Trade and the Opening of China 1800–1842*，p.149.

[42]　Paul A. Van Dyke，"The Yan Family：Merchants of Canton，1734–1780s，"*Review of Culture*，Internatioanl Edition，No.9（Janurary 2004）：38；费成康：《澳门 400 年》，第 140~141 页；Roderich Ptak，"Macau：Trade and Society，circa 1740–1760，"in Wang Gungwu and Ng Chin–keong，eds.，*Maritime China in Transition 1750–1850*，p.196；James Ford Bell Library，University of Minnesota：Irvine Papers。

[43]　Paul A. Van Dyke and Cynthia Viallé，*The Canton-Macao Dagregisters*，*1762/1763/1764*.

[44]　Paul A. Van Dyke and Cynthia Viallé，*The Canton-Macao Dagregisters*，*1762/1763/1764*.

[45]   Hosea Ballou Morse，*The Chronicles of the East India Company Trading to China*，
        1635–1834，vol.5，p.108；Paul A. Van Dyke and Cynthia Viallé，*The Canton-
        Macao Dagregisters*，*1764*.

[46]   Paul A. Van Dyke，"Cai and Qiu Enterprises：Merchants of Canton 1730–1784"，
        Review of Culture，Internatioanl Edition，No.15（July 2005）：60–101.

[47]   亚美尼亚人在中国贸易中发挥了特殊的作用，这些内容直到最近才得到了一些
        肯定。因为他们是基督徒，他们都容易被天主教徒和新教徒接受。亚美尼亚教
        会的分支与罗马天主教会和睦相处，因此澳门葡萄牙天主教徒比新教徒（被
        认为是异端）更公开地接受了他们。这种宗教关系使他们能够在"印度—马
        尼拉—澳门—广州"的贸易中发挥独特作用，整个 18 世纪他们都参与了贸易。
        Carl T. Smith，"An Eighteenth–Century Macao Armenian Merchant Prince，"*Review
        of Culture*，No.6（April 2003）：120–129；Carl T. Smith and Paul A. Van Dyke，
        "Armenian Footprints in Macau，"*Review of Culture*，International Edition，No.8
        （October 2003）：20–39；Carl T. Smith and Paul A. Van Dyke，"Four Armenian
        Families，"*Review of Culture*，International Edition，No.8（October 2003）：40–
        50.

[48]   Carl T. Smith and Paul A. Van Dyke，"Four Armenian Families，"*Review of Culture*，
        International Edition，No.8（October 2003）：40–50.19 世纪可作为比较的一个例
        子是亚美尼亚人保罗·遮打（Paul Chater），他也来自印度，并创立了一些香
        港著名的金融机构。

[49]   Carl T. Smith，"An Eighteenth–Century Macao Armenian Merchant Prince，"*Review
        of Culture*，No.6（April 2003）：120–129；Carl T. Smith，Paul A. Van Dyke，
        "Armenian Footprints in Macau，"*Review of Culture*，International Edition，No.8
        （October 2003）：20–39；Carl T. Smith，Paul A. Van Dyke，"Four Armenian
        Families，"*Review of Culture*，International Edition，No.8（October 2003）：
        40–50；Paul A. Van Dyke，Port Canton and the Pearl River Delta，1690–1845，
        Chapter 5.

[50]   Carl T. Smith，Paul A. Van Dyke，"Muslims in the Pearl River Delta，1700 to
        1930，"*Review of Culture*，International Edition，No.10（April 2004）：6–15.

第九章

反思广州贸易

广州贸易是近代"全球"经济崛起中极重要的贡献者之一。从 1700 年到 1842 年，外国对茶叶和瓷器的需求持续增长，中国为满足这种需求不断增加供应。随着茶叶贸易的发展，世界市场变得更加一体化；随着投资资本不断流入中国，国际金融结构变得更加复杂；随着全球白银和商品流动变得更加有序，全球商业也变得更加规范。更高度的一致性反过来有助于降低风险，从而增加利润并使成本更易于评估。随着成本的稳定和利润的增长，国际贸易吸引了更多的投资者。

离散的商业网络日益一体化，散商发明了越来越多的方式来填补国际市场供需之间的空白（合法和非法贸易两者均有）。同时他们学会了在大型贸易垄断权对其施加限制的条件下，如何有效地进行商业操作。对大公司来说，它们需要找到控制和利用散商来惠及自己生意的方法。散商受到鼓动将违禁品走私进中国，这有助于英国东印度公司扩大其茶叶贸易。随着国际贸易变得更加规范，每个港口的价格都广而告之，贸易的规程设定和条令被明确地确立下来。自由贸易更加可行，散商逐渐取代了大型垄断机构。这种全球商业中降低风险的长期历史过程是与中国茶叶贸易的增长直接相关的。

正如我们所见，茶叶贸易在很大程度上依赖白银，因此鸦片贸易的同步发展有着巨大的推动力。鸦片是唯一可以在中国轻松换取白银的商品。随着茶叶贸易越来越依赖鸦片贸易收入，默许纵容而不是禁止鸦片走私就与粤海关监督的利益密切相关了。随着清朝行政机构中的腐败常规化，粤海关监督对贸易的控制越来越受到威胁。

资金和权力从中央管理架构中被抽走并反过来削弱了中央管理。

为了保持巨大的贸易机器运转顺利，粤海关监督、两广总督和朝廷大臣通过零敲碎打的方式增加了一些规定、限制或监管方式，试图局部改变管理体制。就贸易拓展而言，我们不得不说广州体制是非常成功的。珠江危险的水文条件没有造成真正的障碍，澳门引水人掌握了操控大型船只在浅水河道航行的方法。外国人对澳门引水人的专长十分依赖，这使粤海关监督更能通过引水人控制他们。直到 19 世纪 20 年代，粤海关监督牢牢控制着贸易和外国人。

随着商业的急剧扩张，清政府那种对贸易控制日益增强的错觉使他们看不到该贸易系统逐渐被撕裂的问题。只要粤海关监督维持和谐局面，继续向朝廷输送关税，就没有理由对贸易方式进行根本性改变。直到 19 世纪 30 年代中期，白银外流的严重程度导致危机出现，朝廷才开始进行严肃调查，力图找出导致通货不足的原因。

广州体制内部缺乏有效的自查和平衡机制，以便在体制内出现裂缝时能够起到支撑作用，最终导致了该体制的崩溃。那些叫嚷着消除腐败的官员本身属于腐败群体，因此必须改变的是基本架构，但这种决定必须自上而下来自朝廷。不过彻底改弦更张会减少朝廷收入，因此在短期内更为方便的做法是纵容、掩饰、屏蔽或者干脆忽视这些问题。此外，朝廷对珠江三角洲的情况很不清楚，因此不会提出也提不出任何有效的改革方法。

没有能力采取彻底变革的措施，加上对问题的发展程度缺乏了解，两者共同削弱了贸易的长期安全性。广州体制无法自我调整，更遑论应对来自外部的威胁。高度内向性地关注，力图保持官僚机器的平稳运行，以致忽视了中国之外的重要变化，直至其发展为心腹大患。当时清政府缺少一种收集有关外国人和国际市场信息的能力，这最终导致了广州体制的崩溃。

大多数关于广州贸易的历史叙述以"自上而下"的研究为主，

这些研究主要依赖于通信、报告、信件、官方法令和其他类似文献，这些研究只注意了政策却忽视了实际运作。这种研究造成的后果是通过政策来理解贸易，从而以此来划分贸易发展的不同时段。最常见的划分方式是把 1757—1842 年称为"广州体制"，当时西方国家对华贸易被"官方"限定在广州。

当我们专注于贸易的日常运作时，这种历史时段的划分就失去了意义。1757 年以后，海关控制下的贸易和行政网络的例行程序继续存在；业务照常进行，贸易结构没有改变，控制外国人和贸易的方式也没有发生重大变化。清政府的新政策并没有改变广州已经成为中国最受欢迎的港口这个既成事实，外国人也不能为所欲为。如果我们仍然要认为 1757 年的法令使广州成为贸易中心从而改变了历史发展进程，那么我们是否也能说 1729 年取缔鸦片销售的法令结束了中国的鸦片贸易？这两种说法都是错误的。

贸易结构及其对珠江三角洲地理和水文条件的依赖，以及与澳门毗邻，这些因素对广州而言是独一无二的。这个系统不可能在任何其他口岸被复制，因此将整个时期称为"广州体制"更为恰当。

结构与实践

广州贸易总是由少数中国商人垄断，从贸易最初时期的几位发展到后来的十几位。到 18 世纪 20 年代，粤海关监督和两广总督，或单独或共同控制了所有直接跟外国人打交道的商人。商人要想参与对外贸易会受到严格限制，但也通常保持一定的竞争性，有助于降低价格。引水人、买办和通事的情况也是如此。

自从贸易开始以来，澳门引水人就是看门人，粤海关监督曾一度能决定谁可以来交易，谁不能来交易。18 世纪 60 年代，有 8 名澳门引水人为所有外国船只服务；到了 19 世纪 40 年代初，引水人的数量增加到 22 名。随着许多外国公司的船只越来越大，协助引导船只溯江而上的引水人数量也增加了。到 18 世纪 50 年代，引水人通常使用 15~20 只配备拖缆和浮标的舢舨；但到 18 世纪 60 年代末，舢舨数量上升到 40~50 只；到 19 世纪初，引水人租用 60~70 只舢舨协助他们为最大的船提供服务。他们雇用来几个低级引水人及十数个甚至更多本地帮手来维持舢舨的线路。

买办也由粤海关监督选择和控制。买办的数量比引水人要多，这主要是因为他们的交易涉及易腐货物，必须从多处大量购买。在使用防腐剂和冷库之前，不可能将这些货物储存在仓库中，许多补给品必须在购买后几小时或几天内消耗完。为了购进所需货物并及时交货，买办需要许多助手和舢舨。

粤海关监督还任命了一群通事为贸易服务，每年有 3~5 位通事在广州服务。18 世纪初，通事受两广总督或粤海关监督控制，获得牌照的通事数量并没有随着来华西方船只数量的增加而增加。他们必须雇用更多秘书、办事员和跑腿的人来应付他们增加的业务。他们还将一些业务转包给他们的领班秘书。这就意味着当通事去世，或者粤海关监督剥夺其执照、重新安排执照时，那些训练有素的秘书可以随时就地受命，以确保贸易继续顺利进行。

行商及其家产受粤海关监督的直接控制，通事、买办和引水人连同其随从和工人在行商监督下工作。这种管理结构成为广州体制的支撑，到 18 世纪 20 年代中期已稳固不变，并持续至 1842 年。

粤海关监督只须向行商说上一句话，就可终止行商所有与外国人的联系。这样做可能造成所有贸易停止，甚至终止贸易谈判；立即从商馆和船上撤离所有中国人；停止供应给外国人所有货物和补给品；停止所有引水人引导船只往来于珠江；叫停所有到商馆、黄埔和澳门的航行。控制与外国人经常打交道的所有关键人物是粤海关监督用来维持秩序的手段。

粤海关监督和两广总督制定的政策是将那些必须获得牌照而与外国人打交道的人数缩减到最少，并允许这些挑选出来的人把他们的部分工作转包他人。所有专业人士都必须为服务于外国船只和商馆的权利而竞争。这种金字塔式的分层管理对价格和费用产生了持续向下的压力，这座金字塔随着时间的流转而变得更庞大且内部彼此竞争，还将大部分管理责任转嫁到金字塔中的较低层级，致使粤海关监督能够减少海关网络中控制贸易所需的人数。然而，职责的下移也意味着权力从粤海关监督下移至较低级别的人身上了。

除了商人、通事、买办和引水人之外，还有成千上万的中国人参与了贸易，包括税馆管理员，驻扎在沿河岗哨的哨兵和士兵，海关水上稽查员，陪同船只往返虎门的船家，跑腿的人、书记员、秘书、水手，以及在珠江三角洲一带管理海关站点和舢舨网络的小吏，帆船贸易商及其船员，内地商人及其随员，工匠、手艺人及其信使，搬运工、种植者、生产者和供给者，茶叶包装工、采摘者和加工者，纺工、织工和陶工，书记员、秘书和苦力，等等。

广州体制就像一台庞大的机器，有成千上万的小零件独立工作又相互协调，推动着贸易前进。粤海关监督以及在某种程度上两广总督负责保持这台机器的平稳运转，稍有差池就会迅速断送掉他们的前程，但一位成功的粤海关监督可在三年任期后全身而退，获得良好声誉并积攒一小笔财富。

广州体制日常运作的基本实践和原则不一定是基于书面指示，也不一定是来自官方的法令或命令。这些只是在广州要做的事情，不管是否应该这样做。下面的描述是从18世纪早期体制建立到1842年体制结束这个时间段内这台大型机器每天如何运转的总结。

每个中国人都对与他们做生意的外国人的行为负责，18世纪30年代建立的"保商"体制只是对既有做法的形式化。官方政策规定除了获得执照的人，其他任何人都不准与珠江口以外的外国人有直接联系。然而在日常运作中，理发师、洗衣妇、妓女及其他人能够与外国水手打交道。这些人提供的服务能够让外国人满意，有助于维持和谐局面，这样他们的行为就是可以容忍的。

每艘外国船在向上游航行或进入三角洲之前都必须到澳门报告。每艘船还必须雇请一位澳门引水人引导其通过虎门，无论其是否愿意或者需要。澳门引水人经常受到海关的监管，他们又负责监督外国人，确保其遵守规定，但许多人通过让外国人参与非法活动而滥用了职权。粤海关监督控制着澳门引水人，确保没有任何外国人在未经许可的情况下经过虎门或离开黄埔。

从外国船只抵达虎门到它们启程回航驶离虎门，所有船只都由两位海关水上稽查员陪同和护航。所有外国船只在广州从事贸易之前必须经过丈量，每艘船必须是载有贸易货物的商船才能够得到继续向上游航行的许可。除了另有贸易安排的俄国人和日本人，官府欢迎所有其他外国男性来广州贸易，不论种族、肤色、宗教或国籍，只要他们缴纳必需的税费并遵守天朝法纪。

所有通过虎门而来的外国船都必须在黄埔锚地停泊。外国人必须缴纳澳门与黄埔之间的牌照费和其他服务的小额费用，但那一段河流不收通关费。悬挂外国国旗的服务船只能获得在黄埔与广州之间的税馆不停留的豁免权。该政策规定挂旗艇上必须有一名主管官员，没有运载货物，但实际上许多挂旗艇上并没有外国官员，而船底也偷运了许多货物进出中国。这种豁免权或多或少作为对外国官员的优待而能被容忍，可以在任何需要说服和教训外国人的时候被取消。实际上所有外国人每年都可以享有这个特权。

在粤海关签发船牌之前，外国船只所有的官方账目必须结清。虽然不鼓励中国人从外国人那里借贷，也被"官方"认定为非法行为，但是借贷的确促进了贸易的增长。外国人总是能向中国商人支付预付款，为下一个贸易季节下订单。这些私人信贷交易与船牌的签发没有关系。

除了引水人及其助手，其他中国人是不能搭乘外国船只通过虎门的。中国人不应搭乘外国船只出国，实际上很多人都这样做。"官方"允许中国人在获得执照并被监管的中国帆船上服务，他们也应该搭乘这些船返回中国。其他出国理由，比如成为外国船上的船员或去外国寻找工作都是被"官方"禁止的。

外国人也被禁止搭乘中国船只通过虎门。贸易初期许多商人获得允许驾驶自己的服务船沿河而上到达广州，与粤海关监督商谈贸易。随着贸易正常化，只有商船才能使用虎门航道。广州与澳门之间的旅客应该使用西江航道，并且必须得到粤海关监督许可。外国商船或任何其他类型的外国船只（不包括受中国委托，葡萄牙所有和经营的巡逻船）都不能出现在该航道上。

所有在澳门居住的外国人都受澳葡总督的监督和直接管辖，澳葡总督时常干预他们的事务。外国人需要得到澳葡政府的许可才能在当地居住。19世纪初澳门的居住要求放宽，一些外国人如印度水手等开始全年居住在澳门而不去广州。如遇某些特殊情况，澳葡总督可能被要求插手在广州的外国人问题，但通常情况下则是外国人通过虎门后，澳葡当局才负责料理所有事务。

这些做法和原则构成了广州体制的管理机制。这套管理机制犹如中枢神经系统一般在18世纪20年代就牢固确立起来，一直保持到1842年体制崩溃。虽然直到1757年对外贸易才正式限制在广州，它显然是朝廷很早以前就偏好的口岸，因为广州可以提供上述所有有利条件。其他中国口岸无法在兼顾贸易和解决朝廷忧虑两方面与广州相媲美。

优势和成就

广州的粤海关行政网络组织得非常好。获取船照、检查丈量船只、装卸货物、努力协调行动以匹配季风节奏，以及复杂的牌照获取程序和监管措施，所有这些都有助于促进贸易顺利及时进行。官府可以做出特别的安排，例如组织紧急救助行动以满足特别的需要。其中有些服务附加了特别费用，而其他服务则在现场解决。就大型贸易公司的船只而言，广州地方官员通常对任何安排都持开放态度，只要不影响行政机构对贸易的控制，破坏口岸的和谐氛围或引起上级的怀疑，所有其他安排都可以讨论和考虑。

外国人通常不清楚这些预定的限制，导致许多人相信中国人对推进贸易不感兴趣，只想着限制它。然而本研究中提到的这些事例表明，粤海关监督和两广总督能够非常灵活地在界限内处理事务。他们一直鼓励和迁就贸易，只有当事情要求他们突破底线时才会变得不那么通情达理。如果我们先抛开那些抱怨，更仔细地观察更广泛的证据，从参与对华贸易的外国人越来越多这一情况就可以清楚地看到贸易费用及过程的正规性，加上管理当局的迁就态度，这些都有助于培养起外国人对他们的信任。

当外国人拒绝顺从而出现危机的时候，粤海关监督就撤走商人和引水人，并威胁滞留在口岸的外国人，这种局面会使利润面临风险。由于季风越来越近，装载货物的时间也越来越短，粤海关监督能够耗得起时间，西方大班不得不妥协。粤海关监督只需稳坐钓鱼台，最终提出解决方案。广州官员也必须谨慎处理，不能做得太绝对，以免外国人拒绝再来，但他们能够使用自己的行政管理工具找到妥协的方式。在这个意义上，粤海关监督是保持贸易体系平衡的支点。

庞大的官僚机器拥有着惊人能量，能够提高产出以满足贸易日益增长的需要，包括贸易商品、包装材料、服务、补给品等方面，确保价格不会由于供应不足而上涨。当然补给品的价格出现了通货膨胀，但这些是逐步发展的，1700—1830 年平均每年上涨约 3%。事实上，许多费用，包括关税、进出口税、服务费、通事的费用（1809 年后）和澳门引水人的费用，没有随通货膨胀而增加，这意味着这些费用变得更便宜了。外国白银（西元或墨西哥元）和中国"两"之间的兑换率是"固定的"，白银的购买力随着通货膨胀而下降。这意味着外国人更愿意继续缴纳与旧时一样的固定费用。

预付金的做法使中国商人可以增加向国内供应商订购货物的数量。包装材料的贸易，例如用于制作茶叶箱的木材和铅料、用于制罐的锡料、用于填充瓷器箱子的西米，以及用于制造容器和支撑货物的竹藤等都随着茶叶贸易一同增长。内陆供应商、广州帆船和外国散商船只在这些物品的供应方面发挥了至关重要的作用。

不过，如果贸易要大发展，市场必须有良好的资本供应。外国私人投资占广州体制时期投资资金的大部分。持续的高利率，加上粤海关监督在很大程度上可以保障中国人偿还债务，都吸引了外国资本不断流入广州。许多私人代理商在澳门和广州向任何有需要的人提供资金和经纪服务。这个活跃的货币市场有助于弥补短期和长期融资的缺陷，使中国商人能够履行义务，所有船只能满载离港。如果只看"广州体制"的优势和好处，那么广州贸易似乎可以无限制地增长。外国对中国商品的需求似乎是无止境的，中国对这些日益增长的需求的满足能力似乎是无限的，广州吸引资本的能力似乎是无底限的。虽然有很多中国商人可怜地破产了，一些年份里贸易严重受挫，但总的来说，粤海关监督和两广总督都使广州贸易得以完成。他们通过在这儿施加一些压力，在那儿进行一些惩罚，或在别的地方对政策或程序做出一些调整维持着这台庞大贸易机器的运作。就粤海关监督的职业和未来福祉而言，最好的状况是三年期满离开时，相比前任他们让这台机器生产出了更多的产品，并呈献给朝廷更多的税收。当然他们必须在不破坏这台机器节奏（和谐）的情况下做到这一点，因此，他们的继任者可以做同样的事情。

大多数情况下这台机器随着发展也会产生更多的"病变"（诸如腐败和走私），这对粤海关监督来说并不重要，也不会对其造成任何影响。大多数非法活动不会被朝廷发现。只要一切事情都做到位，没有必要使它们引起注意。如果这些问题终究会显露出来，那么他们希望出现在下一任粤海关监督任上，而不是在自己任内。

然而，当出现严重问题的时候，朝廷就会采取必要的改变措施以清除"病变"。粤海关监督或两广总督都没有权力或动力提出全面的变革措施。此外，走私和腐败有助于合法贸易的扩大。广州高级官员都是朝廷派遣来的，与当地居民的联系并不密切。然而其他许多参与贸易的人，如低级别的海关官员、商人、通事、买办和引水人，都是该地区常住的居民。这些下级阶层构成了广州体制的中枢和主体。粤海关监督与两广总督虽然是首脑，但他们需要借助下级保持机器的运作并符合朝廷意愿。虽然广州很少遵循朝廷的法令，但至少表面文章得做足。

18世纪20年代后期，支付"规礼银"成为港口费的法定部分，尽管外国人有过多次抗议，粤海关监督或两广总督都对此无能为力。直到1830年外国人才开始设法谈判以减少"规礼费"，但这被三个港口费比率的增加而抵消了。1741年，乾隆帝规定所有外国人在贸易淡季必须离开广州；1757年后，此项规定执行得更加严格。中国其他口岸正式禁止与外国人交易，保留广州作为对外贸易口岸。诸如此类具有广泛而持久影响力的措施只可能来自朝廷。

朝廷还采取了许多打击走私的措施，但1835年前没有一个措施能有效终止甚至减少违禁贸易。由于朝廷对违禁贸易产生的原因无法确定，因此提出的解决方案不会有什么效果。对珠江三角洲局势缺乏了解，朝廷政策的实施只能继续无效。

缺陷和崩溃

违禁品贸易是广州体制的主要缺陷之一。澳门和广州社会各阶层都参与了走私活动。贿赂海关官员相对容易，货物能够"无声无息地"过关。朝廷的许多收费并没有随着通货膨胀而调整，这导致"穷人"的贸易不断地越来越深入"富人"的口袋中。18世纪60年代和70年代，西江沿线的收费上涨，与此同时鸦片走私网络得到了发展，这应该不是巧合。粤海关监督不能或不愿意采取任何有效的手段来遏制勒索，因此勒索继续发展。

澳门葡萄牙人对广州贸易的控制、建设和管理至关重要，但许多人是利用其特权从违禁品贸易中获取私利。如果珠江三角洲的海关官员想要从非法贸易中受益，他们必须配合葡萄牙人收取好处费。如果黄埔或厦门的官员想从鸦片贸易中受益，他们必须配合珠江三角洲下游一带收取好处费。如果黄埔的海关官员或码头的海关官员希望从走私中获益，他们必须与买办和引水人一起收取的好处费展开竞争，而买办和引水人则必须与葡萄牙人收取的费用竞争。

这些竞争联结了好处费和办事手续，使得走私者能够更准确地预测其利润。这种安全性和清晰度帮助违禁品贸易几乎与合法贸易一样可以预测，于是吸引了更多投资者。同时，鸦片的品种和价格有很多种，渗透到了中国社会各个阶层。18世纪末和19世纪初猖獗的海盗行为也促进了违禁品网络的扩张和复杂化。

发放信贷可能有助于贸易的顺利进行，但会使营运资金紧张，因为许多官员整个季节都在开展管理工作，直到船只准备启程返航之前才收取费用。这对海关网络中的官员施加了财政压力，使他们考虑参与违禁品贸易并接受贿赂，将商品从"应税品"重新认定为

"非应税品"。这种做法削弱了朝廷的收入，也削弱了支持粤射精海关监督网络的财政结构。但是只要贸易总量在继续扩大，国家收入的增加便会掩盖这些资金的流失。

18世纪末和19世纪初，"官府"和通事控制了补给品黑市交易。这也使来自粤海关监督的资金和权力发生分流。引水人、买办和通事必须为其执照缴纳大笔款项，使得他们在某种形式上服役于政府。很多人不得不借钱来缴纳他们的牌照许可费，借贷利率很高，他们可能需要很多年才能还清贷款。虽然这可以使他们在其职位上勤奋工作，直到债务还清，但同时也促使他们在体制以外进行交易以获得额外收入。由于种种原因，许多"官府"、通事、买办和引水人真是太愿意迁就走私贩子了。

粤海关监督对中国行商索要的定期"贡献"和"捐赠"也推动了走私。粤海关监督要求每个中国行商而不是外国人缴纳所有进出口关税，由此可以知道每个中国行商总收入的情况。税费数据给监督提供了一份记录，决定下次谁能够贡献最多。非法贸易为商人提供了一种对抗这些无处不在的索求的方法，因为非法贸易使他们的收入超出了粤海关监督的掌控范围。因此，即使在正规贸易最好的年份，广州最著名的一些商人都热衷于参与非法贸易。

随着走私贸易的增长，其他商人也被吸引。18世纪90年代末珠江三角洲一带猖獗的海盗行为使官员从走私贸易中分神，澳门葡萄牙人和中国人使用镇压海盗的方式来掩盖鸦片贸易的行为。对用白银购买茶叶的极大依赖以及鸦片是唯一可在中国轻易换取白银的货物的事实，巩固了这两种商品之间的关系。由于鸦片在亚洲其他口岸被认为是合法商品，中外人士都很容易使鸦片在中国的销售合理化。在抵达船只数量很少的年份以及发生战争的年份里，白银供应短缺，鸦片贸易就为中外人士补充枯竭的白银供应提供了手段。结果到18世纪60年代鸦片稳定流向中国，随着散商和中国帆船将其运送到中国沿海其他口岸，贸易持续扩大。

资本市场的结构也是广州体制的弱点。中外之间利率的不一致导致资本持续流入广州，但也迫使中国人支付高利率。缺乏足够的本土资本满足需求，整个广州体制时期中国商人都持续依赖外国贷款。

广州行商试图通过形成垄断来保护其利益。18世纪20年代与18世纪60年代，商人创建了公行并做出控制价格和限制供应的安排，但这些努力收效甚微。他们无法保持垄断，其控制价格与粤海关监督鼓励贸易增长的兴趣相违背。粤海关监督清楚，如果外国人面对的进口货价格太低、出口货价格太高，他们就不会再来中国，这样粤海关就没有足够收入缴送朝廷，从而影响他的仕途。

虽然东印度公司的官员把维持和促进垄断作为减少风险和保护利润的最佳手段，但他们也不希望任何组织来影响中国市场。他们不断对粤海关监督施压以反对这种安排。外国人和粤海关监督的利益在这点上一致，因此中国行商从未能成功地控制价格或供应渠道。

行用是对行商利益较成功的保护，它向所有行商征收，能够把价格推到适当的高度以保护利润率。礼品费、规礼费、港口费以及拖欠的关税都由这一综合基金缴纳。行用比垄断与联合更成功，因为它与粤海关监督的利益一致。行用每年得到补充，也成为受粤海关监督欢迎的稳定的收入来源。

然而，从长期来看，对行用的需求超过了它的承受能力，需要补充预算的朝廷官员必须再次诉诸偶尔发生的"捐助"。行用给商人带来的更多是短期安全，但它不是一个长期有效的解决方案。由于没有其他措施可以保护行商利益，他们的职业总是与高风险关联。

短期内行商尽其所能，力图智胜体制，他们中如潘启官、伍浩官者非常成功。然而，即使成功的行商也不能确保其财富流传百世。一旦家族中某位不太老练的谈判者掌握了财富，其财产将逐渐被苛刻的官员剥削始尽。一些行商苦心经营财富数十年，但从长期来看，他们都无法成功。

由于缺乏整体控制，该贸易体制也被海关网络所衍生的许多问题削弱。例如，1759 年粤海关监督采取应对措施，废除对所有外国人不分青红皂白地收取丝绸交易纵容费的问题，尽管这些纵容费的收取已经持续了几十年。丹麦人和英国人不得不曝光这个问题，因为粤海关监督没有追踪到外国人付给海关水上稽查员和通事的费用。

18 世纪 70 年代初，粤海关采取新的政策，要求船只在获得船牌之前必须缴纳所有税费，这造成了 18 世纪 70 年代末商人累积起巨额的债务。这个债务问题无法预见，没有人会留心新政策对商人的影响。有关外国人向中国人提供贷款持续增长的信息没有人收集，因为首先中国人不应该向外国人借钱。在这种情况下政策显然没有考虑到实际运作，需要做的是彻底改善广州的资本市场结构，以平衡中外利率。

到 18 世纪 80 年代初，外国人不断抱怨西江沿线税费的快速上涨。粤海关监督被迫传唤所有买办，让他们交代所收金额的情况，他没有检查珠江下游税馆的收费。这些费用十年来一直稳步上升，但无人注意到。

与此同时，鸦片贸易网络在珠江三角洲牢固地确立起来，海关官员和持有牌照的买办都卷入其中。1780 年，一艘永久性的收货检查船锚定在云雀湾，但是直到 12 年以后粤海关监督才意识到这是非法贩运船，再过去 8 年之后他才采取应对措施来禁止这种非法贩运。粤海关监督并没有向朝廷汇报鸦片贸易网络的情况，因为他没有有效的手段来确认从珠江三角洲快速舢舨所获得的信息是准确的。直到白银危机使改革迫在眉睫，朝廷才开始彻底调查。

粤海关缺乏可以监测和控制外部引水人的基层行政组织，以阻止他们将船只引入珠江三角洲一带的走私集散地，这使走私贩子能轻松开展工作。外部引水人和澳门引水人都直接参与了鸦片贸易，所以他们没有成为预期中的有效守卫。尽管如此，广州的行政管理仍然得继续依靠他们。

18世纪90年代和19世纪初，通事和海关官员开始控制补给品黑市交易。粤海关监督可能知道但没有设法阻止，尽管这已违反了朝廷政策。朝廷也没有采取任何措施来打击这种对黑市交易的纵容，无人向朝廷汇报问题的严重程度。此外，呈缴朝廷的税收一直都在稳步增长，外国人在广州仍然受到严格控制，一切都如其设计的那样运作。

1814年和1815年，清政府开始了另一个终止澳门鸦片贸易的措施，检查所有到达中国的葡萄牙船只，这一行动迟来了50年。19世纪20年代清政府在伶仃岛采取措施着手取缔鸦片贸易，但那时外国人已经在伶仃岛从事非法贸易活动20年了。这时珠江三角洲还有不少走私基地，只粉碎其中一个对总体情况影响不大，再一次表现出朝廷的反应太弱也太迟了。

正如我们所见，粤海关监督除了处理手头最重要的事情之外，没有时间处理任何其他事情。然而到19世纪20年代，广州体制显示出严重的缺陷，口岸的和谐氛围面临危险。大米的优惠待遇推动了珠江三角洲走私的增加，走私贩子在伶仃岛购买大米，他们的船作为"运米船"溯江而上享受优惠以逃避广州的高额税收。他们利用从鸦片和大米上获得的利润购买回程货物，用以支付他们回程的费用。走私贩子可以获得回程货物意味着他们能够以更具竞争力的价格销售鸦片。反过来鸦片以较低价格出售会刺激更多的消费。清朝官员没有将大米和鸦片联系起来，没有人报告这些事，尽管这在珠江三角洲地区已经成为常识，有关报道已经公开发表在外国报纸上。

1827年，广州出现了第一份报纸，其他外国刊物很快随之出现。这些报刊的内容除了描述亚洲诸口岸贸易的情况外，刊登的内容让外国人能够了解世界各地发生的事情。期刊上每月都发表大量有关中国政治、法律、社会和文化的文章，涉及当时的和之前的历史问题。在贸易史上，这是所有在华外国人首次有机会能够平等获得关于中国和全球最新商业趋势的信息。几年内广州和澳门外国人群体都非常了解当地和国际问题。这有助于他们统一观点，提出关于中国必须做出改变以适应更大范围的世界正在发生变化的看法。

外国媒体开始改变权力的平衡以有利于外国人，随着19世纪30年代大型浅底汽船的到来，最终完成了这种改变。一定范围内，汽船使澳门引水人丧失了作用，这些船在西江上快速航行，使虎门炮台失去作用，并使粤海关监督失去了对谁可以来华贸易以及他们应该何时离开的控制权。这种权力的丧失削弱了广州体制的信用结构，粤海关监督不再能确保外国人在离开之前结清其账目。

19世纪30年代中期，各大东印度公司停止了在广州的业务，散商开始团结一致。新闻媒体给了他们表达意见和想法的渠道，汽船赋予了他们按其意愿行事的能力。外国人在中国海岸发行的报纸上公开讨论如果中国不发生改变，就应该与中国开战的观点，每一个购买报纸的人都可以看到这些信息。

许多其他变化也正在发生，将影响中国作为世界主要茶叶来源的霸权地位。报纸上刊登了很多关于在其他地区建立茶园的话题。到19世纪30年代初，在中国人的帮助下茶叶在爪哇种植，中国人被送到那里建立茶园。[1]19世纪30年代中期，清政府再次打击走私的活动引起了更多在其他地方种植茶叶的议论，如此这般就没有必要在中国购买茶叶了。[2]19世纪40年代，茶叶在斯里兰卡和南美洲种植，并有计划地将其引入印度。茶叶在日本、朝鲜、北圻、南圻和缅甸蓬勃发展，但这些地方使用不同的制作和加工方法，其最终产品不如中国茶叶那样受人欢迎。[3]然而在新建立的茶叶种植中心，加工技术日趋完善，中国开始失去其产品的比较优势。

这时，西欧几乎每个国家都在生产高品质的瓷器，丝绸也在法国、美国和其他几个国家生产。19世纪50年代，日本向西方开放，成为高品质瓷器和丝绸的供应来源。朝鲜也很快赶了上来。

新竞争导致的结果是，从1877年到20世纪20年代，中国每年的外贸进口量超过了出口量。[4]当然还有许多其他因素与这种转变有关，比如不平等条约、外国人操纵中国贸易和海关。但不应该由此转移我们的注意力，忽视中国已经失去了世界茶叶垄断地位的事实。

因此，即使没有鸦片战争强制终结了广州体制，中国贸易及其传统的经营方式也将受到更强劲对手和激烈竞争的严重威胁。在长达140多年的时间里，中国向世界提供茶叶、瓷器和丝绸，到19世纪末中国已经变成了消费经济大国。所有这些事件、趋势和问题在其威胁来临之前就已经清晰可见，尽管这是历史事实，但是大清王朝没有做任何准备使国家适应新的竞争环境。外国人在广州商馆内公开讨论这些想法，他们在行商所在的"广州商会"以及广州发行的报刊上也讨论这些问题，[5]买办可以听到他们说的每一句话。事实上，外国人公开宣称其意图就是要破坏中国的垄断。[6]不懂英语并不是中国商人的借口，因为广州帆船贸易商人在前往东南亚途中也能够接触到所有这些观点和问题，他们能够用中文向任何愿意听的人讲述这些信息。

我们已经对广州体制进行了总结，以及展示了各个部分如何互相作用影响、指导贸易进程，应该可以推断出导致广州体制崩溃的主要原因了。

注释

[1]   *Chinese Courier*（7 July 1832）.

[2]   *Canton Register*（30 August 1836）.

[3]   W. S. W. Ruschenberger，*Narrative of a Voyage Round the World，during the Years 1835，36，and 37；including a Narrative of an Embassy to the Sultan of Muscat and the King of Siam*，Vol.2，pp.248–251；*Chinese Repository*（July 1839），Vol.8，pp.155–163.

[4]   Julean Arnold，*Commercial Handbook of China*，Vol.1（Washington：Government Printing Office，1919），p.47.

[5]   *Canton Register*（29 November 1836；10 January 1837）.

[6]   *Canton Register*（30 August 1836）.

结语

问题实质

如今，外国档案中保存了最佳和最详细的有关行商、中国帆船商人，成群的通事、买办和引水人，以及数以万计涉足贸易领域的其他中国人的文献记载。这些事情在中国显得不重要，故没有留下记录并保留下来。数位中国行商变得极其富有并建有大庄园，但其财富没有传之后世，关于他们生活的许多记忆也早已消失。这不能归咎于广州体制的设计者有意破坏或损坏地方利益，更应该是他们太过关注国家事务，从而忽视了个体的结果。

仅有涉及国家事务的记录被保护和珍藏下来，所有来自较底层的其他中文记录已经不复存在。这些文件应该数以百万计（甚至可能数以亿计），包括来自珠江三角洲一带的地方海关税口 140 余年的每日记账簿；成千上万签发给在黄埔与广州之间转运货物的转运船的牌照；数以百计粤海关存留的用以审核文件真实性的船牌核对单（图 2-1）；粤海关 140 余年记录每艘外国船和中国帆船进出口情况的分类账本；成千上万的船只丈量计算记录（图 2-2）；为每个外国公司制定的数十份规章，列明了交易条款和规定；成百上千份发放给外国人允许其在西江航道航行的通行证（图 6-2）；数以千计来自珠江三角洲直达舢舨向粤海关监督报告下游一带海事活动的报告；被派送至外国商馆及船只的成百上千的信件、法令和通告，以及数以百计的派发给通事、买办和引水人授权其为外国人服务的执照。

我们知道行商也保存有详细的记录，当交易出现问题，诸如欠账、包装错误或货物未交付时他们常常会要求查找先前的交易记录。行商偶尔也会拿出过去外国人未能偿还的债务凭证，这些都能在其记录中核对。我们还知道行商保存有成百上千份与外国人签订的合约，有时他们必须查阅这些文档以查实过去几年贸易合约的条款。所有在外国档案中出现的文献都有用中文写的材料，因此我们能证明其的确存在过（图 2-5、图 4-1、图 7-1、图 7-3、图 8-6、图 8-10、图 8-11、图 8-12、图 8-13、图 8-16、图 8-17、图 8-18、图 10-1）。但是行商不敢长期保存这些记录，一旦不需要了就会销毁它们，唯恐其落入某位贪婪的官员手中。这是中国商业缺乏保护的另一个标志。

如今，仅有几百份详细的中文记录保存了下来并为我们所知，而且都藏在外国档案馆中。缺乏对复原历史记录的关注是另一个清楚的标志，即地方个人利益及其当地遗产的保护（包括对当地财富的积累和长期保护），并不是广州体制基本思想的组成部分。这部分历史中遗忘得最彻底的是帆船贸易，几百年来数以千计的帆船和数以万计的人参与其中，但现今几乎没有文献讲述他们的故事。

本研究使用的数百条详细的中文贸易记录，都是来自瑞典、荷兰、丹麦、英国、美国和葡萄牙的档案，都明显和无可置疑地证明了这些文件都是当年定期在广州记录下来的。从外国记录的信息可以看出，在控制贸易的粤海关和实施贸易的中国行商两方面，我们都能够描述其成熟而系统的记录保存原则和实践。目前仍然保存下来的，来自珠江三角洲一带海关税口的任何详细中文记录都是那些派送到澳门的文件，它们之所以幸存至今，是由于它对葡萄牙人来说十分重要。[1]

中国唯一得到系统保护和保存的档案记录，是官方的往来文书。但是这些档案只包含了参与贸易的个别人的信息，而这些人的活动以某种方式与国家有关。一则简短的笔记可能会记录下夷欠严重的、犯了罪的、寻衅滋事扰乱贸易的、影响呈送朝廷税收的诸如此类事项的中国人，一旦问题得到解决，他们的名字就会消失。这些官方文件几乎没有透露任何前文提及的成千上万中国人的生活。几乎所有的细节内容都保存在外国档案中。

缺乏对广州体制自身历史的重视是其最大的弊端之一，因为这些记录是其高效运作和维护至关重要的信息。没有关于贸易所有细节和环境变化的详细内容，就没有办法准确预测或确定贸易何时、因何事、在何地、为何、如何改变或如何失败。这就是为什么一些外国公司（例如荷兰东印度公司）保存了在中国的记录副本，他们的大班就能够将这些材料作为参考资料，更好地了解贸易本身以及他们过去与中国的贸易情况。当然这些信息本身并不足以确保自身能够被保存下来。如果不采取措施，或者从这些信息上得出一些不忠实和不切实际的政策，那么也得不到任何好处。

在一个有持续需求的静态世界里，经济走势或态度没有任何变化，技术或生产也没有太大差别，也许密切关注贸易与环境的各个方面并不重要。但是18—19世纪的广州肯定不是这样。由于未能保存其详细记录，广州体制必然失败。由于缺乏准确的信息，粤海关监督、两广总督、朝廷大臣尽管不断采取措施，但治标不治本。由于官员并没有控制住那些底层发展出的问题，问题出现多年后，在通常由一次危机暴露出这些问题的时候，他们却采取了起反作用的措施。

由于未能充分收集有关贸易和国际环境的信息，以致于行政结构被大大削弱，经年累月后没人能够扭转这种颓势。由于缺乏对问题严重性的深入理解，朝廷努力支撑这种体制的努力以失败告终。外国人之所以能够打败这种体制，是因为这种体制自身已溃败。

清政府需要一个拥有主动权、意愿、权力和必要信息的行政部门来分析弱点、检讨贸易政策和工作程序，并在需要的时间实施正确的纠错措施。但由于没有贸易全部细节和所在环境变化的详细叙述，就没有办法形成准确或全面的认识，以制定出有效的整改政策。此外，还需要互相制衡的信息交流，以便行政官员能够确保重要细节没被篡改或遗漏。但是，广州体制中缺乏这种机制，至少没有有效的机制，其结果就是官僚机构做出的决定和制定的政策基于的是不完整、不准确和具有误导性的信息。

具有讽刺意味的是，我们可以与现在的研究情况进行比较，这种比较将有可能让研究者吸取清政府失败的教训。前文提到的新数据清晰地显示了所有关键细节的重要性。没有这些信息，我们无从理解贸易的运作。以往的贸易史也是依靠片断画面来讲述整个故事。由于缺乏英国东印度公司档案中的数据以及对中国帆船和澳门贸易的了解，过去的历史论述一般都省略或忽略了中国帆船和澳门方面的内容。其他小公司的经验也很大程度上在口岸史研究中被忽略，尽管它们对贸易的发展也很重要。许多诸如亚美尼亚人马修斯·约翰内斯这样非常重要的代理商很少得到关注。

正如前文曾论述的内容，18世纪60年代这部分贸易内容占了整个广州贸易的70%，地位举足轻重，塑造和影响了历史。他们每个人都在促进贸易发展中扮演了不同的角色，弥补了贸易中的缺漏，保持着这台贸易机器的运行。从某种程度上说，他们之所以在历史中被遗忘，是因为研究重点通常被放在贸易瓦解上，只关心其衰落的原因，却不关心其增长的原因。但是，如果我们不弄清楚该体制如何成功运作，又如何去解释它的失败呢？过去获取和利用许多不同历史记录（多地点、多语种）困难重重，导致以往的研究主要依据英国东印度公司的文献。

于是，直到现在研究者对广州贸易的了解主要来自（英国东印度公司）25%~30%贸易量的内容。尽管原因和环境都不同，但分析贸易却不考虑其所有部分，这便与清政府所为无异：在没有全面掌握情况的基础上做出贸易决策，定义商贸并确定问题与解决方案。

办事员与官员没有理解如此庞大的贸易机器，缘于他们没有获得其中所有细小部分的信息。

本书呈现出的是一个崭新而更全面的图景，因为研究的基础是掌握了更完整的数据分析，可以更好地解释这台机器如何运作。1835 年清政府也开始收集和接收有关贸易的非常详细和准确的信息，然后朝廷终于能够看到需要进行变革的地方。但对清政府而言，要改变历史进程为时已晚，这些问题已经被忽略太久。对于历史学家而言，重新审视证据并修订历史书还为时不晚，我们可以更好地向大众呈现这些历史真相。本书作者希望，研究者能够利用新发现的文献，将来写出更为详细和全面的历史，以进一步阐明本书未涉及的研究领域。

注释

[1] 中文方面留存的关于粤海关处理与澳门关系的档案，里面有丰富的关于当地人
的记载。这些中文档案得以留存是因为它们落入了葡萄牙人之手并被他们运回
母国。收入刘芳、章文钦主编的《清代澳门中文档案汇编》。

致谢

　　我诚挚地感谢很多引导我浏览馆藏的学者。卫思韩、艾德·帕金斯（Ed Perkins）和哈里森·程（Harrison Cheng）三位给予了我毫无保留的支持和建议；荷兰海牙国家档案馆的欧耶维先生（Mr. Oyevaar）和普兰廷加先生（Mr. Plantinga）；美国明尼苏达大学詹姆斯·福特·贝尔图书馆（James Ford Bell Library）的杰克·帕克（Jack Parker）、卡罗·乌勒斯（Carol Urness）以及其他人；非常熟悉荷兰档案的研究者辛西娅·维耶里（Cynthia Viallé）和娜塔莉·额维特（Natalie Everts）；荷兰莱顿大学欧洲扩张史研究中心的费莫·加斯特拉（Femme Gaastra）及其他工作人员；丹麦国家档案馆的恩里克·戈贝尔（Erik Gøbel）；瑞典哥德堡的安德斯·拉森（Anders Larson）、伍尔夫·安德森（Ulf Andersson）和克里斯提娜·苏德帕尔姆（Kristina Söderpalm）；中国台湾"中央研究院"的张彬村；比利时鲁汶大学的艾德·斯托尔斯（Eddy Stols）和巴特·德·普林斯（Bart de Prins）；挪威港口城市克里斯蒂安桑（Kristiansand）的卡尔·菲德森（Carl Feddersen）对我的学术旅行的鼓励和热情款待。此外在莱顿、鹿特丹、阿姆斯特丹、安特卫普、根特、布鲁塞尔、伦敦、斯德哥尔摩、乌普萨拉、隆德、卑尔根、奥斯陆、北京、中国澳门、中国香港、中国台北、波士顿、塞勒姆、普罗维登斯、米斯提克海港、堪培拉及其他很多地方给我支持的人太多了，非常感谢他们对我的帮助。

　　没有家人坚定的支持，此书根本无法开始。他们为此承受了很多，我永远无法回报。我唯一希望的就是这本书值得他们对我的付出。

最后，我还要感谢一些协会、机构和研究所，它们都曾慷慨地资助此项研究：国际教育论文奖学金（1996—1997年度美国富布赖特基金）、蒋经国基金（1996—1997年）、美国斯堪的纳维亚基金论文奖学金（洛杉矶，1997年夏季，纽约总部，1998—1999年）、美国南加州大学McVicar基金（1996—1997年和1999年）、美国国家论文撰写奖学金（1998—1999年）、美国麻省历史学会研究奖学金（1999年夏季）、美国迪美博物馆研究基金（1999年夏季）、澳大利亚国立大学访问学者奖学金（2005年）和中国澳门文化局。

中国澳门多个机构都资助过此项研究，尤其要感谢中国澳门中华拉丁基金会、中国澳门大学、中国澳门历史档案馆、中国澳门文化局和中国澳门高等校际学院的朋友和同事的支持和帮助。特别感谢中山大学及吴义雄教授对此书翻译的支持，对我的同事江滢河教授和黄超博士表示诚挚谢意，感谢他们为翻译此书所付出的辛勤工作。

参考文献、索引

（扫码查阅。读者邮箱：zkacademy@163.com）